我的人生比童话故事还精彩。我也曾遇到困境，但在隧道那一头，总有一盏灯。

——奥黛丽·赫本

AUDREY HEPBURN

Enchantment
The Life of Audrey Hepburn

奥黛丽·赫本

永恒经典 私密典藏

[美] 唐纳德·斯伯特 /著 庄靖 /译

中国友谊出版公司

图书在版编目（C I P）数据

奥黛丽·赫本：全彩典藏版 / (美) 斯伯特著；庄靖译. -- 北京：中国友谊出版公司, 2014.5（2018.2重印）
ISBN 978-7-5057-3370-1

Ⅰ.①奥… Ⅱ.①斯… ②庄… Ⅲ.①赫本，K.（1929～1993）–生平事迹 Ⅳ.①K837.125.78

中国版本图书馆CIP数据核字（2014）第073769号

著作权合同登记号：01-2014-2955

书名 奥黛丽·赫本
作者 ［美］斯伯特 著 庄靖 译
出版 中国友谊出版公司
发行 中国友谊出版公司
经销 北京时代华语图书股份有限公司 010-83670231
印刷 北京中科印刷有限公司
规格 690×980毫米 16开
19.5印张 240千字
版次 2014年6月第1版
印次 2018年2月第20次印刷
书号 ISBN 978-7-5057-3370-1
定价 68.00元
地址 北京市朝阳区西坝河南里17-1号楼
邮编 100028
电话 （010）64668676

目录
CONTENTS

第一部 邻家女孩

第二部 名扬四海

第三部 辉煌人生

第四部 万人迷

第一部 邻家女孩

（1929 ~ 1950）

第一章

爸爸去哪儿了

（1929-1939）

“我的梦想之一，就是有自己的孩子，这一切都归于同一个原因——我不只希望得到爱，也极为渴望爱别人。”

——奥黛丽·赫本

在他们登船离开英国海岸之际，阳光普照，但航行到海峡一半时，乌云罩顶，徐徐微风变成了狂风暴雨。在前往欧陆途中，渡轮遇到了寒冬的暴风雨，不由高低起伏、左右摆荡，冷雨打在甲板上，刺痛他们的脸庞。多年后，女爵回想起这段往事，当时她并不觉得忧虑，因此身旁的两个小男孩也没有心生恐惧。

这场风暴与她在南海所见的台风相比，只能算是小巫见大巫，比不上她从亚洲到南美或从荷兰到东印度群岛途中所遇到的狂风巨浪。正因为这位荷兰女爵的镇定，她那两个八岁和四岁的儿子，在惊涛骇浪中依旧开心地嬉闹。但若是她没有紧紧抓住两人的小手，狂风就会把他们吹到海里。她觉得最好还是带他们进船舱，喝杯热巧克力。

前往餐厅时，女爵穿过烟雾缭绕的交谊厅，她的丈夫正坐在吧台旁，手拿威士忌。他瞟了她一眼，但没有停止谈话。他不是两个男孩的父亲，他们是她第一次婚姻所生的孩子。他的态度冷淡，因此没有人猜得到他和这位漂亮女士及两个孩子有什么关系。她听到他告诉酒友，这回他离开英国，是要到比利时做一份前景光明的工作。的确，她希望如此，如果他能正正经经地做两个月工作，不要游手好闲，说不定能挽救这桩婚姻。他是她的第二任丈夫，两人已经结婚三年，这期间他工作的时间加起来还不到三个月。

她的第一任丈夫在婚后五年就离她而去，那正是四年前的事，留下才 25 岁的她和两个儿子——现在，家庭风暴又在地平线那端酝酿，而她还怀着七个月身孕。

她手上有些祖产，她的家族是老欧洲贵族，她本身也有贵族头衔：埃拉·范·希姆丝特拉女爵，现在是罗斯顿太太。在 1929 年时，荷兰女爵并不罕见，一般人也不在意别人有贵族头衔——只要他们像荷兰皇室成员一样平易近人就好了。

这四名旅客平安抵达布鲁塞尔，租屋居住。女爵靠着亲戚帮忙，准备迎接第三个孩子的诞生，丈夫则到一家英国保险公司担任不太重要的办事员职务。从第一天上班开始，他就觉得这个工作味如嚼蜡。

5 月 4 日周六一早，女爵开始阵痛；到了下午，她已经在为新生宝宝喂奶。根据鹅妈妈的传说，“周六出生的孩子，一生劳劳碌碌”。

1900 年 6 月 12 日，埃拉女爵出生于荷兰安恒附近的小镇维普，她是阿诺德·扬·阿道夫·范·希姆丝特拉伯爵的九个孩子之一，希姆丝特拉伯爵的妻子是艾蓓格·威廉明娜·韩莉塔·范·艾斯贝克女爵，两家都有贵族头衔。这两个贵族封号的来源已难查考，但是埃拉的两对祖父母都是倍受敬重的法官，根据当时的习俗，他们的孩子，也就是埃拉的父母，继承了贵族头衔。

埃拉童年生活优渥：除了乡间别墅之外，双亲在城里也有房子，还有夏日小木屋，许多仆人把他们照顾得无微不至。从埃拉 20 多岁的照片看来，她极有魅力：五官端正，头发乌溜溜，皮肤白皙，笑容端庄，既不羞怯，也称不上魅惑，是不折不扣的老派贵族。

19 岁的埃拉完成了上流社会教育，在歌唱和玩票式的戏剧表演中表现抢眼，甚至让她心生当歌剧女伶的念头。不过，她的双亲不以为然，所以买了一张头等舱船票，送她到荷兰殖民地荷属东印度群岛（即印度尼西亚）的巴达维亚（即今之雅加达）拜访亲戚。

埃拉在当地社交界大出风头，大展歌喉。她在宴会上机敏的应答、世故的态度，以及万种风情，让许多钻石王老五和他们的父母印象深刻。1920 年 3 月 11 日，她抵达印度尼西亚五个月，三个月后即将年满 20 岁时，双亲来到巴达维亚，主持她和亨德里克・葛斯塔夫・阿道夫・夸尔斯・范・乌佛德的婚礼。范・乌佛德比她大六岁，有一份高尚的职业。当时东印度群岛生意欣欣向荣，荷兰本土的经济却严重衰退，更加依赖殖民地的商机。

范・乌佛德的母亲是荷兰和法国后裔的女爵，这桩联姻应该是美好的姻缘。同年 12 月 5 日，埃拉生下长子阿诺德・罗伯・亚历山大・夸尔斯・范・乌佛德（一直被叫作亚利克斯）；1924 年 8 月 27 日，次子伊安・艾德加・布鲁斯・夸尔斯・范・乌佛德诞生。但是这桩婚姻触了礁，1924 年圣诞节，范・乌佛德回荷兰，埃拉带着孩子同行。1925 年初，他们在安恒登记离婚，原因恐怕永远不明。

范・乌佛德随即搭船到旧金山，找了新工作，不久邂逅了一位名叫玛丽・卡罗琳・罗德的德国移民，并且娶了她。从此之后，他就从埃拉和两个孩子的生活中销声匿迹。多年后，他回到荷兰，1955 年 7 月 14 日去世，享年 60 岁。

1925 年春天，年方 24 岁的埃拉拖着两个宝宝，却失去了丈夫。她在荷兰的朋友觉得她的个性变得比较专横，可能是婚姻破裂的关系；但她仍然保有贵族头衔，而且有娘家呵护，也请了照顾孩子的保姆。

虽然有这些便利，埃拉又带着孩子回到巴达维亚，与婚姻面临危机时所结识的一名英国男子继续交往。他就是约瑟夫·维克多·安东尼·罗斯顿，比埃拉年长 11 岁，1889 年 11 月 21 日出生于波西米亚。他的父亲维克多·约翰·罗斯顿出生于伦敦，在波西米亚娶了当地女子安娜·凯瑟琳娜·韦尔斯，才生下他。小约瑟夫的外婆名叫凯瑟琳·赫本。

1926 年罗斯顿和埃拉重逢时，他还是有妇之夫，妻子是荷兰籍的柯内莉雅·威廉明娜·毕肖普。两人在东印度群岛结婚，靠毕肖普娘家的祖产过活，因为罗斯顿根本不务正业；有些传记作家说他是爱尔兰银行家，但其实他不是爱尔兰人，更非银行家。他的孙儿曾写道："可悲的是，他从来都没有正经的嗜好。"不过他有沉着的态度和英俊的外表，以及天鹅绒般的黑眼睛（埃拉的描述），而且拜毕肖普之赐，打扮得一身光鲜。他蓄着水彩笔毛般短短的胡须，又会摄影，不难想象他对埃拉的吸引力，而埃拉也渴望赶快为两个孩子找个新爸爸。

她觉得找个好男人应该不是什么难事。当时荷兰在东印度群岛的殖民业务蓬勃发展，政府掌握经济和税收，这种策略使外销的产品都得经过巴达维亚出货。

罗斯顿觉得埃拉优雅高尚，而且和他一样善于享受人生。两人一起参加舞会、观赏阅兵、到餐厅用餐、看比赛，但埃拉最大的吸引力是她的头衔——他经常开头衔的玩笑，让她明白他真的很在乎这件事。在巴达维亚其他女性看来，这个头衔不过是客气的尊称，埃拉必须工作才能养活自己和两个孩子，但罗斯顿却觉得能从她的贵族头衔沾染一些上流社会的味道，因此常向朋友介绍说她是“女爵”。他很清楚就算娶了她，自己也不可能封爵，但还是很在乎她的背景和教养；而且最重要的是，她的娘家家业丰厚，娶了她就可以轻松度日，享受人生。

与此同时，毕肖普过着舒适的殖民生活，就像当地其他欧洲白人一样，家里全以象牙和黄金装饰，许多土著忙着侍候他们的生活起居。有钱人在殖民地的日常生活，就像毛姆小说中的形容——对少数掌控经济大权的外国人来说，那个地方不仅不是穷乡僻壤，而且算得上是洞天福地。

罗斯顿说他可以很快办妥离婚，于是埃拉接受了他的求婚，幸而毕肖普没有啰嗦，她另有心仪的对象。两人很快离了婚。1926 年 9 月 7 日，埃拉与罗斯顿共缔约盟。

有一段短暂的时间，女爵对她英俊的丈夫很得意，至少带他出去社交很有面子，但她后来越来越受不了他懒散的态度和乖僻的举止。罗斯顿终于露出了真面目，他只不过是个冒险家，与她结褵只是为了她的钱和沾点贵族光环罢了。他根本不打算工作，而且当 11 月共产党革命造成的暴动好不容易平息之后，他更有充分的理由不事生产。他质问道，在这样不安定的殖民地，怎么可能工作？从此以后，罗斯顿的言谈中总是充斥着热烈的反共论点。

但埃拉无法忍受懒散的生活态度、长篇的政治言论，以及琐碎的社交生活。双方的歧见愈来愈深，婚后一年，两人就经常为了金钱、男方的懒散和他对两个孩子的冷漠态度争吵。埃拉写信给双亲抱怨，后者建议罗斯顿或许可以到伦敦见见他们的生意伙伴，看看有什么工作机会。他倒同意了这点，毕竟他很想念英国，伦敦比巴达维亚有趣多了。因此 1928 年底，罗斯顿、埃拉、伊安和亚利克斯起程，从东印度群岛前往英国。

他们在平安夜抵达伦敦，在离海德公园几步之遥的梅菲尔区租了一间房子。罗斯顿坚持说，圣诞节不是找工作的良机，所以决定拖到 2 月。他岳父的一位同事请他到比利时的英国保险公司任职，于是 3 月中旬，女爵和丈夫再度打包，登上渡轮前往法国，然后搭火车抵达布鲁塞尔。

5 月底，新生宝宝差点死于百日咳。宝宝停止了呼吸，全身变紫，保姆惊慌失措；但镇定的埃拉一边念祈祷文，一边把宝宝翻来翻去、拍打她，为她保温，救了宝宝一命。

7 月 18 日，埃拉与罗斯顿在女儿出生 10 周后，向英国驻布鲁塞尔领事登记了婴儿的出生证明。依据法令，这个宝宝跟着父亲为英国籍。根据这份出生文件，她出生于布鲁塞尔市东南伊克塞勒区基耶维街 48 号，孩子的全名是奥黛丽·凯瑟琳·罗斯顿。终其一生，奥黛丽都是持英国护照。

二次大战结束，罗斯顿最后一位姓赫本的亲戚去世后，他把自己的姓改为赫本 - 罗斯顿，觉得这个姓很时髦。赫本这个姓氏可追溯至几世纪前的苏格兰和爱尔兰历史，有好几种拼法，包括 Hebburne、Hyburn 和 Hopbourn。罗斯顿说，他最著名的祖先是苏格兰玛丽女王的第三任丈夫博思韦尔伯爵詹姆斯·赫本，但现今已难查考源流。

除了布鲁塞尔的家之外，奥黛丽小时候常到荷兰安恒的外婆家玩，有时会到安恒郊区的小镇维普。埃拉经常带她拜访亲友，尤其是罗斯顿不在的时候。他常被派往伦敦出差，就算回到布鲁塞尔的家，

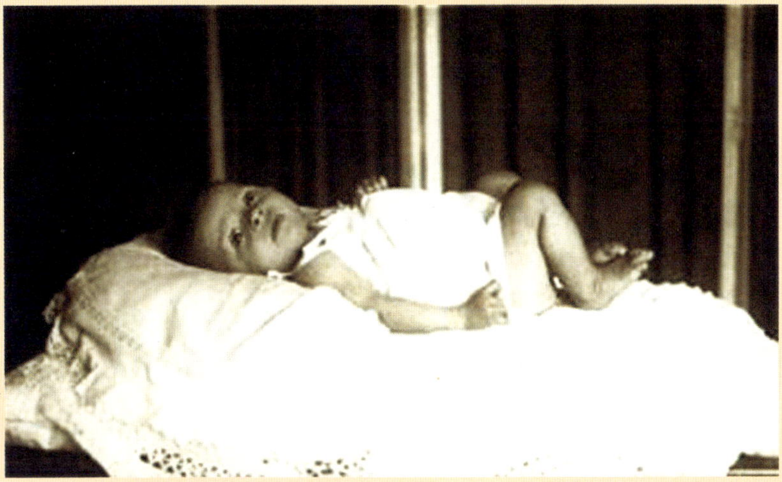

↓

赫本初生时差点死于百日咳，在她的一生中，似乎只有婴儿时期才和母亲这么亲密。

也老是去市中心谈时论政。

每次罗斯顿下班回家时，热爱他的女儿总是很兴奋地跑来迎接，但他对她的疼爱并不比对两个继子多。埃拉教奥黛丽读书写字、画图、音乐，奥黛丽很希望把自己学会的东西表现给父亲看，但他对她没有多少兴趣。对于他的冷漠，奥黛丽就像其他孩子一样，加倍努力，希望得到父亲的疼爱和认可——可惜依旧徒劳无功。

奥黛丽有母亲的照顾、保护、教导，但埃拉就像丈夫一样，没有流露出太多情感。她全身上下都是传统的贵族，如今不再如少女时代般真情流露，反而更加压抑。她是个严肃的母亲，内心永远为女儿的最佳利益着想，但是她认为礼仪尊严重于宠溺，凡是超过睡前一吻的亲昵举止，都不成体统。多年后，奥黛丽回想起来，认为母亲因为第一次婚姻的失败，加上与第二任丈夫情感破裂，受到极大伤害。

从奥黛丽童年的照片，可以看出她聪明伶俐、双眼炯炯有神，经常笑咪咪的；如果照片中有母亲和兄长的身影，她就会露出顽皮的神情。她对家里的仆人就像朋友一样，也爱到户外玩女孩常玩的游戏和恶作剧。她的两个哥哥回想起奥黛丽和他们一起到乡间散步、健行，他们喜欢玩比手画脚的猜谜游戏。“我们有时非常顽皮，”伊安说道，“不听妈妈的话，跑去爬树。”但奥黛丽 5 岁时，14 岁和 11 岁的两个哥哥就被送去住校了，因此他们共处的时光变得非常少。

这个聪明活泼的女孩逐渐发现父母经常争吵，晚餐桌上父母的冷战让她困惑不已，家里的气氛变得十分紧张，使她常常偷偷哭泣；因为她若胆敢在别人面前哭，就会遭到责备。“小时候，母亲总是告诉我，如果引人注目，就是不礼貌。永远不要出洋相……我总听到母亲的声音说：‘要准时’、‘记得要想想别人’、‘不要老是谈你自己，你没什么了不起，这世上还有别人’。”而她的父母当然不会在她面前谈到婚姻的问题。

她的婚姻中的一个问题就是罗斯顿倾右派的政治观点，埃拉觉得他的想法愈来愈奇特。

比利时是个安定的社会，但 1929 年美国经济大萧条，造成全球经济衰退。布鲁塞尔的人民基本上是保守派，政府有权紧急处置在本土或国外的商业贸易，法令明定不许极端主义分子、支持革命的社会主义者和受德国影响的国家社会党人担任公职，但这些人数量激增。

到 1934 年时，比利时几乎所有政府单位都可以看到法西斯党人的身影，虽然他们尚未掌控政府，却有极大影响力。当时奥黛丽还不知道父亲的政治倾向如此右派，他深受法西斯理念吸引，经常参加纳粹信徒举办的政治集会。

事实上，罗斯顿和埃拉两人都曾有政治偏见，让奥黛丽为此终生歉疚。

当时英国法西斯联盟是由恶名昭彰的奥思沃德·莫斯利领导，1935 年春天，奥黛丽的父母为这个联盟募集经费，召募人才。在莫斯利创办的周刊《黑衫军》4 月 26 日那期，埃拉以毫无瑕疵的漂亮英文写了一封支持信，那显然是她丈夫的代笔：“我们这群受到法西斯主义感召、追寻胜利之路的人，已彻底明白我们原先不明了的一切。我们终于突破束缚，走上救赎之路。我们追寻莫斯利爵士，在他身上，我们看到了领袖精神，他的视野不受世俗事物拘泥，他的启发达到更高层面，他的理想让英国随着性灵重生的新黎明前进。”

11 天之后，埃拉和罗斯顿在慕尼黑与希特勒共进午餐，几位莫斯利的亲密盟友和名流密特福姊妹中的三人作陪。他们在 5 月中回到布鲁塞尔，错过了奥黛丽的生日。

不久，罗斯顿和妻女更加疏离。他郁郁寡欢，默默无语，不事生产，仰赖妻子过活，歧视犹太人、天主教徒和“有色”人种。他对埃拉及奥黛丽无话可说，而这当然影响了女儿的性情。“我变得喜怒无常，沉默寡言，喜欢独自一人，很需要别人的了解”。至于她的游戏时间，“我不喜欢洋娃娃，它们根本不真实”。她喜欢小狗、小猫、兔子和小鸟，用粉笔和墨水栩栩如生地画出这些动物。她把自己渴望而父母无法提供的情感，统统投注于这些小动物身上。“我很期待别人的关爱，也想关爱别人。”她成年后一再说道。

“小时候，我一看到街上或市场里娃娃车上的宝宝就想抱，让母亲很难为情。我的梦想之一，就是有自己的孩子，这一切都归于同一个原因——我不只希望得到爱，而且极渴望爱别人。”

常去抱小动物和路上的孩子，这就是她想爱别人的表现，但后来她得到爱的渴望彻底破灭了。1935 年 5 月底，在毫无预警的情况下，罗斯顿收拾衣物，走出家门，一去不回。根据第三手消息，当时罗斯顿把埃拉的生活基金挥霍殆尽，还把结婚时岳父给的一笔钱花得精光。

有人说他成了酒鬼，但由于主角完全没有透露详情，这件事成了难解之谜。埃拉和罗斯顿的个性都很严肃、孤僻、挑剔，但埃拉为她所做的牺牲，让奥黛丽相信母亲对她的爱。埃拉努力工作，供奥黛丽读书，培养她的兴趣。“母亲疼爱我，只是她不习惯表达……慈母出于需要，不得不变成了严父”。

罗斯顿和埃拉对他们的婚姻离合未置一词，而当时年仅六岁的奥黛丽，日后很少提到这段往事，只有几句话：“我崇拜父亲，他离开我们，让我非常伤心……让我们觉得很不安——或许影响我终生。”1989 年，她再次提到父亲不告而别，“是我一生中最伤痛的

赫本从小就喜欢洋娃娃，也喜欢和父亲腻在一起，但父亲很早就离她而去。

一件事，我记得母亲的反应……她的脸上满是泪水……我害怕极了。我该怎么办？我觉得天崩地裂”。

奥黛丽的长子说，父亲弃妻女而去，是奥黛丽“永难愈合的伤口”。他认为母亲终生“都不信任爱会永恒常在”。她曾提过这点，说自己“对情感有极大的不安全感——而且非常感谢别人为我付出情感”。父亲的离去“影响了我和其他人的关系，我恋爱、结婚时，总担心对方会离我而去”。

这件事使得奥黛丽断绝了少数母亲准许她交往的朋友的友谊，部分是出于羞耻，部分由于难过和疑惑，部分则是因为每个父母离异的孩子都会产生的罪恶感：是不是她做了什么，造成这个结果？是不是她不值得被爱？虽然母亲再三保证并非如此。她的父亲会回来吗？埃拉自己很怀疑他会回来。她会不会永远没有父亲？关于这件事，埃拉保持沉默。

“其他孩子都有爸爸，我却没有，我不能忍受再也看不到他的念头。父亲离开时，母亲非常痛苦，因为他是彻底离开了我们的生活。我崩溃了，日以继夜哭泣，但母亲从没有批评过他（但奥黛丽的儿子表示，埃拉“对罗斯顿的不告而别口出恶言”）。”

虽然如此，仍有些让她开心的事。奥黛丽的外婆从荷兰来访，带她和母亲回到阿姆斯特丹附近的安恒。1920 年至 1921 年，她的外公曾担任阿姆斯特丹市长。

在律师起草分居文件时，罗斯顿已经回到伦敦，要求探视奥黛丽的权利，让埃拉家族大感惊讶。而更让人惊奇的是，埃拉准许他的探视权，这恐怕不是因为埃拉可怜他失去亲情，而是埃拉决定送奥黛丽到完全陌生的环境——到英国住校。

当时的人认为，出身高尚的六岁小孩去住校有益身心，可以培养成熟的性格；何况荷兰的失业率已创下新高，有些人不得不到德国打工，如果不肯去，失业救济福利就会被削减。1934 年开始，荷兰还发生多次暴动，并有一些不利的措施，例如女人结婚就不能担任公职，由必须养家糊口的失业男性接收这些职位。1936 年初，荷兰总理亨德里克·柯莱恩采取铁腕经济措施，让埃拉不由得觉得，英国乡间的环境一定比一片混乱的荷兰好。

虽然埃拉受的是贵族教育，但基本上十分务实，能够适应生活的困境，而这个特质遗传给了女儿，她明白不管自己到哪里都必须适应。

埃拉心想，如果罗斯顿能偶尔到学校看看奥黛丽，带她到伦敦玩一天，对孩子一定有好处，她自己也会经常探视。不过这回她又错了，奥黛丽在肯特郡一所私立女校就读的四年间，只看到父亲四次。她说："如果我能经常看到他，一定会感到他爱我，一定会觉得我有父亲来关怀。"

但在罗斯顿的心中，还有其他比探视女儿更重要的事：他的确常到肯特郡，但没有去学校（有一次他带女儿搭双翼小飞机到英国东南部，但那是个例外）。罗斯顿是英国法西斯联盟的信徒，常与布鲁塞尔回来的老友见面——恶名昭彰的英国人阿瑟·泰斯特，他把纳粹的宣传品从德国带到英国莫斯利的总部；而根据英国史学家戴维·特纳的说法，泰斯特的伙伴就是罗斯顿。

如果从罗斯顿和埃拉先前与莫斯利及希特勒的关系来看，这样的发展顺理成章，而且可能是罗斯顿回英国的主要原因。不过 1937 年纳粹主义日益残暴时，埃拉与英国法西斯联盟的关系就已经结束。埃拉后悔与希特勒接触、支持莫斯利，也懊悔拥护自己从一开始就误解了的理想。日后奥黛丽说起自己 1936 年至 1939 年的学校时光时，说她起先"吓坏了，但这的确是很好的独立课程……我很喜欢同学和老师，不过不喜欢在教室学习的过程。我很活泼好动，根本不可能一坐数小时听课。我喜欢历史、神话和天文学，但讨厌任何与算术有关的科目。我觉得学校本身很无聊，每天上完课之后，都觉得松了一口气”。

但每周有一堂课是奥黛丽非常喜欢又期待的：伦敦芭蕾老师教授的舞蹈课。1939 年 5 月 4 日，奥黛丽 10 岁生日那天，埃拉到学校探视。她抵达时，正好看到女儿参加舞蹈彩排，老师和同学都热烈喝彩，奥黛丽容光焕发。

第二章

战火中起舞

（1939-1946）

“我才十多岁，就已经明白人性的冷酷：我亲眼看见它、感觉它、听到它——它永远不会消散。那不只是恶梦：我就在现场，它就发生在我眼前。”

——奥黛丽·赫本

1939 年夏天，埃拉和奥黛丽偕同友人，在英格兰海边的福克斯顿度假。她们参观姹紫嫣红的花园、欣赏乔治王时代的石屋、在海滨餐厅用餐、沿着沙滩漫步、在英吉利海峡的海水浴场游泳，并聆听户外音乐会。

然而，这如诗如画的夏日风光在 9 月的头四天突然告终。纳粹军队入侵波兰，英、法、纽、澳全向德国宣战，英国空军攻击了希特勒的海军。英国既已参战，埃拉不得不赶紧带着女儿回到父亲在安恒的平静庄园——她相信德国绝不会攻打中立的荷兰。老男爵五个月前才痛失爱妻，心情尚未平复，这时自然大喜过望，欢迎她们到来。9 月底，埃拉和奥黛丽已经舒适安全地在老家的白色华宅安顿

↓

赫本的童年快乐祥和，直到二战的爆发打破了她平静的生活。

下来；同月，埃拉接到法律文件，确定与罗斯顿的婚姻告终。

与此同时，罗斯顿和数百名法西斯分子未经起诉或审判定罪，就被送往曼岛软禁。其实根本没有证据可以证明罗斯顿在战时支持纳粹政权，如果和希特勒吃过饭或一起拍过照、握过手就有叛国嫌疑，那么原本要当上英国国王的温莎公爵，恐怕最先该被逮捕拘留。罗斯顿的一个孙辈写道：“他（罗斯顿）或我的祖母（埃拉）绝对没有支持战争或大屠杀。他们或许拥护某些法西斯的理念，隶属相关党派，但从来没有伤害任何人，或在知情的情况下支持任何体制杀人。”

安恒似乎离战争很遥远。当地有辽阔的公园、美丽的喷泉和瀑布、蜿蜒的林间小径，还有戏剧和舞蹈的场地，在富裕的市民和游客眼里，这里简直是世外桃源。范·希姆丝特拉一家人过了一个传统的圣诞节。他们举行多次聚会，伊安和亚利克斯返家团圆，远近的亲属都来访。

奥黛丽很喜欢她唯一的舅舅，他是一位倍受敬重、颇孚众望的法官，最痛恨偏狭的种族主义，热爱和平。另外，还有一位奥黛丽幼时很亲近的表哥来访。与疼爱她的亲戚共度圣诞佳节，一家人欢喜团聚，让奥黛丽暂时抛开父亲不告而别的伤痛。

那年秋冬，许多人并不担心局势，虽然捷克和波兰情况不妙，已经完全被纳粹掌控，欧洲也已宣布参战，但那是所谓“假战”①，因此 1940 年开始时，荷兰人并不担心国家的前途——直到 4 月 9 日纳粹入侵丹麦和挪威。但即使当时，大家仍表现出麻木般的镇定。5 月 9 日，知名的英国萨德勒韦尔斯芭蕾舞团②到安恒表演，埃拉带奥黛丽去观赏，庆祝她的生日。

① 又称静坐战（sitzkrieg），1939 年 9 月至 1940 年 4 月间，虽然英法因德国侵略波兰而向德宣战，但双方实际上并没有军事冲突。

② 英国皇家芭蕾舞团前身。

“为了这个场合，母亲特地请裁缝为我做了一件绸布长洋装，至今我还清楚记得。我从来没有长洋装……它裙长及地，走起路来还会沙沙作响。她之所以斥资帮我做衣服，是因为我要在表演结束时，向舞团总监妮奈特·德瓦卢娃献花。”奥黛丽捧着郁金香和玫瑰扎成的花束上台，被一把接过。当天的表演匆匆结束，因为英国副领事已经命令舞团当晚即刻离开安恒。

第二天，5 月 10 日星期五，德军突袭荷、比、卢。三天后，德军空袭鹿特丹，近三万名居民罹难，鹿特丹落入德军之手；当时德军虽然发布了最后通牒，要荷兰投降，但不待答复就发动攻击。同一天，威廉明娜女王与皇室及政府要员逃亡伦敦，在当地指挥荷兰海军、殖民地军队，以及日益增加的反抗义勇军。接着，燃烧弹空袭海牙。由于荷兰一个世纪来都未曾经历战事，士兵的训练和装备都是用来防守而非攻击，加上军备原本就极少，飞机又很快悉数牺牲，于是荷军投降，荷兰沦陷。

纳粹军队和炮兵进入安恒，掠夺当地的设备，无所不用其极地破坏，以支援德军。“我看到德国卡车驶进市内，五天之内，荷兰就沦陷了。”奥黛丽回忆道，“占领军——这几个字道尽德军进驻我们国家之后度日如年的日子，他们洗劫抢夺，奴役我们。”奥黛丽一家获准暂时留在旧居。纳粹总部传令，要市民合作，以便让德军更顺利地征服荷兰。

接下来的 10 个月，范·希姆丝特拉全家的银行账户、股票证券和首饰珠宝都被充公，几世纪来财富带给他们安稳的日子，如今一夕间化为乌有。

占领军希望掀起荷兰人反英的情绪，所以采取一些极端的手段，如禁止英国进口的糖果饼干。这使得埃拉一家人开始担心：奥黛丽·罗斯顿是英国公民，不但有英国姓名，而且英语流利——这很可能让她遭到逮捕，甚至驱逐出境，送往集中营。埃拉的女儿一定要学荷语，冒充荷兰人不可。埃拉火速让女儿在当地学校以埃达·范·希姆丝特拉的名字注册，而非奥黛丽·凯瑟琳·罗斯顿。这个新造的假身份一直用到战争结束，但此后从未再使用。

“我的真名绝非埃达·范·希姆丝特拉。这是我在学校用的假名，因为母亲觉得在德军占领之际，我的本名太像英国人，最好还是采用假名。”埃拉提醒奥黛丽不要当众说英语，因为到处都有德国士兵。

“在我成长的阶段，有八年时光（1939年至1947年）都说荷语。我的母亲是荷兰人，父亲是英国人，但我出生在比利时，所以在家用英语和荷语，在外面则说法语。”她在英国肯特就学时只讲英语，这时在荷兰又只讲荷语。“在我疲惫的时候，没有可以让自己轻松运用的语言，因为我从来没有只听一种语调的习惯。正因为我没有母语，所以有人批评我语调奇特。”

童年时运用多种语言，形成奥黛丽独特的语音——优雅清脆的声调、如音乐般起伏的语音，以及拉长的元音，这些都是奥黛丽成年后说英语的特色。她的语音十分特别，难以归纳成任何方言，绝不会被误认。

1940年至1945年在纳粹占领下的荷兰，日常生活成了活生生的梦魇，只要有飞机低空掠过，就会引起居民一阵恐慌：究竟是英军执行侦查任务，还是德军的攻击？孩子们跟着父母，躲进地下室和橱柜——就算他们安然无恙地走出那里，心中依旧忐忑不安，因为每天都可以听到纳粹广播的威胁。

很快，荷兰实施了严格的物资配给。因为德军需要食用油、汽油、轮胎、咖啡、茶和所有纺织品，因此一般人民很少得到这些物资。舟船都被征收，脚踏车、鞋子、甚至教堂准备铸钟的铁，也被德军强行征收。在纳粹的统治下，荷兰的广播电台不断教导人民如何厉行节约——例如茶叶可以泡好几泡，或者全家挤在一个房间，以节省木炭等取暖的燃料。

于是原本生活水平相当高的国家，很快就沦入贫穷和疾病——随着战事拖延下去，很少人能保住有价值的珍贵物资，1943 年时当地还爆发了肺结核。在战火蔓延的冬天，有些居民偷砍公园的大树，作为取暖之用；或是掠夺无人的空屋，搜括值钱的财物——战前他们从没想过这么做。

不久，荷兰的犹太人开始受到限制，犹太老师、教授均遭解职，犹太学生不能再上学。医生不准治疗犹太人，医院拒绝他们入院。嫁给犹太人的非犹太女性，必须强迫绝育。1942 年，荷兰的犹太人被送往集中营，引起教会公开谴责。德国对这些反抗的第一步处罚，就是把已归皈天主教的犹太人送往集中营，如杰出的犹太哲学家艾迪丝·施泰因。施泰因已经信奉天主教，成为加尔默罗会的修女，结果在奥斯维辛集中营被处决。

“全家人连宝宝，一起被拖入灵车，那是一种木制货车，上面只有一块条板供乘坐。车里所有人都脸朝外，凝视着你。”奥黛丽回忆这幅彷佛快照似的景象，车上的人被驱逐出境，送往集中营。“我才十多岁，就已经明白人性的冷酷：我亲眼看见它、感觉它、听到它——它永远不会消散。那不只是噩梦：我就在现场，它就发生在我眼前。”

1941 年，埃拉的长子亚利克斯失踪了。他在大战开始时加入荷兰陆军，荷兰投降时被俘，好不容易逃脱，一直躲藏到战争结束。但当时埃拉和奥黛丽并不知道他的下落，只能揣测他或许已经阵亡。奥黛丽嚎啕大哭，一遍又一遍地问，是不是所有人都会去坐牢或被杀。“我不知道我会不会像许多年轻女孩那样突然失踪，被送到‘德军官兵俱乐部'；我不知道我是不是会被抓走一星期或一天，去做工或到军方的厨房打杂。我只知道我才 12 岁，而且很害怕。”

但正如当时的荷兰外长范·克利芬斯在 1940 年所写的：“荷兰人天性聪明，不受任何政治宣传蛊惑，外在的服从并不代表内心的屈服。”这种精神就显现在荷兰的反抗军身上，起先荷兰的反抗势力希望能维持和平，直到战争结束，但后来发现和平遥不可及。荷兰王国反抗协会宣告成立，成员全都武装起来。

1942 年时，埃拉的次子伊安已是 18 岁的强壮青年，早在他于乌特勒支念书的学生时代，就已经是活跃的反抗分子。刚开始，他分发抗德的宣传手册给国人，破坏德军消磨人心的战略。然后，他秘密参与所谓橙色广播网，这个广播网偶尔会播放荷兰女王在伦敦的演说，敦促荷兰民众支持盟军。在台夫特与莱登两地，伊安因犹太教授遭解职而组织学生罢课，表现杰出。

他还协助犹太人取得假证件和粮票，否则这些人必然会被送往德国集中营。虽然纳粹威胁一抓到反抗分子就要处死，但反抗军仍旧鼓励荷兰铁路、公路人员罢工，阻挠德军运送物资。当战线拉到荷兰后，反抗军呼吁一般荷兰民众协助盟军伞兵，并藏匿盟军伤兵，提供急救。

不幸的是，伊安英勇的行动最后被德军发现。他在安恒街头突然被逮捕，立即送往德国，成为到德国军用品工厂作奴工的 40 万荷兰人之一，一直在那里待到大战结束。伊安一样下落不明，直到 1945 年才平安归来。

与此同时（1942 年 6 月），奥黛丽一家人终于亲身体验到纳粹政权的野蛮残酷。

荷兰地下军企图破坏运送军需品进入荷兰的德国火车，于是德军在安恒展开报复行动。奥黛丽挚爱的法官舅舅、担任法庭助理的表哥、另一位表兄，以及四个邻居全都被抓起来，此情此景，在奥黛丽的脑海里永难磨灭：

“不要不相信你所听到或读到的任何纳粹暴行，它其实比你所能想象的更恐怖。我们看见亲人被抵在墙上，当着我们的面被射杀。”此后，埃拉积极参与荷兰反抗军的行动，甚至把地下工作人员带到家中藏匿。

1941 年，除了荷语课程之外，奥黛丽的母亲也在安恒艺校为她注册，参加下午的音乐舞蹈班。在德军的占领下，艺校减免了大部分学费，只要求学生的父母视能力来支付费用。“我一开始在荷兰上舞蹈课时，就一心一意想当芭蕾明星。”奥黛丽多年后说。当年 11、12 月，安恒市剧院举办活动，纪念莫扎特逝世 150 周年。11 月 11 日，埃拉指导一出“活人画”，共有五名穿着全套 18 世纪服装的演员摆出姿势，像画面一样静止不动，其中包括奥黛丽，安恒弦乐四重奏团则在一旁演奏莫扎特的乐曲。

但奥黛丽比较喜欢动态的表演，不久她就有了机会。她在艺校才华洋溢，而且勤奋好学，所以被选为薇加·玛洛瓦的学生，很快就成为台柱。不久，奥黛丽不仅在学校表演，也和几位同学冒险私下做舞蹈演出，为反抗军筹款。这种表演称为“黑色表演”，因为演出的帘幕是黑的，而且没有灯光。

“舞蹈动作是我自己设计的。”奥黛丽回忆道，“我请朋友弹钢琴，并请母亲制作舞衣，虽然非常不专业，但当时少有娱乐，这样的表演让大家有机会听听音乐，放松一下。表演场地的门窗紧闭，外面的人绝不知道里面在做什么；表演完之后，大家收了钱，转送荷兰地下军。”这些少数的观众唯恐走露风声，不能鼓掌，也无法

↓

母亲让赫本学习舞蹈，而赫本则用舞蹈为荷兰游击队募捐。

表达欣赏之意。“我一生最好的观众在我表演完之后，却没有任何一丁点声音”。埃拉用毛毡碎片为奥黛丽缝制芭蕾舞鞋，“支撑力虽然不像真正的芭蕾舞鞋，但足以满足我那双热切的小脚”。

在这样的表演会上，经常有人与奥黛丽及其他年轻表演者接触。除了微薄的赏钱之外，他们也会把一些小纸条塞在这些孩子的鞋子里，让他们第二天送去给反抗分子。这些表面看来似乎不知情的孩童，会透过事先的安排，与反抗德军的同胞巧遇（例如在拥挤的公交车上或公园的小径旁），悄悄传递重要讯息或支持经费。

这样的场景与好莱坞肤浅的惊悚片很类似，但既不浪漫又不兴奋，更没有什么值得自负的。危险无所不在，因为到处都是纳粹军人和警察，而胆敢反抗占领军的孩子知道，如果被逮，绝对不会留下活口。但奥黛丽的芭蕾舞课让她训练有素，培养她不顾自己的不适而临危不乱的能力。在食物配给方面，她有同样的自制。当时肉、蛋、茶和咖啡已严重短缺，到了1942年底，连油料都非常稀少，因此每家只有一间房间能使用燃炉。“然而，这世上恐怕没有任何人，能像怀抱梦想的孩子般有决心。”15年后奥黛丽说，“我想要跳舞的热忱，远大于我对德军的恐惧。”她对荷兰反抗军的热忱，就像对芭蕾一样热切——虽然她自己从来没有这么说过。她并不觉得自己是可歌可泣的英雄：“对荷兰孩童来说，冒死拯救反抗分子的性命，是理所当然的事。”

在安恒的一个冬日，一小队德国士兵背着枪，命令视线所及的所有女孩和妇人排成一列，把她们赶上三辆军用卡车，蜿蜒穿过安恒的街道。车上的乘客满脸惊恐。奥黛丽说：“我只记得自己一再用荷语念道：‘我们天上的父……我们天上的父……’”

车队突然停了下来，士兵跳出车外，开始欺负路过的犹太人。犹太人的衣服上被迫画上黄色的戴维之星，所以马上就可以辨识出来。“我记得听到步枪枪托敲在人脸上的沉闷声响，然后跳了下来，弯身滚到车底，再朝外滚，只希望司机不要注意到我——他果真没有注意到。”

还有一次，一名反抗分子告诉奥黛丽，有一个英国伞兵躲在安恒的山区，德军尚未发现，但不久德军要在森林里举行演习，所以那个伞兵恐怕待不了多久。他们必须警告这名英国人，协助他找到盟友和容身之处，奥黛丽既然会讲英语，能不能去警告这名士兵，把反抗分子的指令告诉他，然后通知村子里的援助者，由他提供藏身处。

奥黛丽一口答应，沉着地进入森林，假装在采野花。她找到了那名伞兵，告诉他相关讯息，回答他的问题，然后调头回村子。就在此时，两名德军拦住她，用德语与她交谈，指着她来的路，问她为什么出现在那里。她假装不懂他们在问什么，只是微笑着把手上的花束递给他们。让她惊讶的是，他们竟欣然接受了那束花，拍拍她的肩膀，让她离去。

一小时后，她找到一位清道夫；他瞄眼看她，她轻轻点了点头。这是暗号，这位反抗分子假扮的清道夫因而知道，他即将接待一名说英语的盟友。奥黛丽完成了她的任务。

1944 年秋天，盟军发动大胆的“市场花园行动”，英美两国陆空连手，希望进攻并掌控八座荷兰桥梁，为反攻德国铺路。

这个计划是英军在欧指挥官蒙哥马利将军构思的，美国艾森豪威尔将军协助。8 月 25 日光复巴黎及 9 月 4 日光复布鲁塞尔后，盟军似乎胜利在望，市场花园行动应该是最后一击。他们计划空运 32000 名士兵到敌军阵线后面，突破敌军防线。英国派出一个师的军力，美军则派出两个师，用滑翔机和降落伞降落在荷兰的城市埃因霍温、奈梅根，以及最重要的安恒（即“市场”）；盟军将占领桥梁，打开道路，直通德国（即“花园”）。

虽然安恒周围有两个重武装党卫队驻扎，盟军还是继续进行他们的计划，只是飞机太少，无法一次载运所有士兵，空投任务必须分三天进行。由于德军反空袭防线就驻扎在安恒市中心，盟军决定把士兵空投在10公里外，以乘其不备。

9月17日星期天，任务开始。当天荷兰乡间阳光普照，万里无云，盟军士兵满怀兴奋，十分乐观。1500架飞机和500架滑翔机朝着敌军阵线飞去，第一次空降共有16500名伞兵和3500名滑翔兵，他们非常精准地正中目标；但当英军接近埃因霍温时，受到猛烈攻击。美军空军师同样抵达了奈梅根的目标，但多数桥梁已被德军炸断，他们根本无从攻击。盟军朝安恒进发，德国坦克已经进城，摧毁了大半城市，并命令当地居民在数小时内撤退。

情况很快变得对盟军极为不利，英国的汤尼·希伯特上校回忆道：

“我们对德军其实一筹莫展，他们在街道上来回行驶，对建筑物四周丢炸弹，然后投掷烟雾弹，浓烟把我们全熏了出来。到了星期三晚上8点（9月20日），火势已一发不可收拾。”

德国炮兵很快控制了战局，数千名盟军阵亡，约7000人被俘，其中许多人身受重伤。二次大战最大规模的空降行动成了损失最惨重的一次，彻底失败。胜利不再在望，战事继续拖延，又夺走数千条平民和士兵的生命。

根据英国军事史学家理查德·福尔摩斯的说法：“无论是参加战争的老兵或史学家都表示，荷兰人民极为友善，许多人冒险协助盟军，甚至牺牲自己的性命都在所不惜。”但对迫切渴望重获自由的荷兰家庭来说，未来还有更悲惨的命运。安恒附近如今一片废墟，逾450名平民一夕间丧生，剩下的人纷纷逃亡。

当初冬降临时，德军几乎已经把全城掠夺殆尽。那年冬天是欧

洲历史上最寒冷的冬天。纳粹党人冷漠地看着荷兰人民饿死，因为仅有的食物都送去给德国士兵了。

“安恒之役后，德军命令全城居民撤离。”奥黛丽回忆道，“我们是被迫离开的九万人之一。母亲和我到外公位于维普的乡间宅邸，但这回没有什么值得开心的。我们常常一连数天没有食物充饥，只能坐在没暖炉也无灯光的屋子里发抖……我们住在虚空里——没有生机、没有新闻、没有书本、没有肥皂，但与每天感受到的恐怖相比，这一切都不算什么……很长一段时间，除了郁金香球茎之外，我们没有任何食物。

“无数被纳粹驱离安恒的难民，到我们的门前乞讨食物和寻求栖身之所，这是人类最悲惨的浩劫。成群结队的难民流离失所，因饥寒交迫而倒地不起。我们暂时收容了约 40 人，但因为没有任何食物，他们不得不继续前行。

“接着，12 月 24 日早晨，寡居的阿姨告诉我们，再也没有任何食物了。我曾听说，只要睡着就可以忘却饥饿，所以想睡过圣诞节，至少该试试。但我得先爬上楼梯，才能进房间。我努力往上爬，却无法做到——我太虚弱了。我的双腿浮肿，极度营养不良，而且黄疸让全身浮现很可怕的颜色，母亲担心我可能死于肝炎。”奥黛丽的体重已经降到 40 千克，相对于她 170 厘米的身高，这样的体重绝对太轻了。“接着有人敲门，一名荷兰地下军为我们捎来一些罐头。后来我们发现，凡是有人质遭枪决的家庭，都会得到几箱食物。”

连那些食物都吃完之后，他们已经走投无路了。“我们常常每人每天只吃一片用草做成的面包，配一颗马铃薯烧出来的汤水……如果撑下去，就可以存活——如果活下来，就不会死……我们失去了一切，房子、财产、金钱，但一点也不在乎。如果我们挣扎着活下来，那么这就是唯一的意义。”

在安恒浩劫前几个月，奥黛丽已经孱弱得无法再上芭蕾课，也不能再在艺校为几个小女孩教课赚几个铜板了。她最后一次在安恒市立剧院的表演，获得了一生的第一次舞评。一位舞评家在杂志上写道：“她似乎真的有舞蹈的热情，还有极高明的技巧。”但接下来，她的健康情况崩溃了。

1945 年 5 月 4 日，奥黛丽 16 岁生日那天，在维普屋内的地下室听到屋外有人拖着步子行走的声音。“我跑到窗前一望，看见第一批英国士兵。从此之后，我就觉得自由有一股特殊的气味——英国石油和英国香烟的气味。我跑出去欢迎这些军人，拼命嗅闻他们身上的汽油味，彷佛那是无价的香水。我还向他们要了一根香烟，虽然那根烟让我呛了半天。”她也向那些军人要巧克力，一个好心的士兵看到她的黄疸和浮肿的双脚，于是给了她五条巧克力。她一口气把它们全吞下肚，结果生了大病。虽然如此，奥黛丽对香烟和巧克力的兴趣从未稍减。

不到 5 月底，亚利克斯就已经从藏身处返家；很快，伊安从柏林一路步行回乡。全家没有任何可以庆祝的资源，只有感恩的沉默。或许是此生第一次，奥黛丽看到母亲的脸上流下泪水。

6 月间，国际救难物资逐渐送达，安恒和维普的人民首先受惠。联合国善后救济总署（UNRRA）送来了成箱食物、奶粉、咖啡、毛毯和基本医疗用品。“所有学校都成了救援中心，我就是受惠者之一。”后来奥黛丽回忆道。奥黛丽和整个范·希姆丝特拉家族都参与了发放救援物资的工作。“这是基于己饥己溺这个美好的古老观念，这是我所受的基本教养，其他人比你重要，所以（如她的母亲所言）‘不要抱怨，只要接受’。”不久，联合国善后救济总署就改成联合国儿童基金会（UNICEF）。

但他们该住在哪里？威廉明娜女王给了他们答案。女王在光复

前夕回到荷兰，呼吁民众担任义工，到疗养院照料受伤的士兵。50名荷兰公民中就有一人在战争中丧生，还有无数伤残或生病的人士。到了夏末，奥黛丽和母亲已经住进阿姆斯特丹一间诊所，负责各种杂务——不仅照顾伤兵，还为他们读书或写信。

奥黛丽照顾的伤员中，有一名30岁的英国伞兵，名叫泰伦斯·杨，他曾参与安恒之役。一年后，他复原了，与几位同胞回到安恒，制作一部以1944年9月为主题的影片，成果就是《安恒居民》。这部片子是杨所执导的诸多影片中的第一部，部分是纪录片，部分是剧情片。

1946年初，奥黛丽和埃拉完成了照顾伤兵的义务。埃拉立刻转任厨师，一方面支付她们在阿姆斯特丹租赁小小公寓的租金，一方面支付奥黛丽回芭蕾舞学校的学费。她的老师是伟大的芭蕾舞前辈桑妮雅·盖斯凯尔。她曾受业于赛吉·狄亚基列夫[①]，并与他合作，后来她创立了荷兰国家芭蕾舞团。盖斯凯尔很欣赏这名新学生的生命力、魅力和雄心，却担心战争对奥黛丽纤瘦身材的影响：这个孩子缺乏精力，肌肉又不结实，恐怕无法开创舞蹈生涯；再者，她的年纪也不合适，想投身芭蕾，通常要在17岁之前很久就开始。

那年夏天，长久以来的困顿生活终于击倒了奥黛丽，她第一次受忧郁之苦，后来这个毛病反复折磨她一生。她的症状很平常，每天除了数小时课程之外，一直昏睡，抑郁消沉，沉默寡言，而且开始暴食。

6岁以来，奥黛丽已经经历了一连串挑战。自父亲弃她而去之后，她已经习惯孑然一身在异地求学的生活。母亲训练她绝不抱怨的教

① 俄国芭蕾舞团团长，打破舞蹈传统，强化布景功能，掀起舞蹈界革命。

养，使她勇敢面对一切，但她期待爱和被人接受的渴望，一直没有获得满足。虽然她喜爱芭蕾，但芭蕾带给她的是严格的技巧训练。她全心全意把自己敏感心灵的所有精神和心力，完全投注于舞蹈练习。但无论当时艺术的学习带给她多大满足，未来却不明确，而她的师长也不肯给任何人任何承诺。

恐惧长期萦绕在她的心头，1940 年开始的生活必需品匮乏，毁了她的健康。与此同时，战争有个奇特的结果：就像其他人一样，奥黛丽发现，与家人及朋友为反抗军工作，让他们团结一致。人人都经历同样的苦难，人人都抱持同样固执的希望。现在痛苦的长夜终于告终，她的哥哥已经归乡，盟军送来了救援物资，她和母亲也在照顾伤员的过程中获得宝贵的报偿。

然而，现在一切都变了。亚利克斯和伊安各自追寻自己的事业及生活，挣扎求生的精彩戏码已经结束，一切回归平淡的日常生活。各国政府努力重建欧洲，而奥黛丽必须更新、改变，提升她的年轻生命。再也没有团队合作或国际计划来协助她。年方 17 岁的她不再是孩子，但还不是成熟的女性。她有母亲的勇气作为典范，生命中却没有情感的依托。

就像其他置身于危机中的人一样，奥黛丽把她的迷惑化为对自己的不满。后来她坦承：“我经常感到沮丧，对自己非常失望，甚至可以说痛恨自己。我太胖，或太高，或太丑。我无法面对自己的问题，应付我所见到的人。”就在此时，4 月 3 日，阿姆斯特丹的《荷兰国家日报》（Het Parool）刊登了一篇报导。“我读了安妮的日记，”奥黛丽多年后说，“让我不禁崩溃。我把自己当成了这个小女孩，她正巧是我的年纪。”

其实，若奥黛丽在 1946 年没有受忧郁之苦，才真叫人心惊；如果我们说，她可以勇敢经历所有风暴，永远沉着镇定地抵达成年的

彼岸，那才教人胆寒。要是经历一个又一个创痛，却未能把这些负面经验融入她日后的生活，那么她所受的创伤可能持续下去、无法复原，甚至可能造成心理障碍。若非此时她罹患忧郁症，创造接下来破茧而出的力量，她可能变成丧失健全心理的冷酷女人，更不可能成为具有内在深度的女演员。

“我经历了物资匮乏的战争年代，没有食物、金钱、书籍、音乐和衣物，”她谈到这段时期时说，“于是大吃特吃作为补偿，尤其是巧克力。我像汽球一样发胖又难看。”其实她言过其实，但到了秋天，她的体重增为68千克，虽然谈不上肥胖（她自己觉得如此），因为她的脸、颈子、手臂和上身依旧窈窕，大腿和臀部却变得丰满。如果她真的有意于芭蕾生涯，必须减重，而奥黛丽很快把体重减到50千克，并且终生维持这样的体重。

奥黛丽在1946年底快速减重的原因很简单。盖斯凯尔告诉埃拉，奥黛丽或许有机会去伦敦，向知名的同行学舞。埃拉说，若奥黛丽真的有意继续学舞，非得减重不可。

她们在伦敦感受到与1939年的福克斯顿截然不同的气氛。战后的英国物资仍然严重匮乏，对大多数居民而言，轰炸虽已结束，让他们不再恐惧会突然失去生命，生活质量却没有改善。

然而，不屈不挠的埃拉打定主意要造就女儿，她勇敢接下梅菲尔区公寓管理员的工作，那里很接近海德公园和葛洛佛纳广场。这位现年47岁的女爵，就在南奥德利街65号整理垃圾，洗刷楼梯。这间朴实无华的建筑就坐落在葛洛佛纳教堂对面，是一幢有大理石柱的红砖建筑，总共有六间平房，还留了一个房间供管理员和她的女儿容身。每天早上，当埃拉展开管理员的工作时，奥黛丽也出发上舞蹈课。

第三章

星光乍现

（1947-1951）

“她给人一种印象：‘我在这个世界上孤单无助，需要你来拯救我。’人们在不知不觉中立刻响应：‘我会保护这个可怜的小家伙。’”

——鲍伯·蒙克浩斯

盖斯凯尔在伦敦的朋友，正是声名赫赫的玛丽·兰伯特，当时兰伯特在英国古典芭蕾舞坛叱咤风云，声望如日中天。1888 年，兰伯特出生于波兰华沙，原名希薇亚·蓝本，她曾与多位知名作曲家及舞蹈家合作，如狄亚基列夫、瓦斯拉夫·尼金斯基、伊戈尔·史特拉汶斯基、伊莎多拉·邓肯等。1920 年，兰伯特在伦敦设立舞蹈学校，训练出许多伟大的舞蹈家和编舞家，例如名编舞家菲德列克·阿胥顿、安东尼·都铎、阿格妮丝·德米尔等。1936 年时，她的舞团与学校合组兰伯特芭蕾，声名远播，1947 年更到世界各地巡回演出。

1948 年初，奥黛丽抵达兰伯特在剑桥广场新租赁的排演室，只带了盖斯凯尔的推荐信，还有自己的活力。当时她的体重是 50 千克，身高 170 厘米，腰围 20 英寸。60 岁的兰伯特夫人只有 31 千克（学生的估计），身高 152 厘米，在她的眼中，人人都无比庞大，因此她总要别人坐在她的对面，以免自己扭到脖子。她喜欢身材娇小、体态轻盈的芭蕾舞者，因为这样不仅比较适合与男舞者搭档，而且教学和编舞比较轻松。

尽管兰伯特颇有文化素养、活力充沛、精通各种语言，而且有无懈可击的剧场感，很能启发学生，但有时言词非常粗暴，难怪曾跟着她学习的德米尔称她为“黄蜂夫人”。学生常被她骂哭，但她的确能启发好舞者，让他们发挥天赋，创造绝佳效果。兰伯特虽然严厉，对提携后进却不遗余力。

她看了奥黛丽试跳的情况，听她叙述自己学习的过程，然后告诉奥黛丽，等春天再来舞团，那时她财力较丰，可以提供奖学金给她，也可以在兰伯特一家人的住处腾一个房间给她。兰伯特家总有一小群身无分文的学生居住，如今奥黛丽有了希望，乐观的未来驱散了她的忧郁。这时她把父亲的姓氏罗斯顿从自己的姓名中除去，但保留赫本（曾祖母的姓氏）。从此之后，她的名字就是奥黛丽·赫本。

但当时才 1 月底，距 4 月尚有一段时间，在那之前该做些什么？在阿姆斯特丹的表兄弟捎了信来，为她带来答案。他们有两个朋友范·德·林顿和约瑟夫森要拍喜剧短片，正在找演员，需要有魅力的少女充任临时演员；如果奥黛丽愿意回荷兰一趟，可以得到几天的工作。于是她在 2 月间回到荷兰——并不是因为她对电影有兴趣，而是她需要钱，才能度过未来几个月时间。

那部片子名叫《荷兰七课》，但内容其实并不是语言教学工具，而是一部不怎么精彩的喜剧。在这部银幕处女作中，奥黛丽在阿姆斯特丹一条安静的街道上拍了一天。影片内容是描述一位电影摄影师被派到荷兰拍摄旅游见闻，但他对追求当地年轻美女反而比较感

左上：赫本在《荷兰七课》中第一次出镜，只是一闪而过。

左下：赫本兼职模特儿拍摄平面广告来补贴生活费。

右：芭蕾是赫本最初的梦想。

兴趣。这部被英国影评家称为“沉闷老套”的电影，是以纪录片的手法，从空中鸟瞰这个城市。在两个地面拍摄的场景中，奥黛丽在电影里初现身影——片子一开始，满嘴胡说八道的摄影师不小心撞上她；接着她出现在片尾，穿着荷航空服员制服的奥黛丽向摄影师挥手道别。她的所有镜头加起来不到一分钟，片尾没有她的名字，仅有极少数影评人注意到这部片子，而他们对她的表现只字未提。

奥黛丽回到伦敦，虽然担任模特儿、作职员、打尽各种零工，但依旧缺钱。她开始上兰伯特学校的课程后，晚上仍担任秘书，并为摄影师作模特儿，还曾出现在杂志上为肥皂和洗发精做广告。与此同时，埃拉作旅馆职员、花商、装潢师，为有钱游客当保姆；她和女儿共享收入，也常常同住。

奥黛丽在1948年的生活十分忙碌，白天上芭蕾课，晚上兼职。“我的第一堂课从早上10点开始，最后一堂课下午6点结束，日日夜夜都是工作、工作、工作。”舞蹈课成了“最让人筋疲力竭的事”，总有一些教人神经紧张的小细节要注意。如果夫人逮到她的学生“弯腰驼背，就会用棍子敲我们的膝关节”。这位新学生可能从没想到竟有这种古老的体罚，但她忍了下来，因为“我的梦想就是穿着芭蕾舞裙，在柯芬园跳舞”。

尽管雄心勃勃、精力无限，奥黛丽的梦想却受到打击。夏末时分，兰伯特准备前往纽澳巡演15个月，宣布了团员名单后，奥黛丽不在其中。她去问老师原因，得到的回答是她太高了；她太晚开始训练；她或许可以参加舞群，或在剧院担任歌舞团员，或者当芭蕾老师——但她永远不可能成为芭蕾红星。

“我的技巧，”奥黛丽后来说，“比不上曾在萨得勒韦尔斯芭蕾舞团学过五年的女孩，她们家境富裕，战时依然有良好的饮食和避难所。这让我明白自己不能再坚持学芭蕾，但又觉得参加歌舞剧演出有损尊严。”

无论她当场对兰伯特夫人的话有什么反应，都没有时间自怜自艾。1948 年 10 月，奥黛丽离开肯辛顿兰伯特的家，搬回去与母亲同住，并且和其他几位未入选兰伯特舞团巡回演出的学生，分别前往各制作人和经纪人的办公室，想找剧团的工作。

她失业的时间并不长，只是工作不太合口味。10 月底，《高跟鞋》一剧在伦敦首演，这出颇受欢迎的美国音乐剧已在百老汇演出两年，如今移师伦敦。这出剧作的音乐和歌词分别是由朱尔·史戴恩和萨米·卡恩撰写，杰洛米·罗宾斯编舞，内容是 20 世纪初一系列无厘头短剧，需要一群少女穿着泳装表演歌舞，配合着默片闹剧那种快速而有趣的舞曲，在台上跑来跑去。奥黛丽在 3000 名应征者中脱颖而出，是入选 40 人名单里的最后一位。她签了仅有一页的合约，每周薪资 8 英镑，当时相当于 32 美元。

“我被选入《高跟鞋》时，”她回忆道，“还不懂什么是切分音，所以得比其他女孩更努力。”在排演那几周，她都留到很晚，以便与舞蹈助理合作，并经常早早起床练习。

1948 年 12 月 22 日，《高跟鞋》在伦敦竞技场剧院开演，盛况空前，共演出了 291 场。伦敦《每日电讯报》评论说，它是“长久以来伦敦最疯狂骚动的舞蹈，而全剧高潮……是麦克·赛纳特[1]早期影片风格的芭蕾”。但对奥黛丽来说，这只是过渡时期的工作；这出剧的剧评同样没有提到她，她的事业未因而更上层楼。1949 年 5 月 5 日，此剧闭幕之后，奥黛丽原本获邀参加全剧的巡回演出——但制作人塞西尔·蓝道难得注意到这位第二排左数第三个的女孩，邀请她参

① 20 世纪 20 年代美国导演、演员。

加他的新音乐剧演出。这出新剧作 5 月 18 日将在剑桥剧院开演。

虽然奥黛丽在新剧中依旧是跑龙套的角色，但在 27 幕短剧中，好歹还有几句台词，且是仅有的五位舞者之一。奥黛丽知道，在这样艰困的时期，有工作就已经很幸运了，而她的确拼命工作：除了每周六个夜场和两个日场的表演，她还兼了更多报章杂志广告模特儿的工作。

蓝道的歌舞剧轻快有趣，深受英国观众喜爱，其中又以《鞑靼酱》最为成功。《鞑靼酱》的演员来自十几个国家，包括充满喜感的南非歌星柔伊・盖尔。这出剧的剧评反应不错，虽然评论中只提到一两个主要演员。剧评家称赞此剧新鲜、有趣、优雅，演员配合极佳（“舞团中人人都有发挥的机会”），还有充满创意的背景和服饰（“热带雨林、用黑棕颜料所画的摩天大楼、南美的音乐、巴黎大道上神秘的灯光——充满异国风味”）。

奥黛丽在其中一幕短剧中饰演瑜伽学生，在另一幕短剧里饰演女店员，在第三幕短剧中则饰演古典芭蕾舞者。当时曾数次观赏本剧的观众说，她“表现突出，活泼奔放，她的舞蹈如小飞侠彼得潘般灵动敏捷，虽然聚光灯总是在别人身上”。

同台演出的团员对她则有不同的反应。“我们都注意到奥黛丽的潜力，”知名音乐剧明星洁西・马修斯说，“她有一种难以言喻的可爱特质，蓝道要把她安排在我的舞曲中，我很乐意。她迟早会成为明星。”

北欧舞者奥德・约翰森说得更坦率：“我有舞台上最大的胸部，但大家却看着那个什么也没有的女孩！”负责记录《鞑靼酱》制作过程的时尚摄影安东尼・波尚说，他曾拍过费雯・丽和葛莉泰・嘉宝等明星，唯有对奥黛丽，他“才有发现明星的感觉，她有一股清新感，还有性灵之美”。接下来数十年，许多人都说他们“发现”

奥黛丽，但真正看出她在剧场中的潜力并鼓励她的，应该说是蓝道（而不是波尚）。

日后成为知名谐星的鲍伯·蒙克浩斯在《鞑靼酱》及其续集中，都和奥黛丽同台，他认为她是个有点争议性的表演者。“就舞蹈而言，奥黛丽的表现最差。”他说，“如果她是个好舞者，其他女演员就不会那么不喜欢她。她们喜欢舞台下的她，但不喜欢她上舞台：她们觉得只要她一上场，观众就会着迷；她的表演十分可爱，一颦一笑都让人屏息。后来她学会少做一些古怪的小动作。”这些小动作或许是出于紧张，或许是为了遮掩自觉有点笨拙和不佳的技巧。“与其他女孩相比，我觉得自己实在很丑。”奥黛丽后来说。其他人觉得她抢镜头的动作，其实只是她做补偿的动作。

无论如何，观众喜欢她，蓝道指望她创造意料之外的喜剧效果。然而，这位制作人有点担心，因为虽然他一再提醒团员，同事之间应该维持绝对的专业关系，这个剧团清清白白、干干净净，奥黛丽却很明显地与同团演员马塞尔·勒朋坠入爱河。勒朋是法国歌手和词作者，英俊的他有高卢人特有的魅力，让女人难以抵挡。他成了奥黛丽第一个追求者。

蓝道希望这段恋情在报章杂志曝光之前赶紧结束，以免影响剧团声誉，转移观众焦点。当时无论是赫赫有名的大明星或初露头角的小演员，都不会对媒体和大众宣扬私生活。宣传人员、制作人、经纪人和剧团经理，都努力塑造这一行的最佳形象，只把最好、最美、最典范的印象示人。而媒体通常欣然合作，因为社会大众期待演艺人员过着无瑕的生活。

当时媒体会报道名人的结婚或离婚，对不合道德法律的个人私生活却绝口不提。未婚的情侣顶多只是“约会”或“订婚”，意味着他们行事规矩，保持贞节。除了传统的婚约之外，其他私生活很少在众人面前曝光。

奥黛丽必须明白社会上的双重标准：男人即使有婚外情，女友情妇一个接一个换，都会被当成魅力十足的浪子，或者需要女人驯服的单身贵族；而无论过去或现在，即使只有一两个情人，女人仍旧可能永远被贴上人尽可夫的恶名。想要求发展——尤其是从事演艺事业的女性，必须特别留意人们的观感。当时的社会可不喜欢水性杨花的女人。

此外，奥黛丽所受的教养，让她在性方面有适当的界限——那不是假正经，而是一种保守、克制。她从没有在记者面前谈过自己的私生活，也从未把自己的恋情公诸于世。终其一生，她都维持良好的形象，虽然她是个健全的女人，曾有几次恋情。二度婚姻破裂后，她非常公开地与人同居十余年，但那时她已经建立起形象，而新时代的标准已改变，同居不婚不再让人大惊小怪。

奥黛丽并非欺骗或假装，她的良好教养更不是扮演出来的角色。她公开的举止从不像维多利亚时代的人那般假惺惺，私下对人的态度从不虚伪。无论置身何种情况，她都会自然地流露本性，而那样的自我——虽然没有表露给每一个人知晓，也没有压抑或禁止——让许多人觉得她毫无欲望或热情。这种看法让她哑然失笑，就像许多人一看她这么纤瘦，就认定她一定有厌食症一样。

如此这般，她与勒朋的恋情在 1949 年和 1950 年慢慢酝酿，作风谨慎的友人常常悄悄送封缄的信函到剑桥剧院，奥黛丽常接到“不知名仰慕者”送来的花。有时她直到凌晨才回家（甚至根本不回家），也坚绝不和母亲谈这个话题，只是她的母亲还是听说了勒朋这个人，担心她会嫁给在酒店驻唱的歌手。

《鞑靼酱》演出了一年，总共 433 场。圣诞季来临，奥黛丽参加另一出为儿童演出的剧作；也就是说，那个月她每周演出 21 场，

↓

上：赫本和《鞑靼酱》的其他演员意气风发，凭借此剧，赫本进入舞台剧演艺界。

下：赫本准备《开胃酱》的演出，继续自己的舞台生涯。

右：赫本显露明星特质。

连续四周，除了每周 12 英镑的薪水，还赚得一点额外的收入。

《鞑靼酱》大获成功，委请蓝道筹演续集《开胃酱》。这出剧以趣味短剧和乐曲为主，讽刺当时的电影和剧本，例如以《文化电车》，取笑田纳西·威廉斯的得奖剧本《欲望号街车》。奥黛丽在其中一幕扮演香槟精灵，穿着金色舞衣，戴着妖精的长耳朵独舞一曲。这出讽刺时事的滑稽剧在 1950 年 4 月 27 日首演，但反应不如上一出，上演八周就无疾而终。不过那时精明的蓝道又想出新招，他把喜欢的演员搬到知名的席罗兹俱乐部演出《夏夜》，这是《开胃酱》的精简版。“我像白痴一样拼命工作！”奥黛丽回忆道。席罗兹的环境比剧场更清静，观众终于头一次可以近距离看到她。

蓝道没有请勒朋到俱乐部演出，他这招果然管用。奥黛丽常常得工作到凌晨三点，勒朋不得不另谋发展，不久就移情别恋。虽然奥黛丽可能觉得伤心，但她太忙了，没时间回味过去。不过她开始养成抽烟的习惯，喜欢金片牌香烟。

“奥黛丽在《开胃酱》中表现出某种特色，而这种特色在她的整个生涯中都有绝佳效果。”蒙克浩斯说，“她给人一种印象：‘我在这个世界上孤单无助，需要你来拯救我。’人们在不知不觉中立刻响应：‘我会保护这个可怜的小家伙。’”蒙克浩斯没有贬损之意，只是指出奥黛丽个性中的一个特色。后来奥黛丽在扮演的某些角色和表演中，强调了这种特色，藉由她的言行举止、凝视或说话方式，以及对观众的诉求来表达。她经常觉得自己在世界上很孤单无助——但并非一直如此。她习惯忍耐承受（遵循母亲的教导），这创造了她力量的核心，而她透过这个核心，做好迎战恐惧和忧郁的准备。

有两位观众对奥黛丽在《开胃酱》中的表现特别印象深刻。其中一位是作家兼导演索洛德·狄金森，他正打算启用各国演员来拍摄间谍惊悚片。他在奥黛丽演出结束后去找她，请她为片中一个重要角色试镜，并承诺这个角色会让她发挥舞蹈技巧、展现年轻美貌，只是这个计划下半年才会开始。另一个人是导演马里欧·赞比，他认为若奥黛丽能参加当年秋天开拍的喜剧，一定能为影片增色不少。

奥黛丽在模特儿和电影杂志两个领域获得不错的回响。她举手投足从容不迫，一双长腿和略显孤单（但不孤傲）的神情，是时尚摄影师的梦想；从此之后，她在这两个领域的表现共得其利。一方面，她的外貌和仪态使她成为理想的时尚模特儿；另一方面，她担任模特儿的经验，让她更了解穿着打扮，对日后成为巨星帮助良多。当时她经常成为《电影评论》和《影迷》等电影杂志的封面女郎。

在狄金森和赞比来访后，奥黛丽觉得她应该多了解表演的艺术和技巧。歌舞短剧和即席的随性表演是一回事，摄影机毫不容情的特写镜头却将泄漏她任何笨拙或犹豫的动作：电影的表演必须显得自然，即使重拍数次依然如此。于是奥黛丽拜在演员菲利斯·艾尔玛门下，开始第一门戏剧课程。“他教我如何把心放在言行举止上。”奥黛丽日后说。

艾尔玛出生于1889年，在英国戏剧界和影坛很长时间。他诠释的莎士比亚和萧伯纳名闻遐迩，对现代戏剧和流行电影很有心得，提拔后进更不遗余力。“表演最重要的是姿势和动作，”艾尔玛说，“她自然而然就有这两种特色。”奥黛丽及其他学生跟着艾尔玛学了几个月，一起阅读并讨论古典和现代剧本中的场景，她也学习如何提高自己原本比较平淡的音调，以及如何强调对话中的抑扬顿挫。

由于艾尔玛在影剧界有很多熟人，可以送有潜力的学生去试镜。1950年初夏，奥黛丽参加好莱坞宗教史诗片《暴君焚城录》的试镜。“我们花了三个月，为这部片的女主角莉吉亚试镜了数百个女孩。”该片导演马文·李洛伊说，“我们曾在伦敦为一位名叫奥黛丽的女孩试镜，原本我以为找到了理想人选，她很适合，但电影公司看了试镜后拒绝她。最后我们决定不用新人。”这个角色后来给了黛博拉·寇儿。

大约这个时候，奥黛丽幸运地遇见导演罗伯·李纳德，他是联英影业（ABPC）选角主任，当时联英影业拥有英国最著名的艾斯特里制片厂。无论后来有多少人说他们协助奥黛丽踏入影坛，真正引她进这个圈子的其实是李纳德，只是他的努力并不十分顺利。因为奥黛丽虽然才21岁，却不愿被特定一家电影公司绑住，以免限制自己发展的机会。

1927年，约翰·马克斯韦尔创立了联英影业，但他去世时，公司已经破产；到了1950年时，联英影业的另一位老板，也是公司真正的权力掌控者，是华纳兄弟的杰克·华纳。这层关系使得华纳兄弟对整个联英影业有绝对的影响力，影响范围包括英国南部赫福郡的艾斯特里制片厂、全球发行网，以及当时英国最大的连锁戏院ABC电影院。

虽然奥黛丽刚开始不愿接受李纳德的提案，但最后还是签了三部片约。她的第一部片子酬劳是500英镑，到第三部片子增为1500英镑，对原本每周收入仅12英镑、近来又几近失业的奥黛丽而言，简直是天文数字。

奥黛丽为联英影业所拍的第一部片子根本不是该公司自己筹制的影片，他们把她卖给一家独立的公司，在一部名为《野燕麦》的沉闷电影里跑龙套，出现的时间不到20秒。她在片中饰演打扮时髦夸张的旅馆接线生，接到已婚男友史丹利·霍洛韦的电话：“丽晶酒店，您好……谁？……吉尔比先生？……喔，嗨，佛瑞德！”观众还没看清奥黛丽的长相，她就已经退场了。这部片子从未在英国以外的地区上映，对她的影坛生涯毫无帮助。但她在赫福郡的制片厂工作一天，却让霍洛韦留下强烈的印象。他指着她，对同片明星罗伯森·海尔说："这个女孩将来一定会大红大紫。"

后来赞比完成《天堂笑语》的筹拍工作。联英影业在这部片子的片首打出知名演员的名单后，宣告了新星奥黛丽为他们拍摄第一部影片："特别介绍：薇若妮卡·赫斯特和奥黛丽·赫本。"奥黛丽饰演卖烟的女孩，只花了极短时间排演和拍摄。接着，在亚历·坚尼斯的喜剧《械劫装甲车》中，奥黛丽饰演名叫奇姬塔的女孩，这个女孩显然是坚尼斯的情妇。她撒娇说："喔，你真好——谢谢你！"然后她从情夫手里接过一把现金，在一家南美餐厅中优雅地转身而去。

这时奥黛丽初萌芽的芭蕾生涯已经告终，而她在影坛的未来还不明朗。她拍电影只是为了支付账单，并且养活当时暂时无业的母亲；更糟的是，当时她的生活别无选择——甚至连在哪部电影中亮相，也由不得她。她后来提到自己在 1950 年和 1951 年所演出的六部影片说："这几部片子全部加起来，我总共只有一个稍纵即逝的镜头。"但有薪水总比没有好，因此她一边期盼有更好的角色，一边又与联英影业签了三部片约，薪酬涨到 2500 英镑。合约条款说，公司有权在此后三年中每年请她拍一部影片。

虽然奥黛丽在下一部电影《少妇故事》中出现在七个场景里，她却痛恨这部影片的拍摄过程。这部片子原本是幽默机智的笑片，内容描述战后英国因为房舍短缺，使一些人不得不同住在一个屋檐下的趣事。除了一对年轻夫妇之外，片中还有单身打字员(奥黛丽饰)，这个神经质的美女认为每个男人都想伤害她，把路人当作跟踪她的疯子，把餐厅里的食客当成有意攻击她的危险分子——并不是很讨喜的喜剧题材。

这部影片的导演亨利·卡斯不断找奥黛丽麻烦，常挑剔她刻意

左：赫本在《野燕麦》中跑龙套，出场不到20秒。

右上：《少妇故事》对赫本而言并不是愉快的经历。

右下：赫本在《双妹艳》中展现了清新自然的独特魅力。

假扮上等阶级的口音，认为那与她平常说话的口音完全不同，听起来很虚伪，没有喜感。其他同片演员都是知名的舞台明星和银幕明星——包括乔安妮·格林纳达、纪·米德尔顿、阿西娜·塞勒、伊莲·韩德，他们也用同样的方式说话，创造喜剧效果，当时这种作法非常普遍。卡斯对这些人没有说什么。

“他挑我毛病，”奥黛丽回忆道，“这是我拍片以来，唯一不愉快的经验。”其他演员虽然尽量帮她说话，但片场的气氛依旧紧张——和拍出来的作品一样。一位美国剧评家倒有一段简短的好评。《纽约时报》的波斯利·克劳瑟写道：“演员非常努力，包括那位饰演寄宿单身女子的美女奥黛丽·赫本。”

1950 年 11 月拍摄《少妇故事》期间，赞比终于要为奥黛丽试镜，看她是否适合演出即将开拍的政治惊悚片《双姝艳》，饰演剧中妹妹诺拉·布伦塔诺的角色。这将是她到目前为止最重要的角色，可以与知名欧洲明星同台竞技，并在两段芭蕾中展现舞技。然而，拍摄前数周，她发现可能会有障碍。因为两位主角都不高，制片笔记上写道：“其他演员必须配合主角的高度，尤其是诺拉——这对奥黛丽是一个小小的打击。”因此，1950 年底《少妇故事》杀青时，奥黛丽能否参加《双姝艳》仍是未知数。

1951 年 2 月 23 日早上，奥黛丽这位专业舞者为这个角色试镜，她是导演认真考虑的第 11 位候选人。当天下午，导演宣布：“我们的第一选择是奥黛丽·赫本。”制片笔记如实记载道：“拍了第一段之后，大家别有用意地大眼瞪小眼，她‘有特质’；再排练一段之后，大家就觉得，再排演根本是浪费时间。”奥黛丽赢得诺拉的角色。

这是一部严肃的片子，有约瑟夫·康拉德和葛拉罕·葛林小说中的政治道德意味。故事叙述两姊妹玛丽亚和诺拉为了逃避中欧某国的独裁政权，逃到伦敦，她们的父亲就是被这位独裁者杀害的。两姊妹分别由范伦汀娜·歌蒂丝和奥黛丽饰演，她们被卷入暗杀杀父仇人的阴谋，但那项计划擦枪走火，舞蹈彩排时炸弹误炸，使一位无辜女士丧生。玛丽亚被情人所迫，参与阴谋，遭到逮捕，但警方知道她是难得的线人，为她改变身份，帮她整型，诺拉却以为她已经死了。最后两姊妹重逢，不免有了悲剧的结局。

《双姝艳》当年上映时，奥黛丽的“特质”初次在电影中发挥，其实这是一种混合体，结合了奥黛丽的天真正直、直截了当，以及毫不做作的特色和才华。制片笔记上记载：她似乎有“无穷活力”（尤其是1951年3月19日拍完芭蕾片段后）。她也能传达悲伤和震惊、沮丧和体贴、焦虑或惊愕，只需藉由几个轻描淡写的动作——在适当的时机偏头，嘴巴微张，如谜一般的眼神，以及片刻的犹豫，让观众相信她的演出不是死背台词，而是出于人生的深度和挑战。

换言之，她的技巧就在于完全缺乏技巧，因此她所饰演的角色给人的感觉是并非刻意，也不处心积虑，更非精心设计。奥黛丽拍摄本片时不知是否想到自己在安恒的时光——在她跳着舞，炸弹却爆炸之时。这段情节拍了很多天，反复重拍了几次，加上精心设计的道具背景，还有为求逼真而多次尝试的炸弹声响，对她都不是愉快的体验。

但无论奥黛丽是否忆起大战时光，都没有因而屈服。她似乎凭直觉就知道该如何在镜头前面传达她的情感层次。截至当时，所有导演都没有多花多少时间向她解释眼神或光影；在狄金森之前，她只有在卡斯所导的片子里有一行以上的台词。不过狄金森发现，自己实在没什么好教她的，“她的特质”已经自然而然浮现，他和摄影师只要捕捉它就够了。

奥黛丽在《双姝艳》中，与经验老道的明星合作，如里吉亚尼（当时已经拍摄21部影片）及歌蒂丝（32部），获得不少启发，从他们那里学到很多——如宣传务必限于专业范围。曾有访问者说演戏是里吉亚尼的生命，他立刻答道：“不，那是我的工作。”他总是很乐于回答问题（不过不会深入讨论），但坚绝不肯谈论私生活和家人，这点让奥黛丽印象深刻。

曾经历过好莱坞的歌蒂丝更强调：“女演员若受观众喜爱……大家一定会想更了解她一点，有时这让人非常感动，但我们一定要有自己的生活。好莱坞非常可怕——他们期待你成为他们的奴隶——你非得做好准备，无论任何时刻都要为他们做任何事——不只是拍电影时如此。”接着歌蒂丝转而对奥黛丽说：“签长期合约之前，一定要三思。亲爱的，自由比任何事物都美好。”

问题是，奥黛丽必须决定哪些宣传是必要的，哪些不是；该说什么，不该说什么。如果她接受太多访问，社会大众就会“对我厌烦。我宁可等到有所发挥的时候，而不要冒反高潮的危险，让大家发现我在电影中发挥的，只是这么小小一丁点”。这当然问题重重——因为她的合约的关系。里吉亚尼和歌蒂丝为她上过这堂小小的宣传课之后一周，奥黛丽就得去拍喂鸭子的画面，在池塘里划船，以便刊登在《画报》杂志上。

《双姝艳》无疑是奥黛丽截至当时最重要的影片，英美两地影评家都说：“奥黛丽的美貌结合了演技，在两段舞蹈场景中的表现特别杰出。”

那一季影坛像往常一样宴会不断，明星、导演、制片家、演员及其他名流都应邀参加——其实是奉影坛巨子之命。这些宴会往往是由英国影坛大亨主办，在伦敦最时髦的招待所或华丽的夜总会、甚至领事馆举行。除了谈生意之外，与会众人会谈谈八卦，偶尔有追求或诱惑的戏码上演。

1951年一个春夜，奥黛丽参加联英影业赞助的鸡尾酒会，经人介绍，认识了一位魅力十足的男性。这个人193厘米，一头卷曲的暗金色头发，脸上挂着灿烂的微笑，在任何聚会中都不可能不引人注目。这个28岁的男士名叫詹姆斯·汉森，比奥黛丽大七岁，是卡车业巨子的继承人，家族因货运而致富，先在英格兰发展，后来到加拿大，最后投资石油等产业。汉森邂逅奥黛丽时，身家已达数千万英镑，但正如后来所记载的，1950年代初，他对“扮演花花公子比对经营事业更有兴趣”。

在工作上，汉森和影星世界并无交集，但他个人对影坛却颇感兴趣。他勤于参加各种宴会，经常追求有魅力的女人，女友包括艾娃·嘉娜、珍·西蒙丝和琼·考琳丝，奥黛丽的名字也被搜集进他的最爱名单。很快，这段韵事发展成认真的爱情，不可能逃过媒体注意。至于奥黛丽的母亲，她心满意足，不仅认可这对恋人，而且满怀信心地预言，这会是一段美满的姻缘。

第二部

名扬四海

（1951 ~ 1956）

第四章

百老汇的金粉世界

（1951）

“她基本上是不安全感很重的人，而这种不安全感却使人人都爱上她……她是看不见自己光芒的星星。”

——肖恩·赫本·费勒

“愚蠢……做作……漫无边际……不得要领。”

这是影评对奥黛丽第七部电影比较温和的措词，幸而没有人在评论中提到她的名字。

制作人兼乐团指挥雷·旺图拉向联英影业借将，请奥黛丽参加一出名为《蒙地卡罗宝宝》的喜剧片演出。1951 年春天，该片在法国蔚蓝海岸匆匆拍摄。事实上，应该说有两部片子在当场同时拍摄：每一场戏以英语拍完之后，马上以法语再拍一遍，法文片名为《我们去蒙地卡罗》。由于奥黛丽娴熟法语，因此她是这两部片中唯一兼饰同一个角色的演员。两部影片都告失败，因为故事情节太薄弱，只能勉强为乐曲串场罢了。奥黛丽在几场写得不太高明的戏中，饰演宝宝被误送给巡回乐师的知名女星，接着是一场闹剧，最后欢喜收场。奥黛丽并非女主角，女主角是由默片女星葛罗莉亚·斯旺森的女儿米歇尔·法默饰演，这是她的第一部，也是最后一部片子。奥黛丽和两位导演、两组演员合作，读两个剧本，忙碌不堪，但忙得并不快乐。

她一方面想念汉森，一方面其实不是很想拍这部影片。她不放心离开伦敦，怕错失其他好机会。她与歌蒂丝讨论过这件事，后者建议她到蒙地卡罗——谁知道在这个阳光灿烂的地方，会认识一些什么样的人？

果然如歌蒂丝所料，一切在不旋踵间发生，到蒙地卡罗拍片成为她生命和事业旋乾转坤的关键点，此行有了意外的收获。

5 月一个下午，影片在当地富丽堂皇的巴黎大饭店拍摄，奥黛丽兴致勃勃地在片中蹦蹦跳跳，这时一位满头卷发的老太太坐在轮椅上，准备从海滨回饭店。她穿过拍片现场时，突然高傲地抬起一只手，要小心翼翼推着轮椅的男人停步。那个男人蹲下来聆听指示，她则向他低语，两人都抬头朝拍片处望去，接着这位老太太继续威风地乘着轮椅前行，进入饭店大厅。

这位坐在轮椅上的古怪老太太正是知名法国作家茜多妮－加布丽埃尔·科莱特，推着轮椅的人则是她的丈夫。科莱特以自己多采多姿的生活体验为蓝本，写出许多常受争议的短篇故事和感性小说。她三度嫁为人妻，男女情人不计其数，曾当过演员，也是诗人、画家，永远反抗传统，批评社会伪善不遗余力。

1951 年 5 月，科莱特已有 78 岁高龄，虽然因关节炎而形同瘫痪，只能坐着轮椅行动，但她的心灵像年轻时一样灵活，她的五官知觉如同以往那般灵敏，眼光一样清澈。从年轻时代开始，她就以彷徨的现实主义者自居，以戳破道德的陈腔滥调为己任，时常提出女性

左：赫本欣赏自己主演的《金粉世界》的海报。

右：《金粉世界》剧照，它让赫本成为舞台剧明星，并为其在好莱坞的事业奠定了基础。

社会角色的问题，让大家仓惶失措。即使年事已高，她的成就依然丰硕。她在1945年发表的小说《琪琪》，三年后拍成了法国电影（1958年拍成美国音乐剧电影，1973年在百老汇上演）。而1951年时，美国小说家兼剧作家安妮塔·鲁思已经快完成《琪琪》的舞台剧本，并引起制片家吉尔伯特·米勒的兴趣，而米勒已经签下乔治·库克担任导演。这可能是库克在好莱坞发展了约四分之一世纪后，重回百老汇的第一出剧作。

米勒总是说，《琪琪》的小说一出版，他就一心想搬上舞台，所以当他听说鲁思正在改编剧本时，立刻与她洽谈。他宣称："一周后我们就谈定了制作事宜，接着我才飞往西班牙度假。"

其实事实并非如此。

事实上，看中《琪琪》一书、与鲁思洽谈的，是米勒制作公司的总经理莫顿·戈特里布。根据鲁思的说法，米勒其实比较喜欢"逐声色之娱，因此他把制作此剧的工作交给戈特里布，不过此剧有个障碍……请了全百老汇的女星来试演，（我们）就是找不到琪琪"。还有另一个类似的问题是，根据科莱特所签的合约，饰演琪琪的女演员必须得到科莱特认可——就像她有权同意鲁思的改编剧本一样。

科莱特为什么授权让鲁思改编剧本，如今已不得而知。她原本250页的中篇小说讽刺意味浓厚。琪琪是20世纪初活泼的巴黎少女，由外婆、阿姨和母亲抚养长大，准备步她们的后尘，当个时髦的交际花——找个有钱绅士作金主，这是平步青云最快的路，因此长辈们无不使出浑身解数，传授她这方面的绝学。琪琪痛恨这种想法，虽然这位金主英俊、亲切又殷勤。最后让众人大吃一惊的是，这位绅士决定娶琪琪，而她答应了他的求婚。

科莱特的小说原本是非常有意思的法国社会讽刺故事，鲁思把它改编为平淡的英国剧本，许多巧妙含蓄而充满言外之意的法文，一旦转换为英文，就变得平铺直述、平淡无奇，只能意会、不能言传的妙处成了夸张，但一直到此剧正式演出之前，都没有人（甚至包括科莱特本人）看出剧本的失败。

正当鲁思等人已经放弃找到女主角的希望之际，科莱特指示丈夫拍发电报给米勒：

> 先别指定琪琪一角，等我的信。

随后寄到的信是这样写的：

> 科莱特和我刚才看到在蒙地卡罗拍片的一位年轻英国女演员，科莱特一看到她就说："她很适合饰演琪琪。"希望你们没有看到她之前，先别急着决定琪琪的人选……我想她没什么舞台经验，但她很漂亮，而且有这个角色需要的淘气特质。

事实上，科莱特和丈夫见到奥黛丽的第二天，就邀她到他们的套房叙谈。"问我愿不愿意演出该剧，我说：'不行！我从来没演过舞台剧——我是舞者，没有在台上说过话！'但科莱特说，身为努力奋斗的舞者，我应该可以办到。"奥黛丽念了几行台词给科莱特听，但他们的话题主要在旅游、美食、音乐、情史上打转。当晚要道别时，科莱特送了签名照给奥黛丽，上面写着："给奥黛丽·赫本——我在海滩上发现的珍宝。"

7 月 7 日一早，这个珍宝搭火车从蔚蓝海岸抵达伦敦的维多利亚车站，投入汉森的怀抱，两人到乡间度过周末。隔周，她到塞佛利饭店去见大老远从纽约跑来的米勒和鲁思。米勒后来说："我们和赫本小姐谈了一下，决定由她出饰我们的琪琪。"鲁思则说："她表现得不是很好，不过愿意尝试。"科莱特的赞美，让奥黛丽获得了这个众人竞逐的角色。

"我简直飘飘欲仙。"奥黛丽回想那一天说，"但还有顾虑……我想向他们说明，我还没有做好当主角的准备，但他们并不这么想——我不打算改变他们的心意。"

米勒等人如今终于找到女主角，只可惜先前的延误已经让他们错失由库克执导本剧的良机，这时他忙着筹拍另一部影片。于是制作人邀请法国舞台剧导演雷蒙·胡勒来执导，虽然他一句英语也不会说，不过不成问题。米勒说，奥黛丽法语流利，鲁思则会把她的剧本译为法文，方便胡勒工作。众人皆大欢喜——甚至汉森也是。他已经向奥黛丽求婚，获得应允，两人9月宣布喜讯，决定次年6月完婚。当时两人都认为这个时间应该不会和两人的工作冲突，何况奥黛丽随时准备为婚姻和孩子放弃工作。

米勒付了几千英镑给联英影业，补偿出借奥黛丽的合约时数。联英影业倒很客气，毕竟她不是重要的大明星。他们的想法是，如果《琪琪》（舞台剧名《金粉世界》）成绩不佳，她就会回来努力工作；如果一炮而红，她会成为明星，大大改善他们的收入。因此，奥黛丽满怀欣喜与焦虑，准备尽快动身前往美国。

但这项计划要暂时耽搁一下。9月一个早上，奥黛丽接到联英影业李纳德的电话，后者刚与派拉蒙伦敦办事处的选角人理查德·米兰德谈过，后者说好莱坞的上司要他找来年夏天在罗马拍摄的一部影片的女演员。他手上有英国所有电影公司和签约演员的名单，桌上则有一本杂志——封面那位女星是谁？

《罗马假日》的剧本总共写了五年多，虽然尚未全部完成，但威廉·惠勒已经读了部分剧本，答应执导，而一心想转型、拍部喜剧片的大明星格里高利·派克也签约担任男主角。派克的经纪人还为即将拍第 20 部电影的派克谈定大明星才有的特权：他有权决定女主角人选。

这部片子的大要是：厌烦宫廷繁文缛节生活的公主逃脱了镀金的樊笼，像一般观光客一样游历罗马 24 小时，爱上了一名美国记者，但最后依旧回到自己的皇室角色中。派克和惠勒心知，此片成功与否，端视灵巧的导演手法，揉和喜剧元素、浪漫情怀和压抑的情感，最重要的是，两位男女主角必须有自然不做作的演出。

惠勒此前为派拉蒙拍摄的三部影片叫好叫座：《千金小姐》、《大侦探故事》和《嘉莉妹妹》，他执导时非常专业、一丝不苟、犀利敏锐，有时对演员毫不容情。虽然惠勒早在 18 岁时就离开了故乡阿尔萨斯到美国，在好莱坞执导了 59 部影片，基本上仍欧洲味十足。即使是贝蒂·戴维丝和劳伦斯·奥利佛等老牌演员，拍摄惠勒执导的影片时也常得一拍再拍同样的镜头，直到筋疲力竭。他无法清楚解释究竟要演员如何表现，但在他的调教下，演员却总能拿出压箱本事，演出屡屡获奖。

1951 年时，惠勒已经得到两座奥斯卡奖（《忠勇之家》、《黄金时代》），在他的执导下，共有 14 位演员获颁小金人，获提名者更有 36 位。好莱坞恐怕没有任何人会拒绝在惠勒的影片中演出的机会。

李纳德同意让奥黛丽去见这位大导演，除了拨拨算盘，能够因为出借奥黛丽而获得一笔收入之外，也因为他的确喜欢奥黛丽，希望尽力在她的事业之路上助一臂之力。奥黛丽到克莱瑞吉饭店去见惠勒，不到五分钟，他就发现她“非常机警、聪明、才华洋溢，雄心勃勃”。她说话没有美国腔，因此饰演欧洲公主更有说服力。至于奥黛丽，她只记得：“我不知道他们希望我有什么样的表现。”更重要的是，她对惠勒和他的影片一无所知，所以在这位好莱坞大导演面前不觉得紧张或胆怯。

惠勒要求她在 9 月 18 日试镜，由她拍《双姝艳》时的导师狄金森执导。她身着及地的白睡袍，演出侍女伺候公主上床，公主大发牢骚，厌倦宫廷乏味生活那一幕。侍女一角由台下的助理念台词带过。

惠勒不愧是经验丰富，他要狄金森和剧组人员在试镜完毕后，在奥黛丽不知情的情况下继续拍摄。那时她坐起身来，两手抱膝，满脸笑容，毫无戒心地问道：“我表演得如何？还可以吗？”她与狄金森及工作人员开了一下玩笑，镜头捕捉她快活和期待肯定的神情。她满怀雄心壮志，却不是出于想左右或诱惑他人的本能，而是呈现出脆弱又坚强的年轻女郎的决心——虽然她对表演细节一无所知，但决心尽己所能地演出。

狄金森更进一步地要奥黛丽脱下戏服，换上平常的服装，坐在布景前面的椅子上和他聊天，镜头在她不知情的情况下继续录制。“我回到现场和他谈话，”奥黛丽事后回忆道，“他问了很多关于我自己的问题，我的工作、甚至战时我在荷兰的生活……（而）这是测试的重点，他要拍最自然的我，完全没有在表演。”

拍摄奥黛丽的影片急送到已经回好莱坞的惠勒手中。“赫本的试镜非常好，”10 月 12 日，他写信给米兰德说，“片场里每个人都对这个女孩很有信心，我很高兴，请告诉狄金森他做得不错。”派拉蒙的主管唐·哈特曼加了一句：“我们都被她迷住了，不必任何人敦促，马上和她签约。”

派拉蒙匆匆拟好合约，送去给奥黛丽。10 月 15 日，奥黛丽在与母亲同住的公寓签下派拉蒙的合约，七年间要为派拉蒙拍七部影

片，每部影片之间可以休息一年，休息那一年可以做舞台和电视表演；但在七部片中，派拉蒙有一部的租借权，可以把奥黛丽租借给其他电影公司。因此，奥黛丽可能是史上第一位以初生之犊身份，同时签下百老汇和电影女主角合约的演员。当晚汉森带她和埃拉到摄政街的皇家咖啡厅共进晚餐，开香槟庆祝。

派拉蒙想以10万英镑来解决她和联英影业的合约，但后者认为比较有利可图的方式是，奥黛丽每租借给派拉蒙一次，就收一次款，并要求在英国发行这些影片的权利。于是同年秋天，派拉蒙签下这个史无前例的合约，主要获利者是联英影业大股东和最积极参与的高层杰克·华纳。他耐心等候时机，心知总有一天，奥黛丽会为他拍片。

至于派拉蒙和惠勒，他们以为只要一两个月就可以演完《金粉世界》，奥黛丽一定可以在1952年春天为他们拍片，在意大利燠热的夏季开始之前就让《罗马假日》杀青。导演把奥黛丽的试镜影片播放给派克看，他的反应不坏，奥黛丽担任女主角一事拍板定案。

不到10月底，奥黛丽就搭船前往纽约。她的母亲在伦敦接下室内装潢师的工作，不克同行，但会去观赏百老汇首演，届时汉森也会到纽约。

不知道是因为欢喜、焦虑还是寂寞，或者可能是这些原因综合起来，使奥黛丽在船上大吃特吃，等她到达曼哈顿码头时，暴增了6.8千克。鲁思回忆道："米勒看到她，简直大吃一惊。他原本请的是一个小精灵，现在却成了大肉饼。"

这个大肉饼到纽约的第一件事，就是找个栖身之所。她的手头虽不宽裕，但觉得可以用合理的价格在纽约找到一间舒适的旅馆。演员常下榻第58街的黑石饭店，因此奥黛丽到那里求见经理。他带她看了一间采光很好的套房，但那个房间每天索价15美元，让她倒抽了一口凉气。她每天最多只能花9美元，经理虽然同情她的处境，但15美元一毛都不能少。然而，几分钟后，经理拉着奥黛丽的手，拿着收据，送她进她所租用的房间，的确是一天9美元。

“我无法解释她是怎么让我改变主意的。”经理事后说，“她没有讨价还价，这样优雅的女孩怎么可能讨价还价！她只是说话、微笑，我就不知怎的觉得自己根本没有理由一天收她15美元。”奥黛丽有无比的说服力，她的魅力无人能挡。

《金粉世界》全体演员齐聚读剧本，然后开始在富尔顿剧院排演，预计11月24日开演。这时在戈特里布的控制下，大肉饼要变回轻盈的小精灵：戈特里布每天陪她到剧院隔壁的丁提摩尔餐厅两次，只准吃一客鞑靼牛排。这是一道欧洲菜，以生切沙朗牛排，加上生蛋、芥末、乌醋、洋葱、酸豆和香料做成。一个月后，奥黛丽重现窈窕。她一直很喜欢丁提摩尔餐厅，这个爱尔兰酒馆多彩多姿，有时有点喧闹，供应一般酒馆常见的饮食、啤酒和各种酒类。《金粉世界》的演出结束后，她常和朋友到丁提摩尔餐厅吃宵夜，特别喜欢水波蛋和腌牛肉汉堡，配一杯比利时啤酒。

奥黛丽抵达百老汇正是时候，大家对科莱特的戏剧翘首以待。他先前的音乐剧都大获成功，包括《红男绿女》、《风流贵妇》、《长青树》、《国王与我》及鲁思自己的作品《绅士爱美人》，所以新剧的门票早在几个月前就售罄。但他的戏剧没有那么长销，只有少数例外，如《玫瑰图腾》、《四柱卧床》、《圣乔安妮》及《蓝月》。茱莉·哈里斯在《摄影师》中的演出曾大获成功，但米勒的公关活动让《金粉世界》未演先轰动。

该剧的排演大多以法语进行，这对奥黛丽并非难事。另一位演员凯瑟琳·奈丝比特的法语也很流利，时而充当其他演员的翻译。奈丝比特饰演琪琪的阿姨，无论戏里戏外，都扮演了奥黛丽的顾问和戏剧导师的角色。

奈丝比特1888年出生于英国，1910年和1911年分别在伦敦及纽约初次登台；她在英国和美国的表演中最知名的角色是，1956年在纽约演出的《窈窕淑女》剧中的希金斯夫人。她年轻时是绝色佳人，1912年与诗人鲁伯特·布鲁克的爱情众所皆知，但三年后布鲁克27岁时英年早逝。

奥黛丽非常感激奈丝比特的帮助，因为除了法语流利之外，奥黛丽在各方面都惶惑不已。“我吓坏了，”一天排练后，她对记者冲口而出，“我没有任何舞台训练，其他人却都经验老到；我想我在学会之前，得凭本能演出。”她的谦逊是实情，对她颇有帮助。后来几年，她的表演之所以有进步，部分是因为她总觉得自己是学徒，所以一心向学、拼命研究、阅读，一丝不苟地学习拍摄影片的每一个环节。她很擅长选择最适合自己的角色——即使在喜剧中也是。奥黛丽的喜剧演出多半是扮演面对生命挑战，凭借勇气、毅力和机智获得成功的女性。

“琪琪的角色需要老练女演员的技巧。”鲁思回忆当时排练的情景说，“在排演《金粉世界》最后一幕的高潮戏时，奥黛丽依旧像个暴躁的少女，而非受尽恋爱悲情之苦的女人。”

幸而奈丝比特出手协助。“奥黛丽吓坏了，”她回忆道，“她对念台词毫无心得，也不知道如何揣摩角色，就像一头瞪羚般在台上乱窜。不过她有很宝贵的观众缘，只要一上台，观众的视线就不由自主地跟着她转。”但《金粉世界》开演之前，只有演员、导演和制作人看过舞台上的她，他们见到的情况让人忧心忡忡。每天一大早及黄昏后，奈丝比特和奥黛丽会相约一起读台词，练习语调、揣摩角色——她们的努力渐渐有了成绩。

除了对初演（以及全剧成败端视她一人的表现）的恐惧之外，

奥黛丽也思念母亲和未婚夫——尤其在她看到骇人的一幕之后。一天晚上，她彩排完用晚餐后回到饭店，正准备就寝时，看到有人从18楼一跃而下，撞到她的窗台，然后才跌下死亡。奥黛丽浑身颤抖，啜泣不已，敲开隔邻的门。对面正好是演员戴维·尼文夫妇，他们安慰奥黛丽，让她度过这个不幸的事件，双方从此结为终生好友。

《金粉世界》从11月8日演到22日，之前曾先出城到费城核桃街剧院预演。这是美国最古老的剧院，观众的反应有礼貌却不热切，剧评家的反应也很冷漠。米勒、鲁思、戈特里布、奥黛丽和奈丝比特都不知道如何解读这样的反应，只决定不再做最后更动。

1951年11月24日星期六上午，奥黛丽一大早就起身，给哥哥伊安打了个电话，恭喜他新婚。他的哥哥决定第一个孩子要取名为奥黛丽。接着奥黛丽吃了简单的早餐，沿着中央公园漫步到第五大道，再读过一次剧本，还发了电报给在巴黎的科莱特。然后，她与奈丝比特会面，一起搭车到富尔顿剧院，准备第一场演出。两人都忘不了她一脸苍白，怕得发抖。

其实她不必担心。

大部分剧评家对此剧反应平平——但并非针对奥黛丽，她在两个小时内，从默默无闻到一炮而红。《纽约时报》的布鲁克斯·艾金森写道，她是“有魅力的年轻女演员，规规矩矩而才华洋溢，应该在美国好好磨炼，在好剧本中做适当的发挥……（她）是本剧中清新的成分，就像琪琪一样，从第一幕中的生涩笨拙发展到最后动人的高潮，表演自然不做作，流畅慧黠而扣人心弦”。另一位剧评家写道：“直率的天真和小男孩般的机智，她的表演为窒息的一季吹来一阵清新的风潮。”第三位剧评家赞美她：“无可置疑的美和才华，她不敢放松，但表现优雅专业。”有些人有异议，如诺尔·克

↓

上：《金粉世界》的剧照，一颗举世瞩目的新星冉冉升起。

下：1951 年，赫本在生活中同样收获颇多。

华德。虽然他没有赞美该剧，却在日记中写道："《金粉世界》全剧夸张，剧本蹩脚，但奈丝比特表现优秀，场景可爱。奥黛丽缺乏经验，而且太聒噪；整体而言，导得不好。"

无论如何，剧评家的认可并未减少奥黛丽对舞台的恐惧，使她几乎每天晚上食不下咽，她一直觉得自己演得很差。她这种不安全感延续了终生，正如多年后她的儿子所写的："她基本上是不安全感很重的人，而这种不安全感却使人人都爱上她……（她是）看不见自己光芒的星星。"这种不安全感使她无法发现自己的天赋，而原因恐怕就是父母没有认可她的表现，以及战争的影响；此外，她发现演员生活中不免有一些自私——这是舞者生活没有的。

该剧演出一周之后，米勒指示把奥黛丽的名字挂在剧院外面的剧名上，并要她出席活动供媒体拍照，由她来扭亮墙上自己姓氏最后一个字母的灯泡。她边从梯子上爬下来，边对蜂拥而上的记者说："老天爷，我还得学学该怎么演戏才是！"

那一年，奥黛丽 22 岁，在一夕间就成了百老汇家喻户晓的明星。首演之后一周，奥黛丽在杯觥交错之间，在送到她房间的大把花束背后，却担心着被媒体和观众忽略的奈丝比特及其他演员。大家只追逐奥黛丽，要她的签名。

或许是因为惊吓，让奥黛丽不相信当时发生的美好经验会永远持续。她不相信自己的努力获得今日的果实，但其实当时没有多少人认识真正的奥黛丽。她是体贴而谦逊的年轻女郎，有无懈可击的礼貌和自然不造作的态度，可以扮小丑，也可以模仿别人。

埃拉在 12 月 19 日抵达，看了一场表演后来到后台，微笑着拥抱女儿拍照，并且一如往常，没有赞美之词。她的评语恐怕不符合奥黛丽当时的期待或需要："亲爱的，对毫无才华的你来说，你表现得很好。"

12 月 21 日，电视人员在富尔顿剧院的更衣室采访奥黛丽，埃拉就在镜头外，看着奥黛丽接受现场节目《我们这些人》的专访。奥黛丽谈到 1944 年在安恒的圣诞节经验，她和家人因为一袋马铃薯而免于饿死。

圣诞节时，难耐相思苦的汉森从加拿大飞抵纽约。他对未婚妻觉得非常骄傲，带她游遍全城，还让她从黑石饭店搬到华尔道夫塔[①]的套房过节，同时请埃拉入住同一层楼的豪华房间。平安夜当晚，汉森送了一枚翡翠钻石白金戒指给奥黛丽。

但在那段时间，奈丝比特才是奥黛丽生命中最重要的人，她在每一方面都是奥黛丽所敬重且深爱的女性和导师，并且回应了奥黛丽的爱。虽然兰伯特夫人鼓励奥黛丽，但只到某个程度，尤其最后她对坏消息直言无讳，而奈丝比特不同：她是诲人不倦的耐心老师，为奥黛丽的理想而战，为她的才华背书。

奈丝比特会在适当的时候适切赞美，对任何必须不时应付各种批评的年轻人来说，是非常必要的鼓励。她在舞台上饰演奥黛丽的阿姨，实际上更是奥黛丽不可或缺的良师益友。在奥黛丽眼中，奈丝比特是倍受尊敬的成功女星，有至高无上的尊严，却没有一丝矫饰或傲慢，而她的典范也让奥黛丽培养出这种特质。在专业上，她是奥黛丽的导师；而在情感上，她亦师亦友，弥补了埃拉的不足。

奈丝比特曾与酗酒的演员塞西尔·雷马吉结婚，这段婚姻维持很长时间，但极不愉快，她一直守着这个秘密。她的女儿正是奥黛丽的年纪，她 1951 年时在英国有不错的工作成绩。奈丝比特和奥黛丽的关系很容易理解，这份珍贵的友谊一直持续到奈丝比特 1982 年以 93 岁高龄去世。

---

① 华尔道夫饭店最顶端的十二个楼层，专门接待各国元首及贵宾。

第五章

公主或新娘

（1952）

“她没有这一行常见的笑里藏刀、蜚短流长那种个性，我很喜欢她，其实我爱她，要爱上她实在太容易了。”

——格里高利·派克

“我的生涯历程真是很奇妙。”奥黛丽回想自己的成功，不禁这么说道，“从第一天开始就惊奇不断，我从没想过自己会成为演员，从没想到自己会演电影，更从没想到一切会以这样的方式发展。”

一夕之间，她声名远播。新年才开始，她的照片就已经登上全美各杂志的封面。《生活》杂志为她做了跨页报导，还登了五张照片，宣称“熠熠红星奥黛丽·赫本，在美初试啼声，一鸣惊人”。《瞭望》杂志则报导：“奥黛丽·赫本星运亨通。”在这些文章及其后数十年无数关于奥黛丽的报导中，记者用尽各种文字描述她，几乎到了词穷的地步。

举例来说，大家总说她是“elfin”（小精灵），但根据牛津大字典，

elfin 的意思是“坏心眼的淘气男孩”；不时有人说她“像瞪羚一样”，根本不管以瞪羚（有斑点的羚羊）来形容她是否合适；常有人描述她是“小马似的”（coltish），不理会 colt 原为“小公马”之意。“流浪儿”（gamine）也是常用来形容她的词汇，但这个词原本是指街头顽童或无家可归的小孩。然而，媒体错用这些文字，更显示出他们需要一个新的词汇来勾勒奥黛丽的面貌。

无论大家怎么写、怎么谈奥黛丽，只要她本人一出场，就迷倒众生。即使是见多识广的纽约曼哈顿社交圈，只要一听到这位芳龄 22 的女星会出席，大家总是屏息以待。无数餐会和颁奖场合都请她担任贵宾，如一个叫作“第十二夜俱乐部”的团体请她在 2 月 18 日下午 1 点参加“早餐会”，韦契斯特郡狩猎俱乐部则在 5 月 13 日邀请她为癌症研究募款。

各种形形色色的邀约，加上总共演出 219 场的《金粉世界》一直到 5 月才闭幕，使得这位女主角异常忙碌，几乎没有自己的时间。她的记事本里排满了各种活动，米勒和公关人员每天都忙得不可开交，为她过滤安排媒体的采访——“赫本小姐可否与她那位迷人的未婚夫一起拍照？”不，不行。她坚持这样的要求超出界限。事实上，媒体不知道，只要天气许可，奥黛丽每个星期天早上都会搭机到多伦多与汉森约会，星期一再赶回来参加晚上的演出。

2 月 10 日，奥黛丽首次参加电视节目演出。这个荧屏处女作是星期天晚间的综艺节目《小城市大人物》，她客串演出《九日皇后》中的格雷郡主。演出结束后，米勒和奥黛丽一起接受节目主持人艾德·苏利文的访问。《金粉世界》的宣传活动持续进行。

4 月 13 日，奥黛丽全程参与演出半小时的现场电视剧《雨天在天堂路口》。这出电视剧的剧情是由米德·罗伯兹为她量身打造的，

戴维·利奇执导。

奥黛丽在剧中饰演一个在美国小城等火车的女孩，她向观众解释自己为什么有英国腔口音："我爹是英国人。"这个跛脚的16岁女孩一上台就虏获了全场的心，她谈到自己渴望在好莱坞电影中担任舞者，尤其"最希望能跳芭蕾"。她满心期待地说："你们一定会想：'跛脚的人怎么可能跳舞？'"小女孩边说边和剧中人舞了起来，但这只不过是暂时的幻梦。结尾时，镜头特写她的脸庞，她表现得忧郁又有尊严——她搭上火车，回到小城的姊姊身边。奥黛丽在这段演出中发挥得淋漓尽致，揉合了幽默与感伤。这段演出对她非常重要，因为虽然简短，却让她尝试了比巴黎古灵精怪少女更严肃的内容。

《金粉世界》出人意表地大获成功后，派拉蒙同意延后《罗马假日》的拍摄工作，但延后的时间有限。到了春天，他们不能再等下去了，米勒想到派拉蒙所付的5万美元，不得不贴出《金粉世界》5月闭幕的告示：奥黛丽将在次月离开百老汇，抵达罗马。米勒也获得保证，《罗马假日》绝对会在9月底杀青，让奥黛丽及时赶回美国，参加《金粉世界》的全美巡演。

因此,《罗马假日》必须紧锣密鼓地加快筹备。每一个角色的戏服、化妆细节、全体国际工作人员在罗马工作的物资、申请在古迹名胜拍片的法律文件、演员时间的安排……一切都得预先动员，让惠勒、所有演员及技术团队无需操心，只要处理拍片时难免发生的各种意外、个人状况和其他延宕。

2月时，奥黛丽读到最新版的《罗马假日》剧本，但那个版本并非定稿；其实一直到了全片拍完，才真正确定剧本。

这部电影的剧本真是一波三折。首先，剧作家道尔顿·楚姆波写了一篇故事，一直未发表。接着，艾恩·麦克莱恩·亨特把他的故事改编为剧本，再由约翰·狄格顿润饰。但这两位并非最先改编这个剧本的人，因为弗兰克·卡普拉早在1946年就想把这个故事搬上银幕，已经请了一组人编剧；而当惠勒开始筹拍时，曾和瓦伦泰·戴维斯及普瑞斯顿·史特吉斯签约，请他们改编几场难拍的戏。不过最后的剧本应该归功于继亨特之后接手的编剧高手班·赫克特。一如往例，只要收到稿费，赫克特并不在乎是否挂名。其实赫克特编写过两百多部电影剧本，但真正挂名的只有约60部——《乱世佳人》就是一例，虽然定版的剧本大半出自他之手，但片尾并没有挂他的名字。至于《罗马假日》，即使已经着手拍摄，知名意大利剧作家苏索·契奇·达米柯和颜尼欧·佛拉诺仍为惠勒重写部分剧本。《罗马假日》的剪接师罗伯·史温克说："这部片子根本就是边写边演。"

这样写剧本似乎乱七八糟，毫无效率，却是电影制作的常态，有些旷世巨作甚至根本就是即席演出的结晶。如筹拍《乱世佳人》时，名制片家大卫·塞尔兹尼克原本希望让席尼·霍华德主笔的剧本确定是"定稿"，没想到开拍后，剧本又需要大修特修，就是在此时，需要借重赫克特的才华。

剧本和筹备拍摄的繁琐细节不必奥黛丽费心，有些事却不得不由还在舞台剧担纲主演的奥黛丽亲自出马。例如，2月时，负责戏服的艾迪丝·海德拿着奥黛丽的戏服设计图，从派拉蒙的加州办事处直奔曼哈顿。海德是土生土长的加州人，聪敏慧黠，在斯坦福大学完成学业，雄心勃勃。当时55岁的海德于公于私最不能忍受的就是蠢人。她总是戴着墨镜（遮掩鱼尾纹），一头黑发，声音尖锐高亢，既不温柔，也谈不上优雅，但为许多好莱坞女星设计了最夺目的服装。海德本人带着员工，直接、间接参与了700部影片的制作，八度获颁奥斯卡奖，所有人望尘莫及。

在海德60年的生涯（先是在派拉蒙，后来到环球）中，几乎没有任何对手能匹敌——或许是因为她口风紧，从不透露自己知之甚详的明星身材和秘密。她的外交手腕在这一行几乎无人能及，许多人觉得她的态度有时未免倨傲，难以亲近，但她从不道人长短。虽然这使她减少了在聚会中聊八卦的作用，却为她带来不少忠实客户。奥黛丽的头两部片子和海德合作愉快，而海德逢人就说，从来没有任何女星让她工作得如此轻松。

奥黛丽穿着一套深色套装，抵达海德的旅馆房间。她的领子和袖口是白色的，扣洞上插着一枝铃兰，并戴着白手套。"这女孩领先时尚，"海德说，"她刻意标榜自己和其他女人的不同，把她的纤瘦化为最主要的资产。"

海德很欣赏奥黛丽的聪明和直接，很快就发现这个年轻女郎对时尚的了解远超过所有女星，可说仅次于玛琳·黛德丽。"但让我印象最深刻的是她的身材。我一看就知道她是最完美的衣架子，也知道自己一定会忍不住诱惑，想设计与她竞艳的服装。我原本可以用她来展示我的才华，让大家只注意我的服装而非她的表演，但我没有这么做。只是难免会这样想。"海德最后没有这么做的原因，一方面是基于她的专业，一方面是因为奥黛丽虽然彬彬有礼，却坚决要求她的戏服一定要经过她的认可。

身高170厘米、腰围20英寸的奥黛丽是完美的模特儿。她不跟随流行垫肩，也不肯垫胸。奥黛丽看过海德设计的戏服草图，做了一些重要的更动，尤其是简洁的颈部线条、较宽的皮带和较低跟的鞋子。她总觉得拍片的戏服应该像平常穿着的服饰一样，因此以温柔但坚决的态度，让所有设计师明白：她绝不会穿任何未经她同意或未经她改动的服饰，除了极少数例外。

海德刚离开纽约不久，派拉蒙化妆部门的两位男士随即抵达。

当时黑白片的化妆极为复杂，讲究细节，化妆成分和程序不只要看皮肤状况，也要视角色的个性、棚内外的灯光、服饰而定——当然还得考虑演员本身。在罗马负责为奥黛丽上妆的是意大利化妆好手阿尔贝托·德·罗西，不过派拉蒙的瓦利·韦斯摩还是派人送来了化妆品做测试，并指导使用方法：

> 首先，把12号粉底打在眼下黑圈处；接着上粉，整张脸用626-C抹匀；然后用手轻拍整张脸，避免留下指印；再把626-C和12号粉底揉合，轻轻扫在先前的眼下黑圈处；然后在眼皮上方涂蓝灰眼影，轻轻抹匀。先在眼睛下方扑粉，接着把粉铺在整张脸和眼皮上。重要的是：不要用太多粉，她应该有明亮的色泽，而非暗淡平板的脸孔。刷掉多余的粉，用棕色而非黑色眼线笔，在靠近眼睫毛处画上眼线，让睫毛看起来粗一点，上睫毛涂上棕色睫毛膏。再涂口红，用626-C粉饼涂在露出来的身体肌肤上。

前一年秋天奥黛丽和派拉蒙已经谈定了合约，但仍需商量细节。最后，3月20日，双方签定合约，奥黛丽将从6月1日开始在罗马工作，12周薪酬共7000美元（每周支付583.33美元），另外每周还有250美元生活费。相较之下，同年20世纪福斯付给当时26岁的玛丽莲·梦露的薪水略低于奥黛丽，而且没有生活费；米高梅付给20岁的伊莉萨白·泰勒周薪5000美元，而且提供她一切需要；演出第20部影片的派克周薪是10万美元，生活费1000美元。

“我为了金钱工作，因为我不得不如此。”奥黛丽后来谈到这段时光说，“但我非常幸运，我选择的是自己喜欢的职业，而且幸运地遇到威廉·惠勒——自此我拍的都是高质量的影片，让我从中得到无比乐趣。”

5 月 31 日，《金粉世界》进行最后一场演出，几天后，奥黛丽和汉森共赴巴黎度假。由于《金粉世界》太晚闭幕，两人决定延后婚期，从 6 月改到 9 月底，拍完《罗马假日》再进行。6 月 12 日，奥黛丽直接从巴黎转赴罗马，汉森回到伦敦和多伦多工作。每个人都认定，这桩婚事一定会在秋天奥黛丽展开《金粉世界》全美巡演之前举行。

尽管奥黛丽尚未到过好莱坞，《罗马假日》却已经算是她的第一部美国影片——因为该片是美国电影公司出资，而且奥黛丽是和美国公司签约演出。派拉蒙之前在意大利赚了些钱，但意大利政府已经冻结外国资金，确保意大利工人在战后有工作机会。《罗马假日》全片都在意大利拍摄，内景是在意大利规模最大、设备最齐全的电影制片厂电影城拍的。

那年夏天，除了罗马破纪录的高温和湿度之外，参与拍片的整个团队都觉得非常愉快，大家认为这应该归功于新来的女主角。“她是快要绝种的类型——努力不懈、一心向学的表演学生。”向来对年轻演员不置一词的惠勒说。而更重要的是，正如派克所言：“她从不说人坏话，道人长短，她的个性很好，我想大家都知道这一点。她没有这一行常见的笑里藏刀、蜚短流长那种个性，我很喜欢她，其实我爱她，要爱上她实在太容易了。”

大部分人听到这段话，都会肯定两人有诚挚的友谊；但几十年来，却有一些靠八卦维生的人总是窃窃私语，认定他们之间必有情愫。在没有任何证据、两位主角也未表示意见的情况下，八卦从罗马传到好莱坞。甚至时至今日，仍然有好事者一口咬定这是事实，只是没有人站出来说自己有证据。其实当时派克刚邂逅法国记者薇若妮卡·帕萨妮，正展开热烈追求，后来她成为派克的第二任妻子。

↓

上：赫本与派克在《罗马假日》片场打牌，二人结下了深厚的友谊。

下：安妮公主是赫本最重要的角色之一。

而汉森每个周末都来探望奥黛丽，甚至平常日子也能看到他在片场里打转的身影。两人只要一有时间，就窝在哈斯勒饭店吹冷气，筹划婚礼事宜。

奥黛丽和派克都人逢喜事精神爽，加上两人自在轻松的相处，对他们银幕上的表现自然有加分效果。奥黛丽回忆说，在每一场戏开始之前，“派克总让我觉得很自然，我很快就学会放松自己，由派克和惠勒带领我入戏，而他们从没让我失望。”至于男主角则说，大家都以为奥黛丽“高不可攀，我倒觉得她很活泼”。

几十年来，派克总喜欢告诉访问者说，《罗马假日》开拍不久，他就发现奥黛丽表现一流，在这部片子里，她的演出绝对不逊于他。因此，根据派克的说法，他打了电话给自己在好莱坞的经纪人，因为他的合约规定，只有他的名字能放头牌，挂在片名之上，而他希望做个改变：奥黛丽的表现太抢眼了，很可能获颁奥斯卡奖，她的名字应该与他并列头牌，一起出现在片名上方。经纪人对这个主意不以为然，但派克坚持这么做，所以拜他的慷慨之赐，她的名字终于移到片名上方，与派克并列。

无论在事业或私生活中，派克都肯定是个体贴又大方的人，让许多人受惠自不在话下。但在奥黛丽的排名这件事上，他的记忆可能有误。因为根据拍片档案记载，想更改奥黛丽的排名，让她与派克并列的，其实是惠勒和电影公司，但他们明白碍于派克合约的问题，这件事必须巧妙处理。

该片杀青后，惠勒回到好莱坞进行剪接工作。看了毛片后，他确定奥黛丽在银幕上的表现的确耀眼，于是向派拉蒙提出奥黛丽挂名的问题。1953 年 1 月 20 日，他的助理收到公司的答复：“（你建议的）奥黛丽挂名问题，与派克先生的合约并不完全相符，不过我们认为请他同意应该不是问题——只是这件事务必需要经过他的同意才行。因此，请向惠勒先生解释，让他请派克签署附件。”

约 1 月 25 日时，惠勒与派克共进午餐，提出这项要求，派克表示同意。他可能有点遗憾，觉得应该由他率先提出这个建议——所以后来他接受访问时，才有那种说法。总之，他的经纪人稍微更动了派克与派拉蒙的合约，将内容改为：头牌由格里高利·派克与奥黛丽·赫本共同担纲……最后的结果是，一位是明星，一位是新星：

派拉蒙影片

天王红星格里高利·派克

以及新星

奥黛丽·赫本

出演

威廉·惠勒执导

《罗马假日》

“她是个有趣的小姐，”派克后来说，“我总觉得她应该多演一些喜剧，他们把她定了型，其实他们一直想再拍类似《罗马假日》的电影。我不是觉得她的表现不好……只是认为她可以有更宽广的戏路。”只是后来的问题在于，许多喜剧角色都很庸俗粗鄙，她不愿意演出。

不过那年夏天，每个人都很欣赏奥黛丽的幽默感。例如，大家都记得奥黛丽谈到她拍《高跟鞋》时收养的公猫，后来这只猫春心荡漾，不得不去势。合唱团团员讨论应该为这只猫取什么名字时，奥黛丽说：“很简单，就叫‘明天’。”问她原因，她一本正经地说：“因为明天永远不会来。”

奥黛丽一直觉得表演不是容易的事。拍片时通常一团混乱，而她对吵杂纷乱十分敏感。她需要时间专心一致地准备，需要一点安静的距离，需要一点独处的空间。换言之，她不是可以从日常嬉笑立刻入戏，但平时却能扮小丑自娱娱人的演员。

那年夏天，她欣然接受一切——所有辛苦的演出，在酷热漫长午后一再重复的镜头，甚至在让人分心的围观市民和观光客面前演出。她对惠勒多次拍摄同一个镜头的手法也没有异议。同片演员艾迪·艾伯特记得，惠勒拍了某个镜头 50 多次之后，终于宣布："还可以——但似乎有点不够自然！"

奥黛丽活泼愉快，或许是因为她还这么年轻，就在所爱的工作上获得出乎意料的成功，加上已经和一个爱她又充满魅力的青年订婚，只要一有空闲，他就飞到她的身旁。

即使多年后，《罗马假日》依旧魅力不减，保有含蓄的情愫和慧黠的机锋，童话般的故事混合了经典脱线喜剧[①]的元素，巧妙的社会讽刺融合了温柔而短暂的浪漫情怀，塑造出一部成功的电影。

这部电影的情节是，某个国家的安妮公主（奥黛丽饰）到欧洲进行亲善之旅。到了罗马时，她已经因为无聊的仪节、接见不完的宾客、冗长的官方拜会、欠缺任何非正式的有趣活动，觉得烦闷不已："我们所做的一切都如此正式！"她渴望认识普通人，了解他们的日常生活，因而在侍女面前情绪失控，不停啜泣。侍女急忙召来医生为她注射镇静剂，而在药效尚未发作之前，她换上简单的衬衫长裙，溜出使馆大门，在罗马街上漫游，最后药效发作不支倒地。

美国记者乔·布莱德利（派克饰）刚打完牌准备回家，正巧看到公主倒在罗马竞技场旁昏睡。不知道她真实身份的布莱德利以为

① 20世纪30年代中期的美国喜剧电影类型。

她喝醉了，心不甘情不愿地带她回家，让她在自己的公寓里休息。第二天早上，他得知她的身份，认定这可是独家大新闻，而她对自己将成为头条新闻的主角毫不知情。乔赶紧通知摄影记者厄文（艾伯特饰），带她游览罗马风光，听她使唤。她吃了冰淇淋，剪了俏丽短发，买了一双新鞋，抽了生平第一根烟，因为骑伟士牌摩托车造成混乱而被警察逮捕，最后还到河边的夜总会跳舞。等到乔和安相互向对方说明自己的身份时，两人已坠入爱河，他不能为报导而出卖她。但现实必须兼顾，他们明白两人各有不同的工作职责，在最后一次搭车共乘之后，她趁着夜里回到大使馆，恢复皇家身份。次日的记者会上，乔和厄文对按你做手势，她的“罗马假日”将永远是他们共同的秘密。

许多人经常猜测安妮公主的故事其实是影射英国的玛格丽特公主。当时她爱上离过婚、年纪又比她大上许多的彼得·汤森，无论英国王室或政府，都力阻这门亲事。但玛格丽特公主与汤森的这段情直到1953年《罗马假日》杀青后才披露，1955年结束。1951年，惠勒在片场备忘录中写道：“我们没有把安妮和玛格丽特公主拿来做比较。”不过他们确实曾经用过玛格丽特公主的故事和文章资料，“以便了解现今公主的生活”。换言之，他们研究的并非玛格丽特公主个人的生活，而是她的官方活动，以及关于她的幽默感的多项纪录。影片完成时，玛格丽特公主22岁。

若非奥黛丽的表现如此自然可信、如此机智敏锐，《罗马假日》很可能失败，这种说法大概不算夸张。她泰然自若，如公主般端庄地尽自己的职责；但另一方面，她又蹦跳舞蹈、掉进河里，像少女般尽情玩耍。她在片中不害羞又不腼腆，也未因惠勒多次反复拍摄同一景的习惯而叫苦。

左上：《罗马假日》剧照，“赫本头”风行一时。

右上：公主与记者的短暂爱情打动了所有观众。

下：这部喜剧片的成败完全取决于赫本的表演是否可信。

她的表现完美，毫不矫揉造作，其实应该归因于她的教养，因为安妮公主就是奥黛丽的化身。这位女爵的女儿受过欧洲礼仪的良好教养及芭蕾的训练，在战火下依旧努力向学。奥黛丽在安妮公主的个性中找到自己——自然活泼的一面。安妮公主／奥黛丽不只把长发放了下来，而且把它剪短。理发师一刀剪下安的长发，留下永远与年轻的奥黛丽画上等号的俏丽短发，她的脸庞和这幕情景永远在世人的记忆中闪烁发光。

《罗马假日》的确有一点脱线喜剧的成分，就像《一夜风流》那种经济大萧条时代的喜剧一样，告诉世人：有钱人其实不像我们平凡人这么快乐。脱线喜剧总想告诉观众，除非王室和有钱人抛弃他们的特权，放弃锦衣玉食，回归平民生活，永远不再回到镀金的樊笼，否则不可能享受人生。但《罗马假日》最后却强调了一点：我们必须牺牲个人的幸福，完成职责，因此本片又不能完全算是脱线喜剧。乔和安妮不可能过着快乐的日子，至少不可能一起过着快乐的日子。

陪衬这又苦又甜滋味的，是逆转的童话故事。我们看到公主在一开头连串的镜头中穿着华美的服饰，打扮得雍容华贵。她在接待会上头戴皇冠，身穿华服，气象万千，在各国显要中显得高雅动人；但仪节进行到一半时，她的脚发痒，我们看到她及地长礼服下的鞋子掉了，她想尽办法却没法把鞋穿回来——彷佛当上公主的灰姑娘掉了她的玻璃鞋。接着，我们又看到睡美人／白雪公主般的情节，英俊的王子来了，但无法唤醒她。最后，她冲回宫中——没有和王子一起，而是孑然一身，回到大使馆执行她的公务。

有时导演能够在演员和角色中，找出难能可贵的共同特色，让演员与角色化为一体。例如，导演葛瑞菲斯在默片《破碎之花》中塑造的莉莉安·吉许；或者约瑟夫·冯·史登堡在《上海快车》中勾勒的黛德丽；阿尔弗雷德·希区柯克在《美人计》中塑造的英格丽·褒曼；或是费德里科·费里尼在《卡比莉亚之夜》里形容的茱莉艾塔·玛西娜。

而像惠勒这样经验丰富的导演，和这些导演大师的传统一脉相承，正是勾起奥黛丽在《罗马假日》中演活自己本性的触媒，这种效果绝非导演、更非演员所能预料。在奥黛丽接下来的影片中，她性格里互补的两面更加明显——彬彬有礼和淘气调皮、忠心奉献和任性放纵、理想主义的年轻人和忍受道德教训的成年人。奥黛丽在《罗马假日》中，就像在其他影片里一样，并非一成不变的死板角色，而是像精灵一样，时而高雅时而顽皮，时而端庄时而活泼，端视情况而定。

但 1952 年时，奥黛丽还算不上是老练的专业演员，有些表情就是做不出来。就像其他许多生嫩的演员一样，她不能说哭就哭，需要眼药水帮助。

“我们拍到最后一幕，”奥黛丽回忆道，“我在车里向格里高利道别，要回去尽公主的职责时，应该泪如泉涌，但是我却哭不出来。我假装哭泣，但效果非常不好，一点都不自然，用眼药水也不行，拍了一遍又一遍，还是不理想。威廉过来大骂了我一顿：‘你觉得我们还要等你多久？看在老天爷的份上，你就不能嚎啕大哭吗？现在你应该知道表演是怎么回事了！’我难过极了，他这么生我的气。我开始大哭。他拍了这个镜头，接着用力抱了我一下，然后走开。这就是你学习的方式。他知道教我没用，干脆把我弄哭。”

拍摄《罗马假日》时，米勒不断发信到派拉蒙的洛杉矶和罗马办公室，提醒他们奥黛丽何时应该归队，参加《金粉世界》的巡演。演出日期已经订在 1952 年秋天到 1953 年，不可能更动，她必须在

10月1日返回纽约。因此，派拉蒙精打细算，敲定奥黛丽在罗马的最后一天是9月30日。她可以当天搭机离开罗马，由于时差的缘故，在10月1日晚间抵达纽约，虽然无法工作，但绝对符合合约的规定，完全没有法律问题。电影公司没有义务考虑她结婚的问题，何况5月底排定拍摄日期时，没有任何人提到这一点。

然而，另一方面的麻烦来了。

7月初开始，汉森就干涉奥黛丽的拍片时程，游说派拉蒙加快拍片脚步。她试图阻止他的干预，反而让他更坚决：他要保护她，对抗好莱坞的势力，这样才有时间筹备婚礼。

7月8日，汉森写信给负责《罗马假日》的派拉蒙执行制片人亨利·海格森说："赫本小姐应该可以在9月24日，搭乘伊丽莎白女王号回到纽约。她希望从南安普顿上船，因为她动身之前还有一些事要（在英国）处理。"接着，他又提起先前要求影片在9月初杀青的信；但奇怪的是，没有提到是为了要安排婚事。

到了8月初，因为不可避免的延误，加上后制工作，影片完成日期延迟至9月25日。这样一来，奥黛丽只剩下一周时间可以举行婚礼和度蜜月，然后就要赶回美国工作。

奥黛丽渴望婚姻，但觉得更应该履行合约义务，所以告诉汉森，她很抱歉无法掌控拍片时间，相信他一定能了解她参与巡演的重要性。何不在纽约结婚？奥黛丽问道。但是他可不答应，毕竟他的家族有一定的社会地位。

在那些炎热的日子里，还有一些让人烦心的事。原来伦敦的八卦报纸刊登了英俊的汉森左拥右抱，出席伦敦或巴黎社交场合及夜总会的照片。

8月12日，汉森再度写信给海格森，要求9月中旬就得放人，让他们及时在英国举行婚礼，再回纽约参加《金粉世界》的巡演。"我们打算9月21日从罗马动身到伦敦。”——但这是不可能的事。五天后，他在自己公司的伦敦办公室自行发了新闻稿：“英国女星奥黛丽·赫本，将在9月30日，与英国及加拿大货客运业家族的詹姆斯·汉森缔结鸳盟。赫本小姐目前正在罗马，与格里高利·派克拍摄《罗马假日》，她表示婚礼将在英国约克郡赫德斯菲尔的教堂举行。”

之前对这件事一无所知的派拉蒙美国高阶主管闻讯，与奥黛丽联络。她原本要求拍完《罗马假日》后，可以把为她设计的戏服及相关的手提包、鞋子、帽子和人造珠宝等配件送给她，现在派拉蒙通知她，希望她不嫌弃，接受这些东西作为结婚礼物。

讽刺的是，此时奥黛丽很快宣布终止与汉森的婚约。“我们觉得这不是结婚的时机。”她说道，“我的工作时间表要求我在这里拍完电影，然后回到舞台，再去好莱坞；而汉森却要在英国和加拿大管理他的业务，我们很难拥有正常的婚姻生活。”当时媒体的报导仅止于此。

汉森高姿态的作法、专断的行动和不间断的绯闻，使未婚妻离开了他，但奥黛丽心中还有其他考虑。埃拉两次都选错丈夫，两次婚姻都以离婚收场，她的女儿不愿重蹈她的覆辙。她觉得自己得在埃拉失败之处成功，而且不希望子女经历她童年时的困惑和不快乐。

奥黛丽在指定的日子，只身抵达纽约。米勒和其他演员看到的是神采奕奕的奥黛丽。奥黛丽说，她很高兴回来，罗马的工作非常美好，让人难忘；至于她的私生活，她只字未提。

接下来几个月，奥黛丽没有待在同一个地方，因为《金粉世界》忙碌的全国巡演让她跑遍美国，到从未去过的地方，如巴尔的摩、匹兹堡、辛辛那提、底特律、芝加哥和旧金山。她正朝好莱坞迈进。

第六章

迷人的精灵

（1953）

“她对自己想要什么、目标是什么，总是一清二楚……她从不像被宠坏的明星一样摆架子，她知道如何塑造自己坚强、独立的形象。”

——纪梵希

1952年，《金粉世界》在百老汇意外获得成功，使《罗马假日》的拍摄工作被迫延后，让派拉蒙头痛不已。然而，后来因为《金粉世界》的全美巡演时间从1952年10月延至1953年6月，正巧和《罗马假日》最后的剪接及配乐时间相符，使派拉蒙大喜过望。这个时机再巧不过，随着奥黛丽到全美各地演出，等于预先为派拉蒙这部影片宣传。3月时，她在洛杉矶的巴尔的摩剧院演出了两周，任何人只要拿起报章杂志，都会知道《罗马假日》即将上映。

“我们必须在必要时阻挡媒体，在需要时让媒体接近她。”当时派拉蒙在洛杉矶负责奥黛丽的宣传人员阿瑟·怀尔德说，“她在大众面前当然非常端庄高雅，但她知道自己该做什么，而且要以她自己的方式来做。她很好相处，总是很配合，不会摆架子——其实她就是自己最好的公关，而且她绝不打算只作为电影公司的工具。”

怀尔德说，派拉蒙顾虑到奥黛丽扁平如男孩般的身材，在玛丽莲·梦露和伊莉萨白·泰勒当道之际，简直是异类。“我很倒霉，要负责去告诉奥黛丽说，公司希望她在银幕上下都垫一下胸部，但她很坚持绝不改变自己的外表——除非作自己，否则她宁可不演。当然，她是对的。她在美国以完全不同于其他女星的新姿态出现，到了1953年，她已经是无可比拟的新星，媒体从未看过这样的女星。”

那年媒体对奥黛丽接下来的计划议论纷纷，导演约瑟夫·曼凯维奇看过《罗马假日》的试片后，一心希望她和约翰·吉古德合作，加入《第十二夜》的演出；但吉古德表示，拍《造谣学堂》更有意思。还有谣传说，奥黛丽会和劳伦斯·奥利佛一起参加国际著名戏剧大师彼得·布鲁克执导的《乞丐歌剧》的演出，或是她会主演法国喜剧《厨房》，她会赴威尼斯与尤·勃连纳合演《新恋》，她会成为马龙·白兰度担纲的《拿破仑情史》一片的女主角。

最让奥黛丽吃惊且忍俊不禁的是，有人邀请她在《樱花恋》一片中饰演白兰度的日本新娘。她坦言：“我不可能饰演东方女子——没有人会相信我的！大家一定会捧腹大笑。虽然剧本很美，但我总不能不自量力。要是你真的说服我，一定会后悔，因为我一定会演得一塌糊涂。”这些拍片计划最终都没有成真，因为派拉蒙已经为这位新星规画了下一部影片。

20世纪四五十年代是美国舞台剧繁花似锦的时代，电影公司常在剧作尚未公演之前，先买下筹拍电影的权利。除了许多精彩的音乐剧被搬上银幕，也有不少知名剧作家的剧本拍成电影，如田纳西·威廉斯的《欲望号街车》、威廉·英奇的《兰闺春怨》、罗伯特·安德森的《茶与同情》、阿瑟·米勒的《推销员之死》、尤金·奥尼尔的《哀悼》，以及卡森·麦克勒丝的《婚礼的成员》等。

山缪·泰勒所写的喜剧《美丽迷人的莎宾娜》，将于 1953 年 11 月在百老汇首演。早于该剧在纽约排演之前，派拉蒙就已经取得电影版权，旗下的成功导演比利·怀尔德同意执导本片，片名也改为剧中女主角的名字莎宾娜（Sabrina，中文片名《龙凤配》）。怀尔德先前已经有《双重保险》、《失去的周末》和《日落大道》等经典名作。

早在这出舞台剧在纽约首演之前几个月，泰勒就从纽约到好莱坞，与怀尔德一起商讨剧本。这出四幕喜剧的情节是，长岛富豪之家拉勒比夫妇有两个儿子已届婚龄却未娶妻，而拉勒比家的司机有个聪明美丽的女儿莎宾娜，她在花都巴黎住了五年，刚回到纽约。两兄弟见到脱胎换骨的莎宾娜——谁会赢得她的芳心？她是否有意嫁给其中一个人？这出剧最后的浪漫结局不重要，精彩的是编剧的喜感，以及他所创造的剧中人物的微妙关系（这出剧作最后演出超过九个月，共 318 场）。

泰勒巧妙的文字、优雅的语言、对人性的关怀和微妙的关系，在舞台剧中表现精彩，但搬到好莱坞恐怕前途无“亮”。怀尔德坚持要全面大改，而根据合约，他尽可任意改编剧本。怀尔德大修了两个月之后，泰勒看到自己的剧本面目全非。他了解这些改动是让电影变得精彩的必要工作，但完全不能同意怀尔德开膛破肚的作法，认为这让他精致的作品成了面目可憎的庸俗之作（泰勒改编剧本的才华可以从希区柯克的作品《迷魂记》中看出，在另一位编剧写了一次剧本失败后，泰勒单枪匹马完成全片剧本）。

泰勒勃然大怒，但仍像往常一样彬彬有礼地向怀尔德道了再见，才飞回纽约，专心排演自己的舞台剧。刚完成《纵横天下》剧本的恩斯特·莱曼，深谙企业家和名流的谈话方式，因此加入怀尔德这部影片的制作工作，重编剧本。但莱曼和导演一样固执，两人一边明争暗斗，一边合作剧本，到了10月片子已经开拍时，剧本还没出炉（莱曼后来写了几部精彩的电影剧本，包括《国王与我》、《成功的滋味》、《西北偏北》、《西区故事》、《音乐之声》等，其中《成功的滋味》是根据他自己的故事所写的）。

在怀尔德等人还在编写剧本，派拉蒙同意秋天开拍影片这段期间，奥黛丽在旧金山完成了《金粉世界》的巡演。海德带着新片的服装设计图到旧金山，根据她的描述，相较于《罗马假日》时期，“赫本现在成了大明星，对自己的戏服有更多意见”。

奥黛丽直言无讳地表达对自己戏服的意见，让海德很不习惯，但这与怀尔德对奥黛丽的印象并不冲突，他觉得奥黛丽平易近人、没架子。奥黛丽就是明白哪些衣服适合她和她扮演的角色，而她对服装的选择有难得的自信。她将到巴黎看看最新的时装，为戏服做最后的选择。

这时海德才听说，怀尔德和派拉蒙主管哈特曼已经答应奥黛丽的要求，让她到巴黎自购戏服——如此一来，派拉蒙不必在影片上打上外国服饰设计师的名号，也无需支付进口服饰的关税（他们还教她，在欧洲就可以穿上这些服饰，把它们当成私人物品打包，作为随身行李运回来。当然，公司会支付这笔服装费）。另一方面，奥黛丽带着海德到旧金山四处购物旅游，博得她的好感，两人一起享用法式点心。

6月20日，正当27岁的伊丽莎白即将加冕成为英国女王，各种庆祝活动如火如荼进行时，奥黛丽回到伦敦参加《罗马假日》的英国首映。她住在母亲的居处，在南奥德利街工作的女爵为女儿、惠勒、派克和派拉蒙的同仁办了几次接待会。

摄影师、设计师和传记作家塞西尔·比顿曾参加7月23日晚间那场聚会。派克带了一位朋友同行：美国演员、导演兼作家梅尔·费勒。他告诉比顿，奥黛丽是“最亮眼的星星”。比顿描述道：

“最后那位女儿出现了——展现一种新的美：大嘴、平脸、眼睛化浓妆、椰子式的发型、未涂蔻丹的长指甲、柔软的身材、长颈，但可能太纤瘦。她的影片大卖座，对这位可人儿却似乎没有多少影响；对于种种奉承，她只当作是一点调味品：只有表达感激，没有倨傲的态度。她的周遭只有简单利落的气氛：没有女仆帮她更衣或应门，宾客一一来到……在电光石火的瞬间，我发现了她精灵般的魅力，她有一种如流浪儿的气质，让人强烈同情。”

比顿立刻拜倒在她的魅力下，最后与她合作。至于梅尔和她之间的吸引力，就没有那么简单。他赞美她在《罗马假日》中的表现，她则说很欣赏他在电影《莉莉》里的演出。在这些客套话的表面下，隐藏的是初出茅庐的24岁女郎和几乎年长她12岁的温文青年的两性之间强烈的吸引力，只不过他已经结婚。

身高188厘米、修长优雅的梅尔乔·盖斯顿·费勒，1917年8月出生于新泽西州一个富裕的高尚家庭。他的父亲是倍受尊敬的古巴裔美国外科医生，在纽约执业，病人络绎不绝，母亲是社交名媛。梅尔的姊妹和侄子曾任《新闻周刊》编辑，另一位姊妹则是心脏专科医生，后来研究出插入心导管的方法。他的哥哥荷西也是医生。梅尔曾在普林斯顿大学读了两年，趁着暑假在半专业的影片中担任演员，主编新英格兰一个小镇的报纸，1940年还出版童书《提多的帽子》。

1953年时，梅尔已经结婚三次。他的第一段婚姻是在1937年

↓

赫本与费勒初识之时，费勒仍是有妇之夫，但这个温和优雅的青年强烈吸引了赫本。

20岁时，娶了想在影坛出人头地的雕刻家弗朗西斯·皮尔查，生了两个孩子。两人离婚后，他娶了芭芭拉·崔普，同样生了两个孩子，但两人也以仳离告终。然后，他又娶了皮尔查——7月与奥黛丽邂逅时，他和皮尔查仍有婚姻关系。

1938年9月至1940年12月，梅尔在三出好莱坞剧本中都饰演无足轻重的角色。其间他罹患了小儿麻痹症，但在父亲的照顾和本身绝佳的意志力下，克服了病魔。接着，他到德州和阿肯色州担任电台音乐节目主持人，最后回到纽约，一心想在戏剧界发展，只是似乎看不出这方面的才华。但另一方面，梅尔彬彬有礼、口齿清晰，又很时髦，让哥伦比亚影业的哈利·柯恩留下极好的印象，邀请他在1945年执导一部票房凄惨的低成本电影。然后梅尔回到纽约，指导荷西·费勒（和梅尔没有亲戚关系）在百老汇演出《奇异的果实》和《大鼻子情圣》，后者大受欢迎。

制片家塞尔兹尼克不知道《大鼻子情圣》首演前曾经过另一位导演改头换面，他请梅尔回到好莱坞，但梅尔演出或执导的几部片子没什么成就。那时他结识了塞尔兹尼克旗下的几位编导和演员，如派克、导演约瑟夫·哥顿、桃乐赛·麦圭尔及珍妮弗·琼斯（当时是塞尔兹尼克的第二任妻子）。他们组成一个剧团，在靠近圣地亚哥的拉荷亚剧场演出许多沉闷无趣的剧本。虽然最后这个志业无疾而终，梅尔却运用他的人脉，敲开米高梅的大门，在极卖座的电影《莉莉》中轧了一角。但1953年夏天，他一向不亨通的星运更加黯淡。当时他的最新作品是《莎迪亚》，剧情描述一个奇怪的阿拉伯女郎，她的浪漫魅力足以致命，而她不仅夺走追求者的性命，也让这部电影的卖座惨不忍睹。

梅尔刚认识奥黛丽那个星期，凭着情人的鲁莽，告诉奥黛丽应该再演一出法国舞台剧，应该选择比《金粉世界》更诗意的角色，比科莱特更神秘的作家人物。如果他找到这样的剧本，她有兴趣与他合演吗？有。于是基于她的同意和两人的情丝，梅尔勾勒出光明的未来：两人会像舞台剧界的知名夫妻档艾佛列德·伦特与琳·芳丹、劳伦斯·奥利佛与费雯·丽一样。他匆匆返家，一五一十地把他的想法告诉皮尔查，她慨然允诺，二度和他离婚。

“观察梅尔对奥黛丽的态度非常有趣。”1936 年起就熟识梅尔的好莱坞记者拉迪·哈瑞斯说，“第一次见到奥黛丽之后，他就再也不肯和她分开，两人总是形影不离。”

然而，两人相聚的时光不像梅尔所期待的那么多，他必须回伦敦，完成他在《圆桌武士》中的配音，奥黛丽和母亲则要到法国西南近西班牙边界的圣尚德鲁兹度假，并从当地到巴黎选购《龙凤配》的戏服。她所选择的设计师将永远确立奥黛丽在银幕上和现实生活中的面貌。

7 月底，奥黛丽敲开了法国服装设计师纪梵希工作室的门，这位贵族出身的设计师身材颀长，颇有影星魅力。他受到巴黎世家和艾尔莎·斯基亚帕雷利的启发，那年夏天正忙着推出自己设计的第一批服饰。纪梵希充满活力、作风优雅，工作井井有条，举手投足尽是贵族风范，却没有丝毫矫饰做作。

纪梵希的助理告诉他，赫本小姐依约来访，他以为自己会见到凯瑟琳·赫本，不料看到的是眼前这位“像脆弱小动物”的小姐。“她有极美的眼睛，这么纤细——而且没化妆！”奥黛丽穿着素色裤装，平底圆头如芭蕾舞鞋的鞋子，以及一件短运动衫——还戴着一顶草帽，上面绑着写有“VENEZIA”一字的缎带。纪梵希对这位女郎奇特的魅力印象深刻，却没有时间为她设计戏服，不过还是邀请她参观他的成衣作品，说不定有些衣服可以派上用场。奥黛丽在衣架上找到一套灰色羊毛套装——正是她心目中，莎宾娜经过巴黎的洗礼，

↓

纪梵希的服装和赫本珠联璧合，并造就了一段跨越时间的友谊和传奇。

回到长岛时该穿的衣服。

接着她又看到一件合身的白色无肩带礼服，上面绣着黑色丝质花朵图案，还有一片可拆式拖裙：她觉得这件衣服很适合她的角色在参加舞会时，让戴维·拉勒比惊艳的入场华服。最后她选了一件黑色船形领小礼服，领子用小别针别在肩上。

那个夏日，奥黛丽带着这些衣服离开纪梵希的工作室，准备演出下一部作品，而这次造访孕育出一段终生不渝的友谊。在逾 40 年的时光中，两人相互的尊重和信赖酝酿出真挚的情感，远超过设计师和模特儿，或者服饰商和客户之间的关系。他们都把自己自然的风格——如两人对园艺、美食好酒的兴趣，化为精致人生的态度，使风尚有了实质。奥黛丽谈到纪梵希时说："我很少有比他更爱的人，他是我所知最真诚的人。"

而在纪梵希眼中，"她对自己想要什么、目标是什么，总是一清二楚。她是非常精确的人，极为专业，从不迟到，从不乱发脾气。和其他知名同行不同的是，她从不像被宠坏的明星一样摆架子，她知道如何塑造自己坚强、独立的形象。这自然延伸到她的穿着打扮，因此设计师为她制作服饰之后，她会进一步添加一点自己的特色——一些细节，却收画龙点睛之效"。

无论电影或服装设计，这两个行业总是因猜忌而恶名昭彰，圈中人难免把虚饰当成实质。但奥黛丽和纪梵希设计、展现出适合她的衣着，不仅赢得敬重，让大家懂得欣赏简洁的优雅，也让其他人回头检视自己的穿着风格（不一定非得讲求昂贵），而不是一味抄袭模仿。

8 月 27 日，奥黛丽在纽约参加《罗马假日》的首映，美国影评的反映比英国热烈得多，公认她已经成为熠熠红星。"表现杰出的年轻女演员……派拉蒙的新星以钻石般璀灿的光芒闪闪发光……不知施了什么魔法，奥黛丽·赫本把这部影片变成机智诙谐又寓意深远的喜剧……赫本小姐的突出表现不可限量。”

不过她没有看出自己突出的表现，对记者的恭维总是半信半疑。“我得保持平常心。”她衡量自己的演艺生涯后说：

> 我想把这一切都当成发生在别人身上，以客观的角度了解自己的价值和对公司的贡献。我总是追求前方的事物，若算得上有成，是因为我抓住每一个机会，而且非常努力。没有任何成就是轻松得到的。在音乐剧中，我是只受过芭蕾训练的紧张女孩，必须观察其他所有人，才知道该如何举手投足；在舞台剧《金粉世界》里，我完全没有表演经验，却得登台。这出剧作在美国颇为成功，他们对我赞誉有加，但在公演的十六个月里，我仍不断学习，一直到公演最后一夜，其实才做好第一夜的准备。《罗马假日》对我来说又是一个挑战，我必须在镜头、灯光、喧闹和紧张当中，拿出真正的表现。

至于她对影评的反应则是：

> 这是我毕生最大的考验。截至目前，我不过是由宣传塑造出来的明星，是由记者造就的。但他们塑造的我只不过是个影子，除非观众认同我，否则就不是真的。

一如往常，媒体希望知道她的婚期。“我现在还不能结婚。婚姻是全职的工作，需要比表演更多的才华。我不可能两者兼顾，又都有良好的表现……我已经学着不要婚姻。”至于经常在纽约陪她出席各项首映活动，却还是有妇之夫的梅尔，奥黛丽只冷淡回答说，她永远不会成为费勒太太；或许当时她的确这么想。她接着说，如果她结婚，绝不劳任何人相问："如果我结婚，一定会以婚姻为重。"但同时她又难以抗拒梅尔的魅力，两人一有时间就腻在一起，直到他非得启程到意大利拍片不可。埃拉不得不提醒奥黛丽说，汉森至少没有妻子这个麻烦！

《龙凤配》原定于9月开拍，却又延后，因为怀尔德和莱曼还在为剧本赶工。需要修改剧本的主要原因是，这个剧本已经扩展到曼哈顿和长岛的几个地点，加上泰勒原本暗藏机锋的对话虽是上流社会的本色，符合舞台剧观众的品味，却不足以吸引电影观众，需要再加润色。

此外，还有其他问题。原本答应饰演男主角——忙于事业、无暇恋爱的哥哥莱纳斯的是加里·格兰特，扮演花花公子弟弟戴维的则是威廉·荷顿，后者已经与怀尔德合作过《日落大道》和《战地军魂》。然而，即将年届50的加里·格兰特临时退出，表面理由是另有片约，实际上是担心自己的年纪配不上年方24的奥黛丽，怀尔德无法说服他。但来年希区柯克请他演出《捉贼记》时，完全没有这种问题，虽然和他演对手戏的是与奥黛丽同年的格蕾丝·凯利。

既然难以挽回加里的决定，导演做了一个不幸的决定：他请亨佛莱·鲍嘉饰演原本加里演出的角色。当时鲍嘉54岁，看起来却像65岁，而且从来没演过浪漫喜剧，因此派拉蒙有点犹豫。但鲍嘉的经纪人说没有关系，鲍嘉是专业演员，而且妻子洛琳·白考儿比他小25岁（这个论点真是风马牛不相及！）。多年酗酒使鲍嘉显得老态龙钟，而且消化不良，四年后即将夺走他生命的癌症已初露端倪；片子一开拍，整个制作都被他一个人的态度拖垮。本来如果由加里主演，剧中和奥黛丽的恋情应该有说服力，但鲍嘉的演出恰巧相反，观众根本无法相信奥黛丽的感情会从当时 35 岁、英俊的荷顿身上，转移到满脸风霜的鲍嘉。而困难才刚开始。

首先，奥黛丽必须在片中崭露歌喉，所以她在开拍前花了几周时间，向一位老师学对话，向另一位老师学唱歌。她告诉记者："我不得不如此。刚来的时候，我根本没有歌声，我的声音单调又尖锐、没有变化，现在还是一样——只是稍微好一点罢了。"派拉蒙的主管闻言，要求奥黛丽的新经纪人寇特·弗林斯请她对这些事不要那么坦白。

不过这些都还是高层最不需要操心的琐事，其他问题才教人焦头烂额。

饰演戴维未婚妻、有魅力又多才多艺的年轻女星马莎·海尔·威莉丝后来说："我一来就发现这里根本是战场。拍片期间，不仅摩擦很多，而且各拥阵营，勾心斗角。不知道为什么，鲍嘉似乎一心觉得荷顿、怀尔德和奥黛丽都跟他作对——或许是因为他觉得不安全，对自己的角色没有自信。"鲍嘉知道奥黛丽和荷顿都是前途灿烂的新星，而自己已经过了生涯颠峰，不安的情绪让他妒火熊熊。

事实上，第一天开工后，情况就开始恶化。鲍嘉在他的化妆室里准备了饮料，招待几位演员和工作人员，却没有邀请荷顿、怀尔德和奥黛丽，这三人聚在荷顿的化妆室小酌聊天。这样几天下来，怀尔德请鲍嘉过来喝一杯遭拒，双方正式画下阵线。多年后，鲍嘉的经纪人厄文·拉萨说："鲍嘉觉得导演应该礼遇他，但在比利·怀尔德的片子中，除了比利·怀尔德，别无明星。"此后鲍嘉一路抱怨导演、同片演员、剧本和工作人员，一直到 1954 年 9 月该片首映为止。

鲍嘉还不是《龙凤配》中唯一的酒鬼，荷顿在这方面同样恶名

昭彰。“他午餐喝酒之后，非得休息到清醒才能再拍下去。”威莉丝说。情况略好一点的鲍嘉趁着一天荷顿“摇摇晃晃，台词都念不出来，根本无法工作”的时候，大声放话：“我想这家伙葡萄吃太多了。”原本酝酿的不满立即演变成公开的拳脚相向，大家好不容易才把两人拉开，匆匆召来化妆人员控制灾情。相较之下，每天为奥黛丽化妆可轻松多了，因为他们得为鲍嘉和荷顿处理朦胧醉眼，还得消除他们因酒醉而涨红的脸颊。奥黛丽很技巧地把两个男人的争执当成典型的好勇斗狠，并不在意。

其实她不在意荷顿的行为，还有另一个原因：早在片子开拍不久，两人就坠入了爱河。“每晚收工后，他们总是在一起。”威莉丝回忆说。当时奥黛丽已经从她在纽约的第一个住处，靠近派拉蒙制片厂的威尔夏大道 3435 号商务旅馆，搬到邻近荷顿住处的 10368 号两房出租公寓，两人就在那里幽会。当时好莱坞的合约常有一条“道德条款”：若演员私生活不检点，一旦公诸于世，事业生涯可能毁于一旦。因此，奥黛丽和荷顿必须万分谨慎，而且荷顿已经结婚，还当了爸爸，使事态益形复杂。奥黛丽不确定自己和梅尔会有什么样的发展，双方都没有做任何承诺，何况他远赴意大利工作；而荷顿有趣又浪漫，还非常在意她的感受，魅力实在难挡。

威廉·毕德尔 1918 年出生于伊利诺伊州的小康之家，父亲是科学家，也是老师，三岁时举家迁居加州。毕德尔念大学时，被派拉蒙的星探相中，公司为他取了艺名威廉·荷顿。他先在两部影片里跑龙套，然后在《黄金少年》（1939 年）一片中挑大梁，果然一炮而红。1941 年，他迎娶了女星布兰达·马歇尔。马歇尔为了他与第一任丈夫离婚，并生了两个儿子。这桩婚姻维持 30 年，但一开始双方就各自发展婚外情，通常夫妻双方都知情；两人不断上演流泪忏悔、再度出轨的连续剧。

荷顿为了避免意外生子，在妻子的鼓励下，1947年做了结扎手术。但这无损于他的雄风，他照样纵横情海，女方甚至因为他结扎而更开心。荷顿太太对丈夫的花心通常不闻不问，直到奥黛丽出现。10月底，荷顿带奥黛丽回家吃晚饭（他在这桩婚姻中常有这种奇怪的行为），荷顿太太立刻发现奥黛丽是真正的对手，后来要他结束这段关系，但这对情人继续在她的公寓和制片厂化妆室暗通款曲。“奥黛丽是他心目中最理想的女人。”撰写荷顿传记的作者鲍勃·托马斯说，“她年轻——比他小11岁，认定他是全世界最英俊的男人，深受他的男性魅力和温和幽默的个性吸引。”

除了英俊、魅力和幽默之外，荷顿与汉森、梅尔一样年长，对奥黛丽有无比的吸引力。他承诺会离婚娶她，更让她死心塌地。他们的情感让两人在银幕上的爱情戏更有说服力，于是她立刻提出生孩子的问题：她想要两个、三个、四个、更多个孩子——她会为了家庭放弃事业。荷顿傻眼了，沉默了几周，直到他们最后一场对手戏，才老实说出他已经不能生育的事实。奥黛丽当场就结束了这段关系。

“我真心爱着奥黛丽·赫本，”荷顿后来说，“但是她不肯嫁给我，所以我环游世界，打算在每一个国家都找个女人。”而多年后，奥黛丽对他这个“国际志向”的反应只有几个字：“喔！威廉！”一向喜欢荷顿、从未批评他的奥黛丽或许觉得：没有成为荷顿太太真是万幸。“他们都有成功的事业，”怀尔德说，“但私生活都不幸福。”

在拍片战场上，几乎没有一天不发生小冲突。鲍嘉不仅厌恶荷顿，也讨厌怀尔德和奥黛丽。一天，导演带了一段重写的对话给鲍嘉，鲍嘉边翻边问道：“你的女儿多大了？”

“大概7岁了。”

鲍嘉把剧本丢了回来说：“这是她写的吗？”

等鲍嘉开始模仿怀尔德说话的音调，称他是“纳粹狗娘养的”时，事态几乎到了引爆点——因为大家都知道，犹太裔的怀尔德身受纳粹之害，他的母亲、继父和其他亲戚都死在集中营里，因此这种话特别残忍。

鲍嘉的坏脾气甚至波及奥黛丽，她从来不会没有准备就上戏，而且总在第一次拍摄时就把台词背得滚瓜烂熟。但一天早上，她接到新的对话脚本，说错了一行。“或许你应该好好待在家里读剧本，不要每天晚上出去。”鲍嘉不怀好意地说。（“我恨那个混账家伙，”荷顿说，“他总是喜欢挑起事端。”）奥黛丽只是笑笑没有理会，继续拍片。与鲍嘉同台总是让她很不自在，尤其他老是边念词边吐痰。怀尔德要奥黛丽的服装助理每拍完一场戏都准备一条毛巾——“但要小心别被发现”。

摄影师查理·朗恩不仅要小心鲍嘉的口水，还要注意背光，因为即使只是一丁点唾液，都会在光下现形。他还要担心奥黛丽的镜头，尤其她穿上纪梵希那件耀眼的无肩带礼服时。根据片场的纪录，他得费心拍摄她的肩和颈部，让它们看来性感而非瘦骨嶙峋。

在整个拍片过程中，怀尔德都受背痛折磨，而且得解决剧本的问题。喜欢一切井井有条而非混乱不堪，希望好整以暇地修饰剧本而非临时改动对话的莱曼描述，制片过程从头到尾都鸡飞狗跳。“我们一边拍，一边写，”怀尔德说，“剧本的进度一直落后。”他得靠奥黛丽帮忙掩护。他删掉了一段鲍嘉的戏份。“我得花时间补上这一大段。”怀尔德继续说，“所以我去找奥黛丽，告诉她出了麻烦。”

奥黛丽冒着牺牲自己信誉的风险，立刻决定协助。“喔，我的头好痛，我得躺一下。”她说。过了 15 分钟、一小时、半天，她还没好。靠着奥黛丽的帮助，莱曼和怀尔德才有时间解决当天的剧本问题。

“她无法复制，永远循规蹈矩。”怀尔德说。接着，怀尔德又

《龙凤配》的拍摄过程不轻松，但赫本的银幕形象得到进一步巩固。

说（或许是指她和荷顿的恋情，以及她的真情相助）：“她在银幕上下截然不同，并不是说她庸俗——一点也不，只是她内在很丰富，只要略施性感，就有惊人的效果。”

就在11月底，梅尔恰好冒了出来，一手拿着离婚协议书，一手拿着剧本。彷佛为了挥别荷顿和好莱坞的记忆，奥黛丽立刻答应来年年初在好莱坞与梅尔同台，演出尚·季洛杜的浪漫幻想剧《翁蒂娜》。梅尔之所以选择这部晦涩难解的剧本，或许是因为剧名就像莎宾娜一样，是水精的名字。

《龙凤配》杀青后，奥黛丽邀纪梵希来派拉蒙制片厂看她，并参加试映会。但当片尾打出服装设计的名字时，出现的是“艾迪丝·海德”，使奥黛丽极为羞愧，纪梵希则十分意外。多年后，他说：“他们放映这部影片，却只字未提我的名字。想想看！在我事业起步之初，若能有《龙凤配》的肯定，岂不大有帮助！但没有关系：几年后，每个人都认得我了。总之，我当场能怎么办？我不是真的很在乎。能为赫本小姐设计服饰，我就已经很高兴了。”

更惨的是，该片后来获得六项奥斯卡奖提名，只有海德获奖——而她只为这部电影设计了一套戏服而已。从不低头的海德上台领取小金人时，绝口不提纪梵希，日后也是。怀尔德的经纪人说：“海德以为全部的衣服都是她设计的，向来不肯归功于任何人；即使衣服全部是助理设计，她自己一点都没插手也是。”

奥黛丽在派拉蒙的第二部电影，周薪1000美元——全部酬劳是11914美元，她支付经纪人、律师和经理的酬劳，并扣了税之后，只拿到3000美元。其他演员的酬劳好得多：饰演她父亲的约翰·威廉斯拿到12000美元，荷顿8万美元，鲍嘉则有20万美元。

但圣诞节时，奥黛丽得到一个心爱的礼物：《电影日报》宣布年度影评调查结果，荷西·费勒和奥黛丽·赫本分获 1953 年最佳男女电影明星。《龙凤配》虽未上映，已获好评，1954 年 9 月上片后果然叫好。《罗马假日》逆转了童话故事，《龙凤配》则循着灰姑娘的轨迹，让可喜的平民化为可爱的“公主”。

虽然时尚所趋，奥黛丽在片中画着夸张的眼线、涂着厚重的睫毛膏和唇膏，却能在沉闷的剧本中找到清新的表演之道。她自然地扮演清纯少女，毫无泰勒赋予这个角色的古怪之处，在纽约连演了 40 周都未下线。奥黛丽以清脆的声音和清新讨喜的表现，弥补了鲍嘉的乏味。即使半个世纪后的现在，这个仙女般的故事仍让影迷感到满足，不在乎莎宾娜这个角色的空洞。的确，只要这个少女是奥黛丽·赫本，他们别无企求。

第七章

崩溃的边缘

（1954）

“婚姻就像签长期合约，除非知道自己内心最深处的想法，否则不能答应任何人。我还在探索自己……”

——奥黛丽·赫本

1954年1月初，就在暴风雪侵袭纽约之前数小时，奥黛丽和梅尔抵达这个城市，准备排演《翁蒂娜》。为了符合当时的礼教，两人分别住进葛罕旅馆不同的套房，这是他们未来在曼哈顿半年期间的第一个住处。八卦记者注意到他们总是出双入对，社会大众或许会以为他们不过是朋友，但与演艺界稍有关系的人，都知道两人正在热恋，虽然奥黛丽说他们只是在约会——当时约会的意思就是吃吃饭、看看戏，并无朝夕相处的寓意。

三天后，埃拉从伦敦飞到纽约，由女儿负担费用，住进同一间旅馆。但几周下来，奥黛丽和梅尔的预算就捉襟见肘。两人前一年的收入无法负担这样奢华的新生活，何况演舞台剧的薪酬远低于拍电影，他们得量入为出。最先牺牲的就是豪华大餐，除非受邀作客，否则他们只在丁提摩尔之类的小餐馆解决。

《翁蒂娜》是剧作家剧团制作的作品，这个剧团的成员包括马克斯韦尔·安德森、贝尔曼、艾默·莱斯、罗伯·雪伍德、席尼·霍华德，以及刚以《茶与同情》在百老汇大放异采的罗伯·安德森。《翁蒂娜》的导演是舞台剧泰斗伦特。1903 年开始，他就展开舞台生涯做演出，1940 年开始执导演筒，妻子林恩·芳丹曾和他携手演出不下 20 部古典和现代名剧，包括莎士比亚、契诃夫、奥尼尔和克华德的作品。在丈夫的要求下，1 月中《翁蒂娜》开始排演后，芳丹每天都出现在 46 街剧院的排练场地。

芳丹很快就成为奥黛丽的支柱，既是温和的教练，也是她的盟友，就像排练《金粉世界》时的奈丝比特一样，尤其奥黛丽正如她自己所说的："总是心惊胆跳，觉得非得几近完美，才能达成观众对我无比的期望。"奥黛丽担心自己力有未逮，因此更渴望梅尔和母亲的情感支持。梅尔对她的保护几乎到了专横的地步，而她的母亲一如既往，没有太多回应。

《翁蒂娜》的故事取材自 19 世纪德国小说家拉·莫特 - 富凯的寓言，季洛杜的剧本已经由莫里斯·范伦西翻译改编。这个故事的情节是，水中精灵翁蒂娜来到尘世，爱上骑士汉斯（梅尔饰）。她警告汉斯说，只要她移情别恋，汉斯就会死，藉此嘲讽中世纪宫廷人士的俗套和虚伪。后来她发现汉斯将迎娶贝诗，于是消失之后重新出现，假装自己移情别恋，汉斯果真死亡。此时水中深处传来三响，翁蒂娜忘却了自己在人世间这段插曲，翩然回到海精姊妹身边。

这出幻想剧尽管有趣，但虚无缥缈，学术界和观众都不知道该怎么阐释它，翁蒂娜似乎象征大自然的冷漠，却又与人类息息相关。

该剧对婚姻及理想与现实的冲突，似乎有讽刺意味，但若要评估此剧的重心，无疑是在女主角身上。

《翁蒂娜》1939 年在巴黎首演之后，季洛杜来到美国，请伦特夫妇出饰男女主角。后者喜欢这个剧本，却觉得角色太年轻。当年伦特已经 47 岁、芳丹 52 岁，自觉演出没有说服力，因而婉拒邀约。但 1954 年，该剧作者去世 10 年后，他们终于参与制作，伦特很高兴有机会执导。

1953 年 11 月 4 日，负责剧作家剧团制作的雪伍德写信给伦特说："我认为赫本绝对是翁蒂娜的理想人选，她学过芭蕾，这点很重要，因为全剧有芭蕾的味道。"

然而，他对梅尔没有这样热切的态度。送剧本去给奥黛丽的是梅尔，规画两人合作演出该剧的也是梅尔，因此要她首肯演出，就得让梅尔饰演汉斯。多年后，安德森说："我们有机会让奥黛丽再演舞台剧，但必须以费勒为代价，后来证明，这个代价未免太大了。"

在排演期间，惨痛的代价逐一浮现。首先，不知道什么原因，梅尔公开反对芳丹在排演时出现，奥黛丽因而非常难为情，写了一张便笺给她："多亏你的耐心指导和鼓励，我才能更自在、更有信心地站在这里。"关于梅尔说了什么，她不得而知。

接着，梅尔又抱怨伦特太老，不适合执导该剧。他不隐瞒自己的不屑，甚至公开嘲笑导演对演员的指令，和伦特谈话到一半就背过身去。萨德丝说："他不像奥黛丽那样听导演的指挥，有几次当众给伦特难堪。"大家都觉得非常尴尬。更糟的是，梅尔还去找雪伍德，要求修改剧本，增加他的戏份。剧团当场断然拒绝，但他依旧表现得十分倨傲。"真是不幸。"萨德丝继续说：

> 梅尔曾是舞台剧的演员和导演，也拍过电影，可说他

> 抢先一步。但如今很明显的是，奥黛丽的光采压过了他——并非刻意，而是因为她先成名。剧本是他给她的，因此他摆出一付幕后指导的样子。

排戏的情况愈来愈混乱，因为梅尔趁着晚上私下给奥黛丽指示，推翻白天伦特导演的指导。“他们并没有正面冲突，”萨德丝说，“因为伦特太绅士了。”全体演员都觉得梅尔的态度简直让人难以忍受，但同时深深赞赏奥黛丽的表现，非常喜欢她。“我们在宽阔的舞台上排练，我坐在旁边看着她，”萨德丝回忆道，“我觉得她棒极了。而且就像许多大美女一样，她从来不觉得自己有多漂亮，一点也不虚荣。”

1月29日在波士顿公演的日子到来时，梅尔对伦特的不满已十分公开，威胁要带奥黛丽一起退出演出。“那不是嫉妒，而是愚蠢。”芳丹说。奥黛丽希望一切顺利，却不敢违背梅尔，怕他生气。

在这个节骨眼上，有一天奥黛丽从波士顿搭早班飞机到纽约，直奔雪伍德家。她泫然欲泣，诉说她觉得自己是一切冲突的祸首，想退出演出。雪伍德十分技巧地处理这个场面，绝口未提梅尔，让奥黛丽重拾信心，并送她回波士顿。接着，雪伍德立刻发电报给伦特：

> 我和奥黛丽·赫本恳谈过了，明天星期六下午将到波士顿和你谈奥黛丽和费勒的问题……奥黛丽说她希望未来都由你执导，此言证明她的智慧。

波士顿剧坛对该剧佳评如潮，尤其对奥黛丽的演出更赞誉有加。最让剧团惊讶的是，第三幕中她只穿着渔网装、披假海草出场，表现裸露效果时，没有人喝倒彩。

2月18日，《翁蒂娜》到纽约首演，剧评同样一面倒。“奥黛丽·赫本的演出非常可爱。”《纽约时报》的艾金森写道：

> 每个人都知道赫本小姐很年轻，但没有人怀疑她的表演天分。只是翁蒂娜这个角色非常复杂，有许多难以捉摸的内心戏——各种情绪和印象，淘气又哀伤。赫本小姐却能将这些都化为剧场的语言，不需矫饰造作。她的表现优雅迷人，对舞台有天生的本能。

《纽约客》的剧评异口同声地表示：“赫本小姐才华洋溢，举手投足都散发无比魅力，最虚无的笑话因为有了更深一层的深度而欢欣鼓舞；最平淡的动作变成精彩表演的灵感。”

不过梅尔的表现就差得远了，理查德·华兹的评论道尽了所有剧评家的观感：“他的演出欠缺吸引力，不够生动，可说完全缺乏风格和想象力，而且本剧其他部分如此精彩，因此他的表演更成为败笔。若伦特先生年轻几岁，能够亲自演出这个角色，一定十分亮眼！”

尽管如此，该剧在46街剧院上演时，几乎天天座无虚席。十天后，艾金森又写了第二篇冗长的剧评，赞美该剧的导和演，尤其夸赞女主角的表现：

> 赫本小姐演出的翁蒂娜，表现不可思议。尽管她非常美丽，演出时却绝无虚矫，动作自然流畅、敏捷灵活，优雅地诠释翁蒂娜在人类世界中的考验；在她迷人的魅力下，有敏锐的心灵运作着。翁蒂娜不仅是让人神魂颠倒的美人，也是个鲜明的观念，再也没有比奥黛丽的演出更明白、更让人击节赞赏的表演了。

无论伦特多么喜欢奥黛丽，他的看法与剧评家华特·克尔一样，认为该剧根本是失败之作。只是克尔认为，失败的原因在于剧本有些断断续续的“哲思”，长篇大论太沉重；而伦特则认为，该剧之所以失败，完全是因为梅尔庸俗地处理他和奥黛丽共同出现的场景。“大家当然都对爱情戏的处理很失望。”那年春天，他写信给雪伍德说，“她跃上男主角的膝头，他像木头一样抱着她——他和她一起坐在桌前，却待她如餐厅的女侍。若他站着的位置在她的上方，你就觉得他好像在挖地基埋石头。我个人觉得这出剧烂透了。”

一位女士问伦特，他是否从执导影星当中学到什么教训，他倒说得坦白：“有，笨驴是没法作骑士的。”伦特离开纽约，剧评家去欣赏其他新戏时，这出戏还是得继续演下去。这时梅尔终于按捺不住，完全依自己的意思演出。在最严肃的时刻，他却拿着道具学谐星杰瑞·刘易斯，让萨德丝不禁疑惑：如果他不能认真演出这部诗意的童话故事，为什么要参加呢？他毫无顾忌地抢别人的戏——连奥黛丽的也是，而且不准奥黛丽像导演原先安排的那样单独谢幕，一定要他牵着她的手出现在观众面前，彷佛心知如果光是他自己上台谢幕，掌声一定会小得多。这恐怕不会是奥黛丽的意见，因为她绝不会私下改动导演临行前的安排。梅尔擅自改变导演的作法，可能由舞台经理那里传到返回威斯康辛的伦特耳中，因为六周后，奥黛丽再度单独谢幕。

梅尔之所以有条件投降是有原因的。3 月 25 日，奥黛丽以《罗马假日》一片获颁 1953 年奥斯卡最佳女主角奖，并获得英国影艺学院地位相当的奖项，以及其他大小机构的奖。三天后，她还以百老汇的演出获颁东尼奖。“我不能因为这些奖而冲昏头，”她告诉记者，“因而松懈，忘记毕生的职志——成为真正伟大的女演员。”

梅尔对她的获奖骄傲又欣喜，她的母亲却不然。“她到剧院来，”

↓

赫本从舞台剧现场直奔奥斯卡颁奖现场，妆容还未完全卸掉。

萨德丝记得，“虽然似乎想做奥黛丽工作和生活上的经纪人及经理，但她不亲切，又没有表达出母亲的关怀。她总是一丝不苟，穿着打扮和发型都无懈可击——但很难亲近。”多年来，埃拉一直给人这样的印象。

奥黛丽的成功并不代表她有安全感。“就像有人给你一件太大的衣服一样，你得长成那个模样。”她说道，“我不能说我已经会表演了，我常觉得自己永远没学会任何事。有时我在舞台上的举止让我沮丧万分。”的确，随着持续演出，虽然得了这么多奖，声名大噪，涌进经纪人弗林斯办公室的邀约愈来愈多，她却愈来愈紧张、甚至变得忧郁。到了 4 月，奥黛丽脸色苍白，摇摇晃晃，烟瘾大增，每天可以抽两三包烟。剧团医生告诉高层，他担心她会身心崩溃。

奥斯卡奖和东尼奖肯定了奥黛丽，却为她带来压力。此后她接下的任何演出都必须大获成功、叫好叫座才行。不到 25 岁的奥黛丽已经获得老练专业演员可能要花数年或数十年才能得到的成就，她如何维持这样的高峰？那年春天，她告诉剧团，因为《翁蒂娜》的经验让她心力交瘁，以后她再也不演舞台剧了，而她果然说话算话。

“她压力极大，从媒体到梅尔都给她压力。”萨德丝回忆道，“尽管大家赞美她、喜欢她，她的生活却不幸福。”萨德丝写了一张卡片给奥黛丽，问她是否需要帮忙，或者聊聊。奥黛丽非常感谢地回了信，画了剧中水精的图作签名——但没有向同事倾诉心事。

梅尔施加的压力应该和婚姻有关，因为他已经求婚，正催她答应，奥黛丽犹豫不决。同时记者又一直逼问她婚礼迫在眉睫的消息，只是她一如往常避重就轻：

> 婚姻就像签长期合约，除非知道自己内心最深处的想法，否则不能答应任何人。我还在探索自己……很多事还

不清楚，但我会了解的。我还不想被圈在任何地方，或被绑在任何人身上。

“她已经放弃了汉森，但还没有准备接受梅尔。”萨德丝说。奥黛丽的母亲、友人鲁思和奈丝比特都极力反对她嫁给梅尔。

7月3日，《翁蒂娜》进行最后一场演出，在告别晚会上，整个剧团都注意到虚弱的奥黛丽一付心神涣散的模样。她香烟一根接一根抽，咳嗽严重，双手抖得厉害，在晚会上待了一下，就在不致失礼的情况下告退。十天后，她在母亲和梅尔的陪伴下离开纽约，到瑞士一处安静的场所疗养，挥别纽约和好莱坞的紧张压力。《龙凤配》9月上映时，奥黛丽没有参加宣传活动。

她缺席的原因很快就揭晓了。在瑞士布尔根施托克的琉森湖湖畔，奥黛丽·赫本和梅尔·费勒缔结鸳盟：9月24日星期五，他们在市政厅举行婚礼，隔天在一座13世纪的私人教堂进行简短的清教徒仪式。奥黛丽穿着纪梵希设计的高圆领白色裙装，拿着一束简单的白色花束，只有少数几位朋友应邀观礼。梅尔之所以选择这个风景如画的小城，是因为它的隐密、有益身心的沁凉空气、媒体和一般大众很少到这里，也因为他八九月要在意大利工作，拍摄一部叫作《禁忌》的影片，可以立刻解决财务上的燃眉之急。

然而，她暂不公开露面，不是只因为要筹备她的婚礼。

6月底在纽约，以及接下来在欧洲，奥黛丽承受了“精神崩溃”的折磨。这个词汇虽然流行，但并未适当描述出她沮丧忧郁的症状。即使在瑞士安静的日子里，也没有让她立刻恢复健康，减缓其他同事描述的“长期抑郁”的状态。奥黛丽可能一睡就是整天整夜——但醒来仍旧不觉神清气爽，接着可能又是一天一夜睡不着。她可能大吃一顿，但接下来一连几天毫无食欲。她就像焦虑的儿童一样，把指甲咬得只剩一点点；她不断抽烟，哭得难以自抑，没有任何原因。对于这些，女爵通常只是要她自我节制，趁着清晨有凉爽的空气出去走走。她提醒女儿：她们已经历了战争，现在还有什么好忧郁的？

这个问题可能很难回答，但像奥黛丽这么纤细敏感而瘦弱的年轻女郎，一连五个月每周做八场表演，加上得奖带来的许多访问、走红之后活跃的社交生活，以及缺乏隐私，终于使她难以支撑。她还与自命要照料她事业的梅尔发生冲突，只要他去意大利一两天，就会带回一堆剧本让她研究。他和埃拉看法一致，认为治疗她的病最好的药就是返回工作岗位。只是那一年，这个想法根本不切实际。

等到举行婚礼时，奥黛丽的身体状况已有改善。她对一位记者朋友透露，其实她“在纽约完全崩溃”，如今已经好多了。

由于梅尔工作行程的关系，他们的蜜月只在山间小屋待了三天，接着 9 月 28 日星期二共赴罗马，梅尔回去工作。狗仔队问他们婚礼的细节，梅尔正准备回答时，奥黛丽插嘴说：“这是我们的婚礼，不是大家的。”这样结束了这个话题。

两人避居罗马南部 30 英里的滨海小城安其奥，租了一间别墅。奥黛丽在那里读剧本、照顾花园、养了一堆宠物、指挥三个仆人、学习如何烹调意大利美食、写信，并希望赶快有宝宝的喜讯。

她接受了一次公开露面的邀请，11 月 2 日在阿姆斯特丹为因为战争而成残疾的人士募款。奥黛丽答应在百货公司签名，但后来年轻人推挤着要接近偶像，把展示橱窗都挤破了，奥黛丽和梅尔不得不溜走。接下来几年，奥黛丽再也不肯公开露面，除非有万全的计划、适当的安排和控制群众的措施。从那天开始，她总是很难面对陌生人，往往极度惊惧。

在《翁蒂娜》演出期间，导演麦可·鲍威尔到后台探视奥黛丽

赫本和费勒的婚礼很简单，因为他们的工作已经排满了。

和梅尔。鲍威尔与艾米瑞克·普烈斯伯格共同完成了一些不朽杰作，如《红菱艳》及《黑水仙》。“她全心全意爱着他，”他说，“是那种要不就全心全意地爱，要不完全不爱的女人。我不知道他如何燃起她的热情，天晓得，她爱得如火如荼。”

鲍威尔打算筹拍《翁蒂娜》的电影版，但他的剧本是根据公版的富凯剧本，而非要收版税的季洛杜作品。根据鲍威尔的描述，“他们很快就接受了这个点子”。鲍威尔也邀请梅尔来年在电影版的《蝙蝠》中演出，片名叫作《美丽的罗莎林达》。他对《翁蒂娜》的评语是，该剧完全系于奥黛丽身上，梅尔完全不像1939年《翁蒂娜》在巴黎首演时，饰演汉斯的路易·儒韦那般有魅力。“儒韦停顿，大家都停顿；而梅尔停顿，大家根本就熄火。支撑此剧的人完全是奥黛丽，虽然她在那个大舞台上声音很小。”

那年11月，鲍威尔和普烈斯伯格造访罗马，到奥黛丽和梅尔的住处讨论《翁蒂娜》的拍片计划，答应提供丰厚的酬劳。双方愉快地共进晚餐后，回房休息。次日，双方开始工作。“我们边说边写，”鲍威尔说，“但不断被电话和神经兮兮的仆人打断。奥黛丽和梅尔是全世界最糟的听众，谈到一半，他们总会去忙别的事，谈了半天一事无成。”

鲍威尔记得当时的情况：

> 梅尔不断发表意见，一直谈剧本，好像每一个点子、每一个场景都和剧本息息相关。梅尔就像穿着发亮甲胄，忙着护卫剧本，以免它遭到〔我们〕蹂躏的武士。奥黛丽满怀倾慕地抬眼望着他，显然两人前一晚已经枕边细语……幸好这位武士和他的水精去忙别的事了，让普烈斯伯格有一点时间整理思绪。他说：“他们似乎不知道戏剧与电影的差别。”

“当然不知道！（鲍威尔回答）他们是演员，只要知道这点，只要能把台词念给观众听就够了，觉得这样就大功告成，我们得教育他们。”

男女主人回来后，普烈斯伯格开始说明对这部片子的构想，特别强调剧本是根据富凯的版本，而非季洛杜的作品。“梅尔看到他最喜欢的台词被丢进垃圾桶……此时奥黛丽的手爬进了梅尔的手，停驻在那里不动。”普烈斯伯格说明完之后，大家一起到山坡上散步，转换话题。梅尔和奥黛丽请了两对夫妻来共进晚餐——制作人迪诺·德·罗伦堤斯和他的妻子施云娜·曼卡诺，以及即将传出喜讯的电影制作人卡洛·庞帝和影星苏菲亚·罗兰。

晚餐时电话响起，派拉蒙同意为《翁蒂娜》出资一半资金，条件是梅尔和奥黛丽、鲍威尔和普烈斯伯格都拿出一半酬劳公证，等影片获利再取回。这时梅尔又提出奇特的建言，他建议制片人与季洛杜的遗孀谈改编剧本的版权问题。

“他还是想拍季洛杜的剧本，”隔天普烈斯伯格在与鲍威尔赴法国的途中说，“因此你一定要去（和季洛杜夫人）谈谈。要是他自己能买下剧本，早就买了。拍了这部影片，他就能肯定自己和奥黛丽，所以才这么希望我们帮他买下版权。”

两人搭乘的火车穿过阿尔卑斯山，这时普烈斯伯格有了新点子：何不把《翁蒂娜》改编为现代剧，背景选在蒙地卡罗，用百万富翁、骗子、潜水人、赌徒和过气的电影明星，来取代公爵、武士和国王等角色，可以有相当精彩的水中摄影和形形色色的摄影技巧。两人在巴黎见到季洛杜夫人，她狮子大开口，因此两位制片家礼貌道别，没有谈妥剧本。他们没有太在乎，因为反正他们已经尽了人事，依梅尔的意思去谈了，只是没有谈成罢了。

1954 年 12 月 31 日，奥黛丽和梅尔抵达伦敦，一方面进一步讨

论《翁蒂娜》，一方面因为梅尔要演出《美丽的罗莎林达》。鲍威尔和普烈斯伯格也来到埃拉位于南奥德利街的公寓，参加除夕聚会。“女爵有点冷淡。”鲍威尔说，他在午夜之前离开了。

梅尔为《美丽的罗莎林达》努力的最后一天，他和奥黛丽与鲍威尔和普烈斯伯格会面，地点是在制作设计师海因·海克罗斯的工作室。梅尔说，他和奥黛丽对服装很不满意，他还希望该片有全新的处理和设计——也就是拍摄季洛杜的剧本。“我们这才明白他已经筹划了几个月，现在开始出击。”鲍威尔说，“他根本是在扮演制片人的角色。”于是计划就此告终。

2月4日，奥黛丽到巴黎参加《龙凤配》的法国首映，恰巧能参观巴黎春夏时装周，那正是设计师展示春夏新装的时候。派拉蒙的法国办事处紧锣密鼓地安排了各种广告宣传活动，凡是在巴黎首映当天生女儿，并为她取名莎宾娜的母亲，都可以获奖。接着，派拉蒙又举行比赛，任何自认像莎宾娜的女性，都有机会获得现金。派拉蒙还在商店橱窗展示该片插曲的唱片，活动的高潮是奥黛丽在安全距离下亲自现身，在丽池饭店举行的记者会中礼貌性地回答几个问题，简直就像《罗马假日》最后几个镜头的翻版。同月，奥黛丽以《龙凤配》一片获得奥斯卡最佳女主角奖提名，最后格蕾丝·凯利以《乡下姑娘》中的角色获奖。

3月，就在奥黛丽获悉怀孕的好消息后数周，她流产了。“这件事让我心智涣散。”她多年后说。

第八章

甜姐儿童话

（1955-1956）

“奥黛丽永远把事业摆在第二位。她从来不像其他演员一样，想永远当红，而以追求个人幸福、平静、爱、子女、她爱且爱她的伴侣为重……”

——亨利·罗杰斯

1955年初，奥黛丽和梅尔在瑞士布尔根施托克附近租下一间三层楼的乡间屋舍，名为贝达尼亚别墅。那栋别墅高踞山坡上，俯视琉森湖，但那一年他们几乎没有待在那里。

那年4月，费勒夫妇在瑞士圣莫里兹度过短暂的假期，并与美国导演金·维多会面，后者已经拍了61部电影，包括《阅兵大典》、《群众》和《太阳浴血记》等。正当奥黛丽和梅尔邀请庞帝及德·罗伦堤斯共进晚餐之际，维多正与派拉蒙及这两位意大利制片人接触，想制作托尔斯泰的小说《战争与和平》。3月底，这部影片已经匆匆做了准备。

庞帝和德·罗伦堤斯看过梅尔的影片《禁忌》，告诉维多说，梅尔或许可以饰演安德烈王子。这步棋算是高招，因为在梅尔的影响下，奥黛丽一定会接演娜塔莎的角色，而后者正是这个故事的重心。奥黛丽很高兴有人请梅尔拍片，却从来没有和他一样的雄心——她只要能安心扮演贤妻——或更期待的良母角色，就心满意足了。

“奥黛丽永远把事业摆在第二位。”从那一年开始担任奥黛丽的公关，后来与她成为好友的亨利·罗杰斯说：

> 她从来不像其他演员一样，想永远当红，而以追求个人幸福、平静、爱、子女、她爱且爱她的伴侣为重……虽然她爱演戏，但希望减少工作，有更多自己的时间。她心中充满爱，但梅尔雄心勃勃，要为妻子和自己打出一番天下。

聘请罗杰斯是梅尔的主意，但当这位公关为奥黛丽安排访问和杂志特稿时，“她很不自在，我一提该受访或该拍照时，她就不高兴。我尽量不逼迫她做太多宣传活动，因为我知道她觉得这是不快的杂务。”罗杰斯只为奥黛丽挑选最必要的宣传，他觉得自己夹在两夫妻中间，里外不是人：“梅尔渴望奥黛丽有更多宣传活动，但她却不情愿接受访问或拍照。”

与萨德丝及其他认识奥黛丽或曾和她共事的人一样，罗杰斯补充道：“她很少有快乐的时候。”他或许不知道她儿时的困顿和极度敏感的性情，因此只推断出一个让她抑郁寡欢的理由——流产：

> 她和梅尔的婚姻并不幸福，这不是秘密。在我看来，她爱他似乎甚于他爱她，而她因为自己的爱得不到回报，感到挫折。她曾多次对我及其他密友谈到这点。她从未抱怨……但我在她的眼中看到忧伤……在她和梅尔结褵那段

日子里，她就像特里比一样，是斯文加利的傀儡。

说奥黛丽是傀儡未免夸张，但很多认识这对夫妻的人都有同感。毕竟指导与支配之间的界线十分微细，她的婚姻就像她与汉森之间的关系一样。汉森对电影界一无所知（不像梅尔），却强力干预《罗马假日》的拍摄时间，抢了经纪人和制片人的角色。他的操纵指挥使她离他而去——但如今她面对的是自己的丈夫，不可能这么做。

梅尔当然不像莫里哀小说《特里比》中，匈牙利音乐家斯文加利以邪恶的催眠术控制女主角特里比那般，有把奥黛丽当成傀儡来操纵的能耐，何况他的出发点是为了她好。但巧合的是，他为奥黛丽张罗的目标总是符合自己的最佳利益。他似乎从没想过，他们的性情根本格格不入。

“我觉得奥黛丽似乎需要有人帮她做决定。”维多说，“他帮她说该说的话，知道什么对她比较好，知道她该赚多少钱，我猜他一定亲自去收她的酬劳。”

因此，虽然主要是她丈夫的缘故，但也因为他们需要钱，奥黛丽有条件投降，同意出饰娜塔莎一角。弗林斯很快为她争取到 35 万美元片酬，加上每周 500 美元的津贴——这是有史以来最高的片酬，也是她《龙凤配》酬劳的 30 倍（梅尔的片酬是 10 万美元）。她告诉弗林斯：“我没有这么高的价码——真是不可思议！请不要告诉任何人！”不过这个合约不仅对她有利，对经纪人也有好处，因此他在好莱坞大肆宣扬，媒体立刻大幅报导这个历史高价，许多人恭喜她——包括饰演娜塔莎真爱的亨利·方达。当时方达是 50 岁。

奥黛丽对片酬的反应并非虚矫的谦虚，她一直觉得自己是学徒，有了一点经验，努力做功课，但没有多少天赋。她知道自己能在一流电影中出饰好角色实在很幸运，了解自己没有当时流行的性感尤

物的身材和风姿，更无足够的年龄或突出的特色，得以扮演有个性的角色。

她长相独特，清新可喜，优雅清丽，但或许观众会看腻。她觉得自己扮演任何角色，都必须证明自己的能力，而且她已经有两部影片获得奥斯卡奖提名，一部得奖，影评人和制片人自然会以更严格的眼光来评估她的表现。那年春天，她 26 岁，常常疑惑自己的事业是否还有任何发展的余地。由于她向来不以事业为第一优先，这样的想法不致让她沮丧；她会细心选择，否则宁可不要。

这时费勒夫妇已经申请且获得瑞士的永久居留权，对他们缴税比较有利：若梅尔在美国报税、奥黛丽在英国，恐怕得上缴九成收入。

《龙凤配》的问题主要在于人和，《战争与和平》的问题则是后勤作业。该片的纸上作业很漂亮，却根本没有剧本。然而，庞帝和德·罗伦堤斯坚持要在 7 月 1 日开拍，外景在意大利和南斯拉夫拍摄，内景则在罗马。维多立刻得监督 50 个角色的选角工作，还需要 15000 名临时演员，他们全得穿着 90 位裁缝日以继夜赶制的古装戏服。此外，他们得找遍全欧的驯马师，准备 8000 多匹马，以及从仓库和战争博物馆找来 2876 管大炮。制片人催着维多和摄影师杰克·卡地夫稍安勿躁，因为他们自有妙计，保证能以破纪录的时间完成剧本。

但到了开拍当天，大家才发现他们的“妙计”根本是一桩乌龙。两位制片人把托尔斯泰描述拿破仑攻俄的 1400 页小说，像切香肠一样切成等量多份，分给不同的罗马作家搭档，让他们分头编剧，勒令三周内交稿，最后再集大成。这种作法让维多惊讶不已。他们得到的成品不仅质量忽好忽坏，角色发展时上时下，而且欠缺统一的角度观点。

一般剧本的篇幅多为 100 页至 130 页，但《战争与和平》第一次的草稿竟达506页。派拉蒙对开拍日期心焦不已，担心600万美元经费捞不回来，因此立刻签字同意这部庞大的剧本。维多一看差点晕倒，立刻把剧本扔进抽屉，火速找来布里吉·波兰德、罗伯·韦斯比和厄文·萧重起炉灶，一定要在数周内把小说拍成电影。他们在这样的压力下竟没崩溃，真是奇迹。

制片人希望拍出一部让所有作品相形失色的史诗巨作。在1955年时，这种心理可以理解。当时电影观众都移情电视，好莱坞的应对之道是特艺彩色①、立体声、新艺拉玛②、新艺综合体③、3D电影，还有嗅觉电影④及香味电影⑤。《圣袍千秋》、《血洒竞技场》、《十诫》、《戏王之王》、《环游世界八十天》和《宾虚》等大制作电影，希望提供观众一些电视无法提供的大景观和视觉震撼。

在这种一窝蜂追求浩大场面的情况下，结果常是成本高昂、规模庞大、彩色、嘈杂、大银幕的乏味作品；久而久之，发展成计算机化的幻想片及动作片，猛攻眼、耳和大脑，诉求较年轻的观众，成年人则避开这类电影，因此这是否算进步，尚待斟酌。1955年时，正是这种发展的初期阶段。那年春天，维多尽力完成自己的工作：希望拍出一部巨片，只是打从一开始，命运就和他作对。

托尔斯泰这部小说勾勒出俄国的灵魂，以横跨社会各行各业逾五百个角色来探索历史和哲学的主题。该书作者的才华在于，他让所有角色生动逼真地穿插在精彩的故事里，而电影却没有这种能耐，反而成了一连串冒险、冗长战争场面、军事会议的综合体，偶尔被

---

① 拍摄彩色电影的技术。

② 利用三台同步放映机，在宽阔的弧形银幕上各放映1/3的画面。

③ 一种电影制片法，使用的放映银幕宽高比为2.5 ∶ 1。

④ 20世纪60年代开发的气味电影放映系统，透过管式系统，将气味直接输送至每一个观众席。

⑤ 透过电影院的通风设备来传送气味的电影。

赫本在《战争与和平》中与丈夫费勒同场竞技，但这部电影只有浮夸的形式，剧情却很空洞。

缺乏情感的演员打断，甚至连故事的时间顺序都让人迷惑。

大家都抱持很大的希望，导演维多也非常努力，但长达三个半小时的《战争与和平》仍旧只有空洞的场面。影评一致认为“人物机械化，缺乏情感，角色就像二等公民，陈腐又没有深度……那些幽默的故事肤浅又无条理”。没有发挥空间的奥黛丽同样难逃批评，一位伦敦的资深影评人说：“她不是天真地微笑，就是天真地流泪。”他惋惜角色和演员同样未臻成熟。不过纽约影评人协会仍提名奥黛丽为当年的最佳女主角。

这部影片的拍摄工作从7月一直进行到11月，拍片环境很不舒适。意大利的夏天闷热难当，其中又要拍冬日行军的镜头，因此运了成吨的人造雪到摄影棚。奥黛丽等演员都裹着厚厚的冬衣和毛皮，即使在摄影棚里也捂出一身汗，因为里面的冷气充其量只能偶尔运作，经常根本不动。虽然每天有10小时繁重的工作，奥黛丽依然从容沉着，所有人都需要她的鼓励，却没有人注意到，在她平静的外表下隐藏着对自己演技的焦虑。

例如持续拍了数天的舞会一景，需要奥黛丽在又长又复杂的运镜下保持脉脉含情的表情。她耐心十足地完成拍摄，导演大加赞赏。“再也没有比奥黛丽更适合的娜塔莎人选了。”维多说，“她有一种恰如其分的高雅，让导演喜出望外。”两人从来没有龃龉不快，但维多与同片男星不然，两位男主角都不适合他们的角色：方达把重内省的角色皮耶演得沮丧忧郁，而梅尔——他的眼睛一点表情都没有，不仅念起台词来平淡乏味，而且穿着古装戏服有说不出的别扭。

奥黛丽总是温文有礼，但有时很固执。例如在舞会那场戏中，她穿着低胸礼服，露出锁骨、肋骨和舌骨。“她胸前平板——她原本是模特儿，瘦骨嶙峋。”摄影师卡地夫说，“我建议她戴条项链，但她说：‘我就是我，我这副模样还不错。’”卡地夫很担心这一幕，因为“她的肋骨可以看得一清二楚”。德·罗伦堤斯后来看到这一段，简直气坏了，但那时已经拍完了那个场景，布景都拆了，没法补救。“她真傻，”卡地夫说，“根本没有必要强调她的肋骨。”

11 月底，费勒夫妇拍完《战争与和平》，随后前往巴黎，住在拉菲丽饭店的套房。梅尔立即投入下一份工作，在尚·雷诺执导、褒曼主演的《多情公主》一片中演出。1956 年 2 月 27 日，梅尔拍完该片的一个月前，奥黛丽单独前往洛杉矶。她身心俱疲，却无法拒绝一个梦寐以求的机会：与弗雷·阿斯泰尔载歌载舞演出《甜姐儿》。该片的剧本不错，也是她自《罗马假日》以来的最佳演出。尽管《甜姐儿》又是一个灰姑娘的故事，情节薄弱，角色肤浅，却有一种天真烂漫的魅力，在半个世纪后的今天看来，仍是 1950 年代最有创意、最多彩活泼的电影。只是这部影片差点胎死腹中，筹拍过程一波三折。

1951 年，剧作家里欧纳·盖许为百老汇一出名叫《婚礼日》的歌舞剧重编歌词，虽然尚未制作，但已经把整部作品卖给了米高梅。后者旗下的制片人兼作曲家罗杰·伊登斯最擅长歌舞剧[①]。

伊登斯和盖许决定放弃《婚礼日》原作词曲，以乔治和伊拉·格什温兄弟所做的流行歌曲代替，并融合 1927 年的百老汇《甜姐儿》一剧。他们以《甜姐儿》作为剧名，沿用主题曲及其他四首曲子，但放弃该剧原本的情节，以《婚礼日》来取代（“甜姐儿”一词出自阿斯泰尔的建议，那是他对姊姊艾黛儿的昵称）。

伊登斯和盖许的拍片计划立刻吸引了《万花嬉春》及《七对佳偶》

① 他分别在 1948 年、1949 年和 1950 年以《花开蝶满枝》、《锦城春色》及《飞燕金枪》获颁奥斯卡最佳作曲奖。——作者注

的名导演史丹利·多南，他们决定合作把《婚礼日》改编为米高梅的新片。

他们完成的剧本触及好几个层面，讽刺的同时又赞扬了高级服饰（恐怕只有好莱坞电影能同时做到两者），嘲弄年代流行的“垮掉的一代”文化，也是对当代摄影大师理查德·亚维东的礼赞（《甜姐儿》里阿斯泰尔扮演的人物，正是以亚维东为蓝本）。这部影片的故事是，狄克·艾佛瑞（阿斯泰尔饰）受《品质》杂志主编（凯·汤普森饰）之托，进行摄影工作。他们挑中格林威治一位天真烂漫的书店店员乔·史托克顿（奥黛丽饰），后者特别喜欢垮掉的一代所创建的一种社会哲学“推己及人主义”。狄克告诉她，如果她愿意担任高级服饰的模特儿，到巴黎摄影，就能见到推己及人主义的创始人。在巴黎，她（穿着纪梵希服饰）摇身一变，在伸展台上艳惊四座，当然也和狄克坠入爱河；后者反应迟钝，后来才接受了她的爱。

这部影片情节薄弱，却有许多让人眼睛一亮的精彩镜头，加上纪梵希出色的服装设计和艾佛登巧妙缤纷的时尚摄影，在故事中穿插得天衣无缝。片中搭配了有趣、浪漫又美妙的歌舞，而且故事背景设在巴黎，所以有很多漫游巴黎歌剧院、蒙马特、圣母院、协和广场、杜乐丽花园和埃菲尔铁塔的机会。

整个团队一开始就料定，如果告诉阿斯泰尔说，奥黛丽会出饰女主角，而且剧本是为他而写的，那么他一定会立刻签约。当时阿斯泰尔刚拍完《蓬车队》和《长腿叔叔》，他25年前以《飞往里约》一炮而红，现在即将演出第28部影片。为了确保这位舞王加入该片演出，制片人采取了一种好莱坞惯用的伎俩。

那时盖许刚把新剧本拿给弗林斯，后者理应把剧本送到巴黎给奥黛丽过目，但他看完之后说那部剧本是垃圾，建议奥黛丽不要接演。但奥黛丽在圣诞假期时读了剧本，非常喜欢，告诉弗林斯说她愿意

接演——尤其（这就是制片人的伎俩）制片人表示他们已经签下阿斯泰尔（其实没有），而那时他们才刚与阿斯泰尔接触，告诉他说他们已经签下奥黛丽（其实也没有）。这种作法风险很大，游走于诚实边缘，但在这个案例中倒发挥了效果。

敲定了奥黛丽和阿斯泰尔之后，还有其他问题。其中一个问题是，奥黛丽是派拉蒙旗下的艺人，派拉蒙不愿意把她出借给米高梅；另一个问题则是，格什温的曲子属于华纳兄弟。于是 11 月到 2 月间，米高梅与两家公司展开谈判，最后华纳高价把乐曲卖给米高梅，后者则把伊登斯、盖许、多南和男女主角，连同整个拍片计划，一起卖给派拉蒙。米高梅不仅获得许多现金，还得到三年内请奥黛丽拍一部影片的报偿。

经过两个月的歌舞排练，1956 年 4 月，《甜姐儿》正式在洛杉矶派拉蒙制片厂开拍。梅尔不在场，但奥黛丽反而展现出梅尔在场时少见的坚强和决断，对每场戏都有定见——导演很欢迎她的主见。

两人只对一场戏有争执。在巴黎一家餐厅拍摄她复杂的舞步时，导演要奥黛丽穿黑色的毛衣和紧身裤。她想配黑色芭蕾便鞋不穿袜，但多南认为她应该穿白袜，映着黑色的背景才能凸显出来。这是她唯一一段没有阿斯泰尔搭配的舞步，他希望观众看清她的每一个动作。

奥黛丽听见导演的指示，非常惊讶地说："绝对不行，这样会破坏整个黑色线条，切断我的脚的轮廓！"

"如果不穿白袜，"多南温和地说，"你就混入了背景中，看不见你的动作，舞步会乏味无聊。"奥黛丽掉下眼泪，跑回更衣室，但后来恢复平静，穿上白袜继续演出。看完这段毛片后，她写了一张纸条给多南："你坚持要穿白袜是对的。——挚爱的，奥黛丽。"

"奥黛丽很认真，"汤普森说，"可惜我们拍得太匆忙，幸好歌曲很适合她。"她的音色有点单薄，做出的诠释却出乎意料地感人。

观众立刻感受到她的情感不是细火慢炖，而是因为一个单纯的吻突如其来引发的热情。

那年春天剧组进行冗长的工作时，奥黛丽度过27岁生日，阿斯泰尔则是57岁。这时已经可以看出一个奇特的模式，在好莱坞历史上罕有类似的情况：这位年轻女星已经第三度和年纪大到足以当她父亲的男主角搭配，与传统中世纪及文艺复兴的宗教艺术主题很像：年轻的圣母玛丽亚和她的丈夫——留着胡子的长者约瑟夫，这样的组合看起来似乎毫无肉欲的纠缠。

这正是奥黛丽在电影中显得清灵而无欲的原因——不是因为她不诱人或冷漠，而是她常和似乎无法与她茂盛青春匹配的长者搭档演出——当时是鲍嘉、方达和阿斯泰尔，未来还有加里·库珀。只有在她年过30，需要更多感性（而非性感）时，才与埃布尔·芬尼、彼得·奥图尔和肖恩·康纳利搭配。纵使她觉得与较年长的男星搭配欠缺银幕热度，也从未表现出这种想法——或许她认为，那样未免太侮辱人。

奥黛丽就像不食人间烟火的人物，无论在相貌、声音或体态上，都与（举例来说）玛丽莲·梦露及当时的性感尤物大相径庭。她在银幕上和派克压抑的恋情颇有可信度，因为派克同样不是性感的象征。观众很难想象她和鲍嘉、方达或阿斯泰尔热情拥抱，连他们的亲吻都像敷衍了事。

怀尔德或许感受到了这样的难题，因为他在《龙凤配》最后一幕违背了爱情戏的惯例——在开往巴黎的船上，赫本与鲍嘉的拥抱并未以特写、甚至中距离的镜头拍摄，而是把摄影机放在几米之外。导演的看法似乎和观众一致：把这两位主角放在一起实在没有说服力——他们没有亲密感，两人就像海景中的角色，不但与观众相距甚远，相互间亦隔着一段距离。

阿斯泰尔在影坛的风格类型，以多南所拍的《皇家婚礼》中的角色为代表，他在片中轻松自如地以神妙舞步满室飞奔，彷佛不受地心引力的限制。他像中世纪的圣徒，举手投足毫无性或欲的感觉。他的每部影片的舞伴都像自己的教女一样，而他的举止也暗示他是银幕上的绅士，完全没有色欲的元素。正因如此，《甜姐儿》大受欢迎。当阿斯泰尔和奥黛丽在香堤堡中的森林顺流向下漂，一片苍茫中飞出雪白的鸽子和天鹅时，那是典型的好莱坞童话故事，自有独特的魅力。

阿斯泰尔就像彼得潘一样，无视宇宙间的物理法则：他在银幕上漫步、跳跃、踢踏；而在《甜姐儿》中，奥黛丽就是彼得潘身边的叮当小仙女。他轻而易举地克服身体的限制，跳出不可能舞出的舞步。他的演艺生涯中让人一见难忘的镜头，就是在《舞星的故事》片尾，与金吉尔·罗杰斯一起舞向永恒那一幕，虽然有点荒唐，却让人难以抗拒。

只是童话故事只出现在银幕上，银幕下是另一回事。

从《甜姐儿》开拍开始，奥黛丽就对阿斯泰尔敬畏有加，下了加倍的苦功来取悦他。而他却痛恨奥黛丽立即由导演、工作人员和其他演员那里赢得的好感。他知道制作团队一心想讨好她，因为正如他所说的："奥黛丽有她的一套。"

片子开拍后，阿斯泰尔开始担心男女主角的年龄差异，以及这段银幕恋情的可信度；当初他无法拒绝与奥黛丽同台的诱惑，如今不得不面对现实：她看起来比实际年龄还年轻，而他担心自己的外表比实际年龄更年长。每天一早，工作人员一来忙着打招呼，围着多南喝咖啡聊天时，阿斯泰尔却怒气冲冲地抵达，唐突地问多南："你要我做什么？"要不就是挑剔："他在这里做什么？"

事实上，甚至好几次，与奥黛丽共舞到一半时，阿斯泰尔（而非多南）突然打断她，大声质问："你在做什么？"汤普森说："弗雷非常不耐烦，他希望在奥黛丽面前有精彩的表现。在香堤堡那场戏，弗雷和奥黛丽泛舟过河那一段，他打断她四五次，问道：'你在做什么？'还对她大吼大叫好几次。这场戏好不容易才拍完。"当晚奥黛丽向汤普森坦承，她觉得与阿斯泰尔合作"有点压力"——但她从未对大众提过这一点。

全体工作人员都热切期待那年夏天到巴黎出外景，但在巴黎的情况更让人丧气。日复一日大雨滂沱，即使仅短暂雨停，剧组仍要在乌云密布的情况下抢拍，因为时间和经费都捉襟见肘。例如，在杜乐丽花园的一场戏，很明显就是在雨停的片刻抢拍的，但多南别无选择。另一方面，阿斯泰尔的脾气并没有因为天气而改变。

奥黛丽喜欢在欧洲工作，她在欧洲总是比在好莱坞自在。她在纽约格林威治拍摄的《甜姐儿》片段高雅而风趣，但不十分自在。她比较适合巴黎，好莱坞知道这一点，因此她有六部影片至少部分是在巴黎拍摄的。①

那年夏天，埃拉从伦敦来巴黎探班，盖许请女爵喝酒，和她成了朋友。"她和奥黛丽一样很有幽默感。"他说：

> 可惜的是，两人共处时没有这种感觉——她们不能共享欢笑。我很欣赏奥黛丽的母亲，但奥黛丽并不那么喜欢她……埃拉扮演的是严母的角色，一提起奥黛丽，就变了个人——喜欢批评奥黛丽的作为，而且非常认真看待自己女爵的角色。另一方面，埃拉傻起来很傻，就像奥黛丽一样。

---

① 分别是《龙凤配》、《甜姐》、《黄昏之恋》、《巴黎假期》、《偷龙转凤》、《朱门血痕》。——作者注

只是奥黛丽根本不知道她的这一面，她们不知道母女俩其实很像。

盖许还说，虽然埃拉认为她的女儿是很杰出的演员，但是：

> 她无法对女儿说出这样的想法。奥黛丽曾告诉我，她从未感受到母亲的爱，但事实上埃拉的确爱她，我敢保证。人们经常无法把爱对自己所爱的对象直说出口，但他们会把心意告诉别人。或许埃拉作我的母亲，我会恨她——但当我的朋友，我爱她。

7 月底，奥黛丽拍完了《甜姐儿》，回布尔根施托克与梅尔度假几周，接着他到西班牙和法国接连饰演两角。在此同时，奥黛丽接受邀约，再度与怀尔德合作，条件是影片全程在巴黎拍摄，方便她在周末与梅尔相聚。奥黛丽还没读完剧本，怀尔德就以大明星库珀饰演男主角这点来打动她。这一次加里·格兰特同样并没有答应怀尔德的邀约。

《黄昏之恋》是根据克劳德·安奈特的小说改编，描述一位富有的情场老手佛兰纳根（库珀饰）四处捻花惹草，从未掉入婚姻的陷阱。他到巴黎之后，又因风流而惹来私家侦探莫里斯·雪佛莱的跟踪，侦探清纯的女儿艾莉安（奥黛丽饰）是学音乐的学生。她起先对他的情场历练感到好奇，后来坠入情网，为了让他相信她饱经世故，于是捏造自己的璀灿情史；最后佛兰纳根无法再忽视她的情感，决定离开巴黎。他原本在火车站月台上准备弃她而去，但在最后一刻把她拉进自己的怀里。

高大、修长、犀利、害羞，一身性感魅力却不自觉的库珀，30

年来一直是美国影坛的长青树。1956年时，他已经55岁，但看起来更像65。在格兰特拒绝《黄昏之恋》的角色后，怀尔德挑中库珀来饰演无可救药的花花公子一角。当时库珀仍与唯一的妻子维持婚姻关系，但多年来一直像蜜蜂一样，追逐好莱坞美丽的花朵。他的情人包括罗·范丽、芭芭拉·史坦威、梅尔·奥白朗、卡罗琳·隆芭德、宝莲·高黛、黛德丽、褒曼，以及克拉拉·宝等人。

9月开拍新片之前，奥黛丽从巴黎到纽约，探访正在演出《窈窕淑女》的友人奈丝比特，当时茱莉·安德鲁丝和雷克斯·哈里逊担纲演出该剧。《洛杉矶时报》记者艾德温·舒勒特访谈过奥黛丽后，报导说："她期待由丈夫梅尔·费勒来饰演教授，她则扮演一口伦敦中下阶层腔调的卖花女——与两人在《战争与和平》中的角色恰好相对照。"

奥黛丽回到巴黎后，见了怀尔德，为《黄昏之恋》做准备。她之所以接下这部戏，主要动机可能是感激他所执导的《龙凤配》的成功，否则以她选剧本的谨慎，以及一再表达想多饰演各种角色的期望，似乎不需要再选择相同的角色。在《黄昏之恋》中，影评和观众终于受不了她老是和年长很多的男主角搭档，而且虽然她在该片中依然穿着纪梵希的服饰，却头一次显得呆板空洞。父亲以担任私家侦探糊口、自己又没工作的女学生，竟穿着名设计师的作品，未免太华丽又不适当。

那年秋天，《黄昏之恋》在巴黎西区的制片厂开拍，怀尔德碰到一个棘手的技术问题，一直未能解决。因为尽管他监督了化妆和

在《黄昏之恋》中，无论是造型还是剧情都无法彰显赫本的特色。

服饰的准备工作，但以库珀在影坛的地位，这些工作只是徒具形式。等天王巨星库珀驾到，怀尔德和摄影师伤透脑筋，因为无论库珀化多浓的妆，灯光一再重新安排，他看起来还是像个糟老头。他因为人生空虚而满腹牢骚，因纵情声色而益显衰老。鲍嘉在《龙凤配》中曾有这样的问题，而现在这部《黄昏之恋》有许多爱情对手戏，不能用远镜。

该如何解决？摄影师在镜头上装上滤镜，但还是徒劳无功，因此每当要拍库珀的脸部特写时，就得让他置身阴影中，或从后方、或透过薄纱，或者用布景、墙、帘子或门来挡住一部分。50 年后的今天，有些审美家探讨这些遮掩的目的，把这些不得已的作法当成导演对佛兰纳根性格的完美比喻，但其实怀尔德对这些托词根本嗤之以鼻，而且在喜剧中用这种手法也不恰当。至于库珀，1925 年演出默片出道以来，这已经是他的第 99 部影片。经验丰富的库珀对一拍到他的镜头，就要大费周章安排布景的原因心知肚明，私下啧有烦言。他对这个角色愈来愈不自在，在片中总是一副衣领太紧（如他的传记中描述的）的拘束模样。毫无表情、近乎单调的读词一向是他的特色，但这回这个特色毫无帮助。

“他和比利·怀尔德都是行家，”奥黛丽后来谈到这位男星时说，“他们总是谈着醇酒美食、服饰和艺术，我根本插不上话。我非常尊敬怀尔德先生，但和他并没有多少私交，不能像对金（·维多）那样聊天。”因此，除了男女主角之间的尴尬之外，奥黛丽觉得与导演之间也失去了先前轻松自在的关系，这当然影响她的演出。

怀尔德筹拍该片的本意是想表达对电影大师恩斯特·刘别谦的敬意，因为后者是讽刺大师。但片子拍出来的成果萧瑟忧郁，片长两小时十分钟，看起来却像四小时一样冗长，欠缺简洁流畅，亦无浪漫情怀。很难相信这竟是出自怀尔德之手，而且是以浪漫喜剧为卖点的影片。

除了库珀的角色不适合，从第一幕开始，问题就接踵而至。拍片时不仅每一个说明都要重复三次，面无表情的乐师还在片中不断演奏《迷惑》一曲，不但没有达到“笑果”，反而使影片益发冗长，让人不耐。

《黄昏之恋》将约会拍得乏味无趣，把只爱大提琴而不谈恋爱的清纯女学生艾莉安拍得缺乏可信度。1956 年，像奥黛丽这种容貌的女孩，在花都巴黎，而不是在修道院，竟不交男友？不过本片最大的问题在于，女学生对花花公子佛兰纳根的感情。为什么这么聪慧敏感的女孩会被一个始乱终弃的色狼吸引？片中艾莉安简直就像小说《危险关系》里的受虐狂。

这部影片在 1957 年上映时，观众因为太喜欢奥黛丽和库珀，没有注意到他们角色的问题。若是在更有创意的导演手里，由不同的演员演出，本片可以成为有趣的心理案例，就像当年上映的《三面夏娃》。《黄昏之恋》原是怀尔德的喜剧作品，但这部乏味的片子缺乏幽默。奥黛丽一如往常，并未多谈该片的失败，反而极力赞美同片演员。

《黄昏之恋》的最后一幕完全是好莱坞的陈腔滥调：艾莉安跟着即将驶出巴黎月台、也即将把佛兰纳根带离她生命的火车奔跑，满脸泪水的她依然嘴硬地说自己没事，道声谢谢，一边重复她早有许多男友的谎言；她的神情打动了他的铁石心肠，一把将她拉进疾驰的火车，给她热情的一吻。

这一年奥黛丽辛苦拍了两部片子，已经筋疲力竭。圣诞节时，她告诉梅尔准备休长假，但先前他们已经答应在美国的电视台演出，因此 1957 年初，两人飞往纽约排演。

第三部

辉煌人生

（1957 ~ 1970）

第九章

亲爱的灵魂

（1957）

“我依然希望故事结束时，能感受到某种坚强的新开始……”

——奥黛丽·赫本

在费勒夫妇1月离开巴黎到纽约之前的餐会中，纪梵希送给奥黛丽一个小礼物盒：为了推崇她，他设计了一款以她为名的香水。她拆开礼物，惊喜地说：“哦，这怎么可以！”纪梵希说，这个香水未来这一年都专属于她一人，一直到12月，他才会让它上市，而后来上市的香水名称就是“L’Interdit”（禁忌）。这个名字不仅记录了她惊喜的感激之情，也意味着一年之内都没有人能用这瓶香水，同时暗指那种香味太让人陶醉，应该被禁才是。

安那多·利瓦伊克一向喜欢以故乡俄罗斯为拍片题材，1957年时，他执导的《真假公主》刚上映，褒曼因该片而获颁第二座奥斯卡奖。

而早在20年前，利瓦伊克就曾拍摄另一部知名影片《魂断梅耶林》。梅耶林是奥地利一个小村庄的名字，1889年，奥地利王储鲁道夫奉父命，要断绝与少女情妇、男爵之女玛丽·维特瑟拉的关系，于是在维也纳郊外狩猎小屋枪杀她之后自杀。这个案件可能是殉情自杀，也可能是政治暗杀，或者家族仇杀：学者还在研究事实真相。

无论如何，在利瓦伊克向纽约的国家广播公司（NBC）提出拍摄梅耶林事件的电视剧时，至少已经有五部电影以这个故事为蓝本。利瓦伊克提议请影坛夫妻档来饰演男女主角，于是国家广播公司与弗林斯联络，后者为费勒夫妇谈妥优渥的酬劳。该片在1月间排练两周，拍摄一周，奥黛丽的酬劳是15万美元，梅尔也有10万美元。

2月4日星期一，这出90分钟的电视电影以彩色方式播映，当时这是特别节目才有的礼遇。后来该片在欧洲上映，但因为在美国风评不佳，很快就无声无息。“要拍得更贫乏、更黯淡，恐怕很难。”一位资深剧评说，“全剧就像两个可爱的年轻人，在没有音乐的轻歌剧舞台上走来走去。”虽然全片制作经费很高，角色超过百人，让人印象深刻，华丽的布景和奥黛丽缤纷的戏服令人惊艳，但奢华的场面与这出悲剧格格不入，整部戏华而不实。

至于两位主角的表现，剧评认为他们扮演的玛丽和鲁道夫似乎太冷静，热情不足：“他们没有到非殉情不可的地步。”有些剧评、甚至剧组人员都认为，费勒夫妇之间似乎冷淡得出奇，甚至有莫名的距离。梅尔在银幕上一向说服力不足，举止生硬，难以让人信服；至于奥黛丽，虽然擅长饰演苦恼的恋人，这回却表现不佳。两人在排演时的表现就礼貌而机械化，完成的作品同样没有改善。

奥黛丽和梅尔从此再也没有一同演出。接下来这一年，她不再拍电影和电视，避开媒体，并指示罗杰斯婉拒所有访问。而梅尔在1957年拍了两部戏，其中一部在墨西哥拍摄。夫妻俩住在墨西哥西

部米却肯的圣荷西别墅，当地以美丽的花园闻名（这是吸引奥黛丽去住旅馆和独家的唯一理由），而且令她惊喜的是，那里没有电话。

她在假期中听说了《甜姐儿》首映大获成功。伊登斯寄了一包影评给她，她回信道：

> 这些真是让人欣喜的消息。我也看到《综艺》杂志(Variety)报导说，它打破了票房纪录！！！！我非常感激。太好了！太好了！请向汤普森道喜，因为影评对她的评论很不错，希望她有更多成功的纪录……感谢你，我为你高兴……

别墅里没有电话，但电报无远弗届，那年春天弗林斯就是利用电报与奥黛丽联络。他知道她在意自己的未来，也发现自己的角色似乎定了型：不是年长男子的小精灵（《龙凤配》、《甜姐儿》、《黄昏之恋》），就是陷于政治－爱情困境的古装片贵族（《战争与和平》、《魂断梅耶林》）。从她因《罗马假日》获颁奥斯卡奖以来，角色和魅力似乎都受到限制。她在意自己的形象，不愿乱接戏，一方面年龄和特色还无法出演其他性格的角色，一方面在1950年代时对尺度大胆的角色敬谢不敏。

因此，当弗林斯发电报通知她，有一部以1956年叫好叫座的小说改编的新片，可以让她尝试截然不同的角色时，她回电同意一读。三天后，小说送到她的手上。奥黛丽一口气读完凯瑟琳·休姆所著的《修女传》，对故事情节、文笔、书中主角的真诚勇气，以及描写的深入觉得非常感动。梅尔同样为之动容，告诉奥黛丽这是毕生难得的角色——只要派拉蒙愿意让她为拥有该书电影版权的华纳兄弟拍片，就应该把握。

《修女传》是真人真事的故事，主角是比利时虔诚的修女嘉百列·范德玛。她是知名外科医生的女儿，1927年进入比利时的修道院，成为路加修女（这个名字是纪念她的父亲职业的守护圣徒）。她先接受心理训练，担任精神疗养院的护士，颇受敬重，后来学习热带医学，派往比属刚果的医院工作近九年，表现杰出，最后回到比利时。二次大战时，路加修女受征召，协助比利时反抗军。但修女对敌我应一视同仁，她以同样的态度照顾受伤的纳粹和盟军。路加修女觉得这种作法强人所难，在教廷的同意下，还俗为一般的战地护士。

奥黛丽在故事中找到许多她所倾慕并认同的特点。她和女主角一样出生在比利时，同样失去父亲，兄弟一样沦为战俘。奥黛丽特别受路加修女的良心挣扎所感动，小说并未将这样的挣扎当作信心不足的考验，而是出于信心所面对的现实。路加修女和奥黛丽都着重内在，对表相愈来愈不安，而就像路加修女不相信传统的宗教习惯能界定她的职业一样，奥黛丽从不相信好莱坞的光彩（即使是她所爱的纪梵希服饰）能界定奥黛丽·赫本。服装只不过是她形象的一部分。

路加修女从未丧失她的信仰，也从不相信脱下修女服就离开了上帝。“耶稣不会因为我离开修道院就放弃我。”她在书中告诉牧师，“我已经奉祂之名施过许多圣水，祂知道我会继续这样做，无论我是以修女还是战地护士的身份侍奉祂。”

奥黛丽从未信奉任何宗教，但她对天地之间自有基本的信仰：她痛恨战争，喜欢大自然的简单纯真，而随着年龄增长，她体验到内心深处挣扎和内省的改变。“在很多方面，我都像路加修女。”她说。接受与以往完全不同的角色，对她的生涯的确是明智之举，而接下来的拍片经验，永远地改变了她的人生。无论对家人还是陌生人，只要谈到《修女传》，奥黛丽总是有热切真诚的看法。弗林斯也告知奥黛丽，她演出《翁蒂娜》时认识的剧作家剧团编剧安德森，

已经接下写《修女传》剧本的工作。他在后续的电报中催促奥黛丽到好莱坞，与制作人亨利·布兰克及安德森会晤，因为安德森正好到洛杉矶向休姆请教背景资料。

休姆见过真正的路加修女——玛丽·路易丝·哈比兹，时间就在路加修女离开修道院之后一年（事实上，1927 年至 1944 年，玛丽·路易丝曾在比利时的耶稣玛丽慈爱修女会当修女，被称为玛丽·萨薇辛修女）。她们 1945 年 7 月都在联合国难民救济机构工作，后来两人都在纳粹基地转为收容流离失所伤病者的难民营服务。

当时休姆写过一些书，但尚无脍炙人口之作，她还在探索自己的心灵。1930 年代，她在巴黎参与神秘主义哲学家古尔捷耶夫旗下的女同性恋团体“绳子”，探究他的思想，希望把她的私生活融入自己的精神和写作生涯中。

朋友都称玛丽·路易丝为“路”，她对凯瑟琳·休姆（休姆喜欢别人称她“凯特”）谈到自己 17 年的修女生活。她们一起在欧洲工作的六年间，两人都继续自己内心的“皈依”之旅，寻觅真正的自我，全心侍奉上帝。她们发现对方是自己真正的心灵伴侣。1952 年，她们一起来到美国，凯特继续作家生涯，路则担任护士。

凯特自动自发地皈依了天主教，完全没有受到路的压力，这使得她和路的心灵在各方面都更契合。没多久，路就向凯特建议以她的故事作为写书的主题：“因为说不定能行善。”凯特在另一本献给路的书中写道：“这些是出自修女口中的话语，是信仰和希望的言词，她一心期待和（套句古尔捷耶夫的话）——‘渴望其他事物’的人分享她辛苦获得的信仰宝藏。”

这位前修女的建议果然开花结果，《修女传》1956 年出版后洛阳纸贵，仅在英国就售出 300 万册，其他语言的版本同样销售达数百万册。凯特和路对奥黛丽的一生有极大影响，三人维系了长久的情谊。1957 年 6 月初，奥黛丽同意到洛杉矶，与她们两人及安德森会面，讨论《修女传》。

1957 年 4 月时，安德森刚过 40 岁，与梅尔同年，而且像梅尔一样仪表堂堂，文质彬彬。他出生于纽约，在哈佛大学拿到学士和硕士学位，并修完博士必修学分；但那时二次大战爆发，他投笔从戎加入海军，表现优异而获得铜星勋章。在此之前，1940 年 23 岁时，他娶了大自己 10 岁的戏剧制作人兼作家菲利斯·史托尔。

战后，安德森在爱妻的监督下，写作生涯欣欣向荣。他的剧本多半是关于成人面对爱情的困境，在外百老汇和地方剧院上演。1953 年时，他的剧作《茶与同情》一炮而红，在纽约连演两年，并在全美和世界各地巡演。他的敬业和专业使他在 1957 年时更加炙手可热，但就在《茶与同情》初演之际，史托尔罹患癌症。安德森悉心照顾了三年，她还是溘然长逝。

安德森痛失爱妻，几乎一蹶不振；他日夜思念着她，终生都无法摆脱对她的回忆。他每天都会对亲友、学生和媒体谈到她，这个习惯甚至到 1959 年他与女星泰瑞莎·莱特的第二任婚姻之后，都未改变。莱特在 1938 年 20 岁时出道，在舞台、影、视三方面都得奖无数，2005 年 86 岁之龄去世。

1956 年 11 月 28 日史托尔去世后，安德森几近崩溃，此时褒曼正在巴黎准备参加《茶与同情》的演出。当时安德森的经纪人是传奇人物凯·布朗，正是她穿针引线，使名制片人塞尔兹尼克把英国的希区柯克和瑞典的褒曼引介到好莱坞，而她兼任安德森和褒曼的经纪人。

史托尔去世后数周，布朗与正在准备《茶与同情》法国首演的褒曼联络，褒曼因为盲肠炎紧急开刀，不得不暂时延后该剧的工作。

布朗向褒曼提到安德森的忧郁情况，她立刻拨电话给后者说：“我觉得你应该来这里，现在是圣诞节，你不该孑然一身。这出剧作能让你有个目标，有个大家庭。”褒曼在下榻的拉斐尔旅馆为安德森订了房（费勒夫妇曾住过这个旅馆），安德森12月10日抵达巴黎时，她亲往接机。

褒曼自己刚经历了另一种痛心的经验：她和意大利导演罗贝托·罗塞里尼岌岌不保的婚姻再现危机，他四处炫耀与印度女星的不伦恋，还宣称要娶她，就算犯重婚罪也在所不惜。褒曼已经离开他，搬到巴黎，接受先前罗塞里尼不准她接的各种戏约。无论这对夫妻多么才华洋溢，罗塞里尼拍的片子却叫好不叫座，已经让他散尽家财，而他们还有三个孩子嗷嗷待哺。褒曼认定这是她的责任，因此接下尚·雷诺《多情公主》一片的邀约，与梅尔合演；20世纪福斯也邀她担纲《真假公主》的女主角，42岁的褒曼即将开创璀灿演艺生涯的第二章。

褒曼与安德森一起讨论剧本，同病相怜的两人不免坠入情网。“一位巴黎剧评家认为英格丽演得不错，”安德森回忆道，“但他不喜欢《茶与同情》，因此写道：‘英格丽·褒曼救了这出戏。’后来他又写了一张纸条给她说：‘你也救了这位编剧。’”

安德森自承疯狂爱上褒曼，但她比较实际，知道两人只能发乎情止乎礼。“我很快就发现他无法再面对现实，”后来她说，“我竭尽所能协助他。那段日子里他和我非常亲密，或许是因为我有所求的关系。我们的关系对双方都很重要。”她知道他的基础在美国戏剧界，而好莱坞目前重金礼聘他，事业的发展应该可以协助他的心理复原。

她一眼就看出，两人的恋情主要是出于他急迫的需求，于是在1957年1月26日写信给他，一针见血地说：“我要你自己站起来。

我不能帮你，现在你得自己战斗。和我一起在巴黎不过是一时的安逸，但日后情况会更糟，你总有独自面对孤寂的时刻。”

当时褒曼仍是罗塞里尼太太，并非自由身，而且她的工作就像安德森的一样，势必会让两人分开；她在欧洲，而他在好莱坞。这段关系结束后，两人的爱情升华为温馨的友情，终生不渝。

安德森在巴黎期间，终于能静下心来写《修女传》的剧本。史托尔去世前不久才读过这本小说，当时她曾告诉安德森应该写这出剧本，褒曼的经纪人布朗也忙着推销褒曼，建议褒曼饰演该片女主角。褒曼和安德森在圣诞节期间一起读这本书，他非常喜欢，想到许多动人的戏剧场面，但褒曼了解自己年纪太大，不适合饰演路加修女。因此，褒曼提议由奥黛丽来担纲，安德森告知布朗，后者与弗林斯接触，弗林斯再发电报给奥黛丽。

1月时，布朗已经敲定安德森的合约，弗林斯则与华纳兄弟洽谈。华纳兄弟正好获悉好消息：派拉蒙因为《战争与和平》卖座不佳，赔了不少钱，不愿意拍《修女传》，因为片中有不少欧洲和非洲的镜头，想必经费很高。派拉蒙同意把奥黛丽出借给华纳兄弟，交换条件是再加一部她的片约。

当时事情进展得很快。

1957年春天，安德森刚完成《征人怨妇》的剧本，开始在纽约寓所与好莱坞之间奔波，为《修女传》做研究和开会，同时华纳兄弟签下佛莱德·辛尼曼来执导该片。辛尼曼的事业始于欧洲，后来到美国拍了许多重要的影片，如白兰度的银幕处女作《男儿本色》，还有《正午》、《乱世忠魂》等。他已经获得两座奥斯卡奖，未来又赢得两座。辛尼曼是一丝不苟的大师，拍戏之前一定会做详尽的研究，对待演员温文有礼，以精致的欧洲触觉，坚持最高的制作价值。

4月底时，华纳兄弟、布兰克、辛尼曼和安德森都在等奥黛丽首肯参与演出，只是虽然和派拉蒙的问题解决了，却出现另一个问题：奥黛丽先前答应梅尔演出浪漫剧《翠谷香魂》，他希望执导该片，完成奥黛丽对米高梅的义务。梅尔得先演完自己的片子，然后到墨西哥和南美搜集《翠谷香魂》的资料，才能敲定拍摄日期。这样奥黛丽就能先拍完《修女传》，再开始演出《翠谷香魂》。

6月初，奥黛丽抵达洛杉矶和拍片团队会面，刚从比利时考察修道院回来的安德森前往接机，一如当年褒曼对他的接机一样，结果两人也传出恋情。安德森与褒曼的恋情如烟似雾般消散，而那年夏天在洛杉矶，奥黛丽与安德森却发展出炽热的情感。

安德森陆续在几年间向笔者谈到这桩恋情的细节，但要求笔者在奥黛丽去世之前不要发表。他说："我的小说《惘然》（1973年出版）就是记录我和奥黛丽的感情来龙去脉。"

《惘然》的主人翁是一位40出头、名叫克里斯·拉森的作家（1957年时，安德森正好40岁），书中一开始就描述他照顾罹癌的妻子，直到她去世，就像安德森照顾史托尔一样。后来克里斯结识年方22的演员玛丽安，而当时28岁的奥黛丽刚饰演过艾莉安这个角色。作者描写玛丽安的文字简直就是在形容奥黛丽："你最先注意到的，是她的'风格'。她又高又瘦，丰姿绰约，就像一名舞者；她的黑发不是依照流行的发型梳理，而是出自她自己的设计……我看到她的黑眼睛……她给人的整体印象是惊艳，有风格、真诚，又充满活力。"

在《惘然》中，玛丽安的穿着正如奥黛丽那年夏天在加州的装扮，也是她一生中私下喜欢做的打扮："她换了一条蓝色牛仔裤和褪色的深红高领毛衣。"安德森那年夏天对奥黛丽的印象，可以用克里斯的话来批注："我的脑中一片空白，只想到这奇妙的女孩竟降临在我的生命中。她是生命，而非死亡。”

那年夏天，安德森和奥黛丽悄悄在正好不在洛杉矶的友人家幽会。“她非常爱整洁。”他在小说中如此描述玛丽安／奥黛丽：“吃完早餐坚持要清理，最后一发不可收拾，非整理完整个厨房不肯罢休。”但最重要的是，“她很忧伤——美丽、忧伤而浪漫”。这样的描述也见诸奥黛丽之子笔下，她的儿子后来写道“她内心一径的哀愁”。

那部小说中探究玛丽安的过去，安德森一段又一段地叙述奥黛丽谈到自己的过去：

> 我没有多少可谈。我对婚姻的想法很早就定型……我从没见过父亲，喔，我见过他的照片，这是我唯一得到的东西。非常英俊，出身好家庭……母亲告诉我，他们结婚后，很快离了婚，有些钱转到他的名下。她从未再婚，对男人不屑一顾。据我所知，父亲变得像隐士一样；奇怪的是，我对他没有恨意。母亲常一再说他多么糟糕，但因为我不了解他，本能上总是会为他辩护。他的形象对我来说极为重要，我想象他在欧洲某地，孑然一身，日夜埋首写出重要的作品，总有一天——总有一天，他会出现在我表演的舞台前面。

奥黛丽和安德森日夜讨论《修女传》的内容，安德森在小说中记录了她在专业上的坚持。玛丽安说：

> 我对这个世界的期待是，能把我的生命奉献给某个人或某件事。完完全全的奉献。我小时候曾想当修女，她们

的专注和奉献总是让我兴奋。我对舞者、音乐家和艺术家有相同的感受。为了做好一件事而放弃一切，不让其他人为它付出代价。

克里斯/安德森的反应是：“我崇拜她。我敬重她的才华，以及她对自己才华的奉献。”

奥黛丽自幼爱骑单车，那年夏天，她喜欢骑单车在各个片场或比佛利山的街道游走。单车成了《惘然》中反复出现的道具，是玛丽安进出克里斯夏季别庄的交通工具。就像奥黛丽一样，玛丽安也有一台“附购物车篮的红色单车”，而为了纪念那年夏天，安德森在《修女传》中为路加修女和她的单车写了几个片段。多年后，他仍然时常回味那些甜美的回忆和最后心酸的结局。

安德森不仅私下提到他们的关系，也在小说中坦白交代他和奥黛丽的恋情。“我们不能再分开。”克里斯在一个亲密的午后说。

“她回过身去，疑惑地皱眉看着我，然后把头靠在我的肩上。她虽热情，但我觉得有点保留。”

“奥黛丽正是这样。”安德森多年后说。

1957年夏天，奥黛丽（和褒曼一样）看出安德森对她的热情及信誓旦旦不顾她婚姻现实的承诺，其实是出于极端的孤寂。他说，奥黛丽的言语与玛丽安接到克里斯热情洋溢的情书后的反应一样：

你并不了解我……你自以为你感受到的热情是出于目前的情况，与我无关。我的意思是，要崇拜欣赏，想把个人的生命交付到另一个人手中……你的情况很特别，你这么容易受感动。你的情感很美，但我觉得这封信并不是针对我，而是对你心里某种渴切的需求，要填补空虚、空洞，想要再一次归属于某人。

从许多方面来说，《惘然》都是作者鼓起勇气坦白丧妻后的心路历程，以及对奥黛丽的迷恋，因此他和奥黛丽（以及和褒曼）的恋情早在一开始就注定失败。但在那个夏天，这段恋情还未终了。

7月初，奥黛丽回到梅尔身边，在欧洲度过短暂的假期。她终于在夏末与杰克·华纳签了约，片酬25万美元，外加电影净收入的一成，结果四年获得近400万美元。安德森陪她到纽约，两人在他东79街的公寓消磨了几天。然后她回欧洲，他则完成《修女传》的初稿，准备到非洲为辛尼曼及艺术指导亚历山大·特劳纳搜集资料。

安德森继续和凯特及路通信，请教她们相关细节。例如，1927年时，这位年轻女郎如何与家人道别，进了修道院；当时的修女如何戴头巾；落发仪式如何进行；修女服如何穿着；日常生活受到何种规范；以及照护病人的修女日常生活中的祈祷、工作、休闲和静思。

“要把你的杰作改编为剧本，真是极大的挑战。”安德森写信告诉凯特，“事实上，你的故事本身就很精彩而戏剧化，因此我的工作只是把你叙述的场景化为人物的言词。你的文笔已经充满戏剧感，为我们布好了景，我们只要把它们化为动作和对话就行了。”安德森改编的剧本非常忠于原著，片中所有对话几乎都可以在小说中找到，但他去芜存菁，功不可没。

奥黛丽希望能参与《修女传》的整个制作，所以9月底在罗马与刚从比属刚果搜集资料回来的辛尼曼及安德森会面。安德森到比属刚果勘查拍片地点，并找到当地的医生，提供他们1930年代的手术工具。辛尼曼是完美主义者，在他的指导下，奥黛丽学会了当时如何使用手术工具，也了解修道院生活的点点滴滴。负责奥黛丽及其他修女化妆的化妆师德·罗西面临艰巨的挑战：特艺七彩的影片必须打灯光，因此演员非化妆不可，但因为她们饰演修女，又不能让观众看出她们化了妆。奥黛丽与在罗马电影城准备搭内景的特劳纳见面，讨论拍片细节。

回到加州之后，奥黛丽租下黛博拉·蔻儿的房子（后者赴英拍片）。那栋房子位于洛杉矶布兰坞艾金路685号，高踞坡顶，俯看日落大道。她常从那里去拜访凯特及路，询问关于修女穿着、仪式和姿态之类的问题——如何走路、如何跪下、如何鞠躬、在修道院中应该有什么样的言行等。然而，她和两人的情谊得来不易。

“她起先并不是真的想见我。”路说，“她觉得这个故事是我私人的生活，因此只坐在那里盯着我瞧，没有提任何问题。”路和凯特问了关于她生活、事业的问题，与她谈比利时，让她解开心结。不久奥黛丽放松心情，三人聊得开心，成为朋友。因为她们的姓氏都是H开头，所以友人称她们为“三H俱乐部”。

奥黛丽在洛杉矶读了辛尼曼修订后的第二次剧本草稿，她的反应显示出她对这个角色深入的了解，以及敏锐的感受。她让这个角色栩栩如生，引人入胜，又忠于原著。

“我认为我们对路加修女的想法略有差异。”11月19日，奥黛丽写信给辛尼曼说：

> 我对路加在剧终时自称“失败者”有些困扰，她聪明过人，不该有这种我觉得有点假惺惺的说法。我依然希望能表达她觉得自己当修女虽然失败，但能够恢复自由之身，有更多奉献，让她的希望和信仰获得了重生。我依然希望

> 故事结束时，能感受到某种坚强的新开始，而非让她沮丧挫折，刻意为修道院找借口。我和你一样，希望故事的结局一半一半，让修女和修道院都不致成为负面的角色。

奥黛丽言之成理，剧本做了修改。《修女传》的片尾就像原书的结尾一样，路加修女不仅不是失败者，更谈不上罪恶。该片上映后，几乎每一位影评人和观众都在讨论奥黛丽饰演的失败修女。

但其实那并非失败，而是转变。

“你得学着弯腰，不然就会折断。”在片中饰演精神疗养院主管的克里斯多福修女说道。路加修女的第一天职是修道院生活，经过 17 年无私的奉献，她的总会长艾曼纽修女说：“姊妹们爱你，医生信任你，你的学生也无比尊敬你。”当她在战时不由自主地想协助反抗军，使她不得不离开修道院时，并不因而放弃一生无私奉献的工作：“我已经奉祂之名施过许多圣水，祂知道我会继续这样做，无论我是以修女还是战地护士身份侍奉祂。”

同年年底，奥黛丽准备拍摄演艺生涯最具挑战性的角色——最困难、最让人身心俱疲的角色。凯特和路所谓的奥黛丽“亲爱的灵魂”即将蓬勃发展，更加深入，甚至超越她自己的期望。

第十章

奥黛丽修女

（1958. 1-6）

“我从没见过比她更有纪律、更亲切、更忠于工作的人……她在非常艰困的环境下，证明自己是伟大的演员。”

——佛莱德·辛尼曼

“我们聚在一起谈路加修女这个角色。”辛尼曼描述道。1958年1月的前面两周，他、奥黛丽和安德森齐聚罗马，四处造访修道院、精神病院，并商请修士担任顾问。这种作法一方面是为了保险起见，以免不了解以往修士、修女生活的天主教徒心生不满。“我们谈到路加修女的个性如何发展，她与其他角色如何应对。我们花了许多时间商讨细节，并谈论路加修女的想法……因此，她对这个角色逐渐有了具体概念，尤其在修道院看到修女的生活后，她更是胸有成竹。”

华纳兄弟、布兰克和辛尼曼不仅希望忠实呈现天主教各种仪式，以及修道院生活的种种细节，还要避免各种指责非难，而主要的工作人员没有一位是天主教徒，所以他们更需要天主教修士和修女的协助及认可。

许多倍受敬重的修士出面协助，如耶稣会学者兼《美国》周刊文学主编哈洛德·加迪纳神父等人，使辛尼曼和安德森大喜过望。加迪纳神父和同事不仅对剧本完全没有异议，还赞美它相当深入。此外，为教廷处理电影协助拍摄或同意事宜的罗马电影办公室，也派了一群道明会修士和剧组人员合作。多明我会修士的作风向来并不宽大，尤其对教士形象更是严苛，但出乎剧组人员意料的是，他们只批评了一两个小细节。“他们的谨慎最终成了信任，最后化为慷慨的协助；若非他们，这部影片不可能完成。”辛尼曼说。

导演这时已经找来一群国际知名演员：英国舞台剧女演员佩姬·艾许克洛夫特女爵、伊笛丝·艾文丝女爵、彼得·芬治、米蕾·唐娜克、史崔特、派翠西亚·柯林芝、鲁思·怀特、玛格丽特·菲莉普斯、尼尔·麦金尼、莱诺·杰佛里斯、芭芭拉·欧尼尔、柯琳·杜赫斯特和史蒂芬·穆瑞。所有演员很快同意加入，原因有二：能参与角色活泼生动的演出，以及能够与奥黛丽同台合作。“当时我很少接电影片约，”艾许克洛夫特说，“但这部片子绝不可以放弃。我极欣赏奥黛丽·赫本，而且剧本实在写得精彩。”

找龙套角色时，辛尼曼相当幸运：他面谈了700多位女性，从里面挑出109位动作自然的女性参与演出。“还向罗马歌剧院的芭蕾舞团借了20名舞者，由两名道明会修女训练，其中一位修女是大学教授。至于修女的特写镜头，需要性格和个性，而我们在罗马的贵族身上看到这些特色：每天清晨五点，一堆公主和女爵乘着劳斯莱斯或奔驰来上工，她们穿上修女服，感觉简直好极了。”训练这些演员修女的当地修女对她们的表现赞不绝口，甚至回到修道院还会训诫新进的年轻修女说：“你们应该有更好的表现，辛尼曼的修

赫本在拍摄《修女传》时留下的照片，这部电影让她获益很多。

女可是十全十美！”

安德森推荐参与《修女传》的派翠西亚·包斯华是年轻的纽约舞台剧演员，她饰演在宣誓前一天落跑的修女，和奥黛丽等人一起做拍片前的准备：“辛尼曼安排我们造访罗马的修道院，并且到救世主医院观察医疗程序。我们在那里学习照顾病人的修女如何受训。”包斯华还记得，只要拍摄重要的场景，一定会有担任顾问的牧师时时刻刻在旁边，指导“修女”如何坐立言行。

这些“修女”在罗马待了两周之后，转赴巴黎，这回导演又有前所未见的安排。他让奥黛丽等人与修女进行长时间的讨论，甚至住进修道院几天。辛尼曼说：

> 有一个法国教会准许我们，让几位主要的女演员分住不同的修道院，使她们体验修道院生活，从清晨五点半的早祷，到一日结束时的静思。我把我的“修女”全部安排到不同的修道院……我每天到各个修道院去看她们适应得如何，当我钻出温暖的出租车（当时是1月中，巴黎的冬天酷寒，而修道院多半没有暖气），往往看到她们一个个冻得发紫，对剧中角色却非常投入又很兴奋。

辛尼曼还说，整个准备过程就是“一个发掘内在的心路历程，对每一位参与《修女传》的人来说，都是极私密的经验”。

演员和剧组人员打了热病的预防针，动身前往比属刚果。1958年1月28日，《修女传》正式开拍，一直进行到2月23日，场景主要设在史丹利维尔的旧火车站、当地市场、医院、教会学校、村庄，以及麻风病院。片中所有临时演员都是当地人，有些人对拍片用具非常困惑，但很乐于与陌生的访客合作。当地湿热逼人，有蚊虫和蛇蝎出没。

“拍片过程非常艰苦，”奥黛丽后来说，“有时让人筋疲力竭，但因为我们和当地社群亲密互动，那成为我最棒的拍片经验。”3月23日，奥黛丽在罗马急症发作。她在电影城拍内景时突然腹部疼痛昏倒，原来是肾结石发作，只得打了吗啡减轻疼痛。大家一整天都在担心她得冒险开刀，还好最后结石排出。虽然拍片因而暂停了几天，但奥黛丽不久就回到工作岗位。

拍摄过程一直在现场的辛尼曼太太蕾妮在写给凯特和路的长信上，详细说明了2月在比属刚果拍片的情况。她描述在当地医院拍摄的几个场景：“女孩们（奥黛丽和其他女演员）和佛莱德看了几次血淋淋的手术——一次是切除恶性肿瘤，一次是剖腹产（宝宝死了），对大家都是惨痛的经验。因为除了佛莱德之外，没有人亲眼见过手术的情形。”

很久之后，辛尼曼描述对女主角的印象：

> 25年来，我对奥黛丽演技巧妙而稳定的进步非常惊讶。她在潜意识中，对所有演出都有独立的表现。例如拍摄迟到的一幕时，她匆匆跑来，却流露出内心的沉静。再如所有女孩面对总修女都会伏在地上，她却好奇地露出一只眼睛。

奥黛丽的演技，其实是从无数抹却演员与角色距离的演出中累积出来的。

从好莱坞到纽约，接着到罗马、巴黎、布鲁塞尔和比属刚果，安德森一直追着奥黛丽，共续情缘，而她的反应很热烈。她欣赏安德森：有教养又英俊，是认真而倍受敬重的剧作家、编剧和散文家，他为她写了她一生中最精彩演出的剧本；而且他体贴又细心，他的爱慕不致讨人嫌恶。只可惜旧事重演。

5 月的一个晚上，奥黛丽向安德森谈到她多么想当母亲。她没有提到梅尔，但安德森心里明白她的婚姻可能有难以挽回的问题，而且认为这是一种暗示——如果她为了他离开梅尔，那么她希望生很多孩子。安德森非常悲哀地告诉奥黛丽，他天生不孕，不可能当父亲。若说她此时没想到荷顿，大概是不可能的事。

于是原本可能发展成婚姻的这段感情，就此戛然而止，没有困难的长谈——无需解释，也没有责难。“我们吻别之后，我自我放逐到伦敦，写了一个剧本。”多年后安德森说。奥黛丽和褒曼不同，她与安德森果断断绝关系，余生只再相见一次。她似乎深受他不孕告白的伤痛，甚至难以接受他的友情。“如果你们有奥黛丽的消息，”安德森写了一封哀伤的信给凯特和路，“请为我向她致意。我很期待听到她的讯息。她如此美好——既是伟大的演员，也总是乐于助人。”

除了一再探究良心的重要性，《修女传》也是一首温柔的挽歌，向昔日天主教标准的生活方式道别。从 17 世纪的欧洲到后来的美洲大陆，谦卑、压抑自我、忽略正常人性情感，以及抛却个人过去的作法，一向被视为理所当然，但后来在梵蒂冈的鼓励下，几乎所有天主教会都放弃了这种方式。《修女传》和奥黛丽所饰演的路加修女没有肯定这样的生活，也未否定它。

电影上映后，导演的顾问之一，一位名叫玛丽－埃德蒙的修女和姊妹们一起观赏。她看完影片后，从巴黎写信给他。她的评语可以代表 1959 年欧美宗教界女性共同的看法：

> 义工那个部分似乎有点夸张——有时她们好像住在军

营里似的！而且一切似乎是为了追求个人的完美，而非对上帝的爱。奥黛丽·赫本非常技巧地把她那个困难的部分诠释得很好，她和其他女演员都没有任何荒唐之处，不像其他电影……不过路加修女和其他姊妹似乎颇受限制：她们扼杀了一切人性的部分，生活得极为拘谨（刚果部分除外）。她们几乎没有任何友谊关系，有时在宗教生活中是如此，对新人有某种局限，不过这绝对不是整个宗教生活的真相。

奥黛丽的确“诠释得很好”。在该片中，她没有纪梵希设计的漂亮服饰，也没有海德为她打点的套装，可以藉由那些装扮吸引观众的目光——只有她美丽的脸庞和纤细而表情丰富的双手。没有抢眼的灯光，只有她的内心戏：她只用眼睛和最微妙的表情，创造了历经性灵折磨而逐渐成熟的角色，几乎所有的戏都发生在内心。

她在这部影片中的表现远比先前和之后的每一部作品都好；可以说，奥黛丽饰演的路加修女是影史上最伟大的表现之一，不仅角色比她以往所演出的片子深入，而且她内心的回响呼应出最深沉的自我。

观众看电影时，总免不了要缩小演员与角色之间的差距。通常我们看到的是：演员假装自己是某人，但我们潜意识里知道两者有差距，演员在”演”，假装自己是剧中的角色，而观众欣赏或不欣赏他的技巧、摄影技术、假的眼泪、灯光、编排、音乐——用来让我们相信我们所见的一切。因此，我们对演技的评估往往很简单：我们说，某某演员演某人很像，就表示我们欣赏他的假装（演出）。除了纪录片之外，我们很少认为银幕上的角色就是演员本人：除非是极具天赋的演员，才会给我们这样的印象。

《修女传》恰好和赫本内心深处的恐惧、不安全感相契合，这让赫本奉献了一次伟大的表演。

而奥黛丽在这部影片中的角色难能可贵。我们不觉得她假装，反而随着她的脚步，经历这个热切而荣耀的旅程，随嘉百列变成路加修女，展开心灵的历险，最后得到对自己更深入的认识，并像影片所肯定的那样，获得上帝对她的人生和命运更积极的持续引导。演员与角色之间的区别已经完全抹除。

“对相信世俗生活是人生目的和价值的人而言，修道院的想法令人退避三舍。”影评人史丹利·考夫曼在该片上映后写道，“但在赫本小姐的精彩演出下，这部影片让即使不信教的人，都不免对这些已经找到正路的人产生嫉妒之心。而这正是路加修女的故事主旨。”

奥黛丽从原书、剧本，以及和路的友谊里，得知她与路加修女有许多雷同之处，这必然让奥黛丽深感震撼。奥黛丽和路加修女都出生在比利时；都在年轻时代就展开事业生涯；都移居国外；工作都在海外开花结果。两人都在荷兰目睹大战的残酷；都有兄弟遭德军逮捕；都失去了父亲。因此，打从一开始，剧中角色和演员就有许多相通点。“母亲常告诉我们，人要有用，”奥黛丽多年后说，“施比受更有福。而在饰演路加修女时，这点非常有用。而且我发现，在我养成修女的习惯后，心中就有所感。”

“奥黛丽更成熟了，”拍片工作将结束时，辛尼曼写信给弗林斯说，“我从没见过比她更有纪律、更亲切、更忠于工作的人。她不自大，也不要求额外的待遇，总是非常体恤共事者……她在非常艰困的环境下，证明自己是伟大的演员。”接下来几年，他与几位演员通信时，常赞美奥黛丽对每一场戏的体会和了解。

参与拍摄的工作人员都注意到，安德森离去后，奥黛丽变得更沉静、更常独处。她信任化妆人员，自己从不照镜子，也不听广播或唱片。“因为路加修女绝不会这么做。”她说。奥黛丽不是饰演修女，她本身就是没有宗教的修女。片中有些台词正是她余生经常与自己的对话，其中一段是路加修女和精神病院院长克里斯多福修女的对话：

> 路加修女：我想，人总会到达某个休憩之处，会自然而然地服从，不再挣扎奋斗。
>
> 克里斯多福修女：永远不会有休憩之处，但对自己一定要有耐心。

这段话实在可以说是奥黛丽与自己内心的对话，只是她谈的不是服从，而是勇气；是她终其一生想摆脱恐惧和不安全感的挣扎。

而那年 1 月，她的确需要这样的特质，因为她在比属刚果拍片拍得筋疲力竭。“几乎每一个镜头都有她。”辛尼曼写信给华纳兄弟的主管史帝夫·崔林说，“我试着加快拍戏的速度，还有一两次延长工时，但如果拍戏时间超过晚上七点，即使精力和纪律都过人的奥黛丽，第二天都一定会精神不济，看起来很糟。我在影坛还没有看过像她这么拼命的。”

虽然奥黛丽的理念比较接近新教徒，但对各教派没有门户之见，对休姆小说的真义——真正基督信仰所追求、凌驾万物的真理——心悦诚服。认识奥黛丽的人都知道，她对大自然中简单纯真的事物心存敬畏，同情受苦的人。她相信自己不过是一个普通的女人，从不对共事者或社会大众摆架子，总是细心体贴，即使自己再怎么焦虑不安，仍力持沉着。她喜欢美好的事物和自己的魅力，但不以此为快乐的目标。这些都是她的亲友和共事者公认的特质。而那一年，她“渴望更多”，她渴望的正是已经被社会大众滥用的心灵。她告诉媒体：“（路加修女的）这部分很适合我的个性。”

巴黎和非洲修女的虔诚，让奥黛丽及辛尼曼深受感动，修女工作时的平静则让他们动容。有些修女照料贫困的人，据辛尼曼说，“她们自己就住在热气蒸腾的丛林里最原始的生活环境中”。他还记得一位年迈的荷兰修女主持的麻风诊所，她已经在那个穷乡僻壤工作了35年。“虽然成天面对垂死的病人，却是生命喜悦的典范。我问她是否曾回欧洲，她大感惊讶地看着我说：‘我为什么要回去？我又没生病！’这是她认为该回欧洲的唯一理由。这种平静、执着和奉献，在任何外人看来都是了不起的特质——尤其是电影导演。”

奥黛丽同样感动：“看过精神病院，走访麻风诊所，与教会人员深谈，目睹手术过程后，我的内心得到了更深一层的平静。”

她的确因这个角色而改变了，她自己明白这点。4月7日，奥黛丽在罗马拍内景，她写信给凯特和路：

> ……我只能告诉你们，现在的赫本和1958年元旦（《修女传》开拍前）的赫本，已经大不相同。我看到、听到、学到如此多的东西，丰富的经验让我收获丰硕，使我脱胎换骨……探究路加修女的心灵和想法，让我不得不深入探索自己。如此这般耕耘我的灵魂，我所体验的一切已经在沃土中播下种子，希望能收获一个更美好的奥黛丽……希望这一切听起来不会太花俏，只恨我的词汇太贫乏，难以形容你们快乐神学生的喜悦和感激于万一……

复活节时，奥黛丽发电报向她们贺节，上面写着：“喜乐复活节，你们挚爱的奥黛丽修女。”

对于她在片中的表现，一位影评人说，希望能“让那些永远认为她只是一个女孩象征的观众封口。奥黛丽在《修女传》中展现表演才华，技巧地呈现内心深处复杂的情感，一定要仔细地再看三看，才能了解她是怎么办到的”。《综艺》杂志的影评则说，这是“发光发热的影片，奥黛丽演出生涯最困难的角色，也拿出最佳的表现”。

《修女传》整部影片探讨的都是少有电影尝试的深入题材。一般导演、作家或演员处理路加修女这类主题的方法，不外是赚人热泪的文艺悲剧，或者冷嘲热讽一番，但该片不仅忠于休姆发人深省的文学原著，也忠于真人真事。

这部影片有严谨的架构。例如，片首嘉百列正在收拾行囊准备离家进修道院时，观众从特写镜头看到她脱下一枚可能是象征友情、亦或订婚的戒指，放在一个名叫尚的男子照片前面（正是奥黛丽哥哥伊安的照片）。她干净利落地关上手提箱，戴上钟形小帽。而在片尾，我们看到她脱下修女戒指，在手提箱里放上一顶一般人戴的帽子，然后关上箱子。

这部片子有许多重要的细节值得一看。嘉百列走下家中楼梯，准备动身到修道院时，看到客厅里的父亲。他心不在焉地站在钢琴前，用一只手指弹出《爱情的烦恼》——莫扎特歌剧《费加洛婚礼》伯爵府中的童仆凯鲁碧诺所唱的咏叹调。嘉百列走到他的身边，跟着旋律哼唱。编曲家法兰兹·瓦克斯曼以不同的管弦乐，在关键时刻奏出这段旋律。这首曲子的歌词正适合《费加洛婚礼》和这部电影，因为正如凯鲁碧诺对女伯爵和苏珊娜唱出此曲，嘉百列对剧中的修女问道：“你们诸位懂得爱的女士，看看我心里那感觉是不是爱。”

剧终嘉百列缓缓从修道院走回尘世，奥黛丽演出最令人荡气回肠的一幕：观众跟着镜头看着她离开，她改不了17年来养成的习惯，在修道院降至街道的最后一阶，伸手向后拢一下修女服的长裙——接着她犹豫了一下，这个细微的动作意味着她明白自己现在穿的是一般人的衣服，裙子短得多了。最后，她踏步向前。镜头从远处拍这位演员，一片静寂；正因这段距离，使这个镜头更加慑人。接着，

我们听到低沉的钟声回荡，镜头呼应片首结束。

奥黛丽过世后，她晚年的亲密友人罗伯特·沃德斯无法再观赏这部影片。他说：“最能反映奥黛丽个性的影片就是《修女传》，因为她虽然生性幽默，但就像路加修女一样喜欢思索反省。这部影片和剧中角色最像她在骚动混乱中的时刻，在她面对难解的困境时。”奥黛丽之子肖恩谈到母亲对这部影片的看法时说：“母亲最自豪的影片就是《修女传》，剧本精彩严肃，一点也不虚浮。她认为这部影片非常重要。”

在拍片过程中，奥黛丽度过 29 岁生日，就像休姆说的：“期待更多。”她在路加修女身上感受到了那种渴望，同时明白自己正朝某处迈进，尽管还不清楚目标和方向，也不确定自己是否能承受。

但有一件事可以确定：奥黛丽必须知道父亲的下落，埃拉的友人传言说他已经去世。她写信给梅尔，想知道是否能多打听一些消息，不惊动媒体。他说会与红十字会的友人联系，这位友人已经为一些好莱坞共事者找到失散的亲人。

奥黛丽之所以请梅尔打听，想更了解父亲，或许并非偶然，而是与她在《修女传》里所拍的最后几个镜头有关。在《龙凤配》、《战争与和平》、《黄昏之恋》中，她饰演的角色有与父亲的对手戏，但没有一部像辛尼曼这部影片那般扣人心弦。

“再见，爸爸。”嘉百列进修道院时对父亲说，“我会尽我所能——我要你为我感到骄傲。”

“我不要为你骄傲——我要你快乐。”他答道。

“我很快乐。”她说。

两位演员轻声细语，泫然欲泣，与片尾的情节相对照，感人至深，因为路加修女接到通知，她的父亲在路旁照顾病患时，被纳粹士兵射杀。她独自在斗室里呐喊着“爸爸！爸爸！爸爸！”——一次比一次大声，一次比一次绝望。接着，镜头切到路加修女与牧师的对话：她要离开修道院，以嘉百列的身份继续父亲的遗志。失去他并不是她离开的唯一原因，但他的死至少促成了她的决定。

重提这幕戏，并不是暗示奥黛丽因为这个原因而想与父亲联络，不过没有演员在演出时能摆脱私生活和个人的记忆，尤其是如此敏感的演员。罗斯顿不告而别，一直是奥黛丽痛苦的根源，是锐利而鲜活的伤口，它尚待痊愈。

第十一章

母亲的新生

（1958.7 – 1960.12）

“若你等待多年，美梦才成真，那种喜悦简直难以形容……和儿子在一起才是真正的我，电影不过是童话故事。”

——奥黛丽·赫本

6月下旬，奥黛丽拍完了在《修女传》中的戏份。她已经连续工作六个月，除了因为生病而在罗马休养了几天，以及在欧洲与非洲奔波的时间之外，都在工作。7月已近，她却不能放暑假，因为她已经答应梅尔，饰演《翠谷香魂》的女主角。他在南美搜集资料、拍摄背景之后，已经准备7月15日在洛杉矶开拍该片。自《龙凤配》后，奥黛丽已经睽违好莱坞五年，但她并不想回到那里。在到洛杉矶途中，她拐了个弯，绕到他们在瑞士的房子，带了十几个皮箱的私人物品、餐具和小装饰品，让加州的住处看起来更有家的味道。

对于奥黛丽和安德森的婚外情，梅尔可能略有所知。影剧界没有秘密，何况有些演员和工作人员对她的行踪知之甚详。与安德森无话不谈的好友辛尼曼当然知情，其他人也会看出端倪。毕竟编剧一直跟在剧组身边总显得有些蹊跷，除非剧本问题很多，需要每天赶工，而《修女传》的情况并非如此。安德森和辛尼曼早在拍片之前就搜集完资料，剧本几乎已臻完美：编剧这样跟进跟出，一定与奥黛丽有关。

此外，奥黛丽让安德森以为，她和梅尔有个心照不宣（或甚至言明）的约定：两人长期分开时，不妨各自发展婚外情。这桩婚姻从 1959 年夏天开始就有两个目标——让梅尔有奥黛丽专业的合作，也让奥黛丽能从她确定并非不孕的男人那里孕育宝宝。当时她 29 岁，已经至少流产一次，开始担心没法当母亲。或许最重要的是，她觉得生个孩子，能为婚姻带来自觉无法做到的目标。

梅尔选择文学作品来作为奥黛丽拍片的素材，虽然可以理解，还是有点奇怪。《翠谷香魂》在 1904 年出版，是自然学者兼小说家哈德森最著名的作品。哈德森出生于阿根廷，父母是美国人，他在 60 岁时入籍英国。他的作品多半是描写大自然的奥秘，《翠谷香魂》读者众多，尤其年轻女性特别喜欢这部小说。故事描述政治难民艾伯在南美雨林中邂逅了神秘少女莉玛（Rima），她能与大自然神秘地沟通，但一直到艾伯爱上她，才让她体验到爱情的滋味。小说最引人入胜之处是它悲剧性的结局：莉玛最后死在一群蛮人手上。

1930 年代以来，许多制片人和电影公司都认为，若把《翠谷香魂》拍成电影，一定会有绝佳票房，不过始终没有合适的剧本。1959 年，电影版权再度可以出售，但故事已经过时，没有导演有兴趣。然而，梅尔认为这个故事很适合奥黛丽：她的清新和天真形象正适合这个热带丛林的故事，所以他选择这部影片作为偿还奥黛丽对米高梅片约的义务（因为米高梅把《甜姐儿》的权利卖给派拉蒙）。“我变得非常依赖梅尔的品味和指导。”她说。

赫本在《翠谷香魂》中饰演了一个丛林少女，从头到尾只穿着一件透明罩衫。

梅尔很快就选好了男主角：他签下26岁的男星安东尼·柏金斯，他欣然同意与奥黛丽演出对手戏的机会。柏金斯又高又瘦，满腔少年的热情，又有点特立独行的味道，常在百老汇和好莱坞饰演敏感、困惑的角色，或是叛逆小子。这时与米高梅签有合约的编剧多萝西·金斯利正好有空，受命编写剧本。金斯利曾为鲍勃·霍伯和艾德加·柏根撰写喜剧剧本，并为大都会歌舞剧和伊瑟·威廉斯主演的水上芭蕾电影写过剧本。金斯利为《翠谷香魂》所写的剧本就像片中的丛林一样奥秘难解，但电影公司认可后，把剧本交给梅尔。梅尔摩拳擦掌，准备一显身手，认为自己一定能在画面上弥补对话的不足。

剧本、角色和背景都准备好之后，梅尔开始拍片，但演员并没有远赴南美，甚至没有到墨西哥或佛罗里达。片中一点也不迷人的丛林是在米高梅位于加州卡尔弗市的制片厂拍摄的。

"许多朋友问我，在这样人工的场景里拍摄大自然效果如何。"奥黛丽后来说，"我总说要等拍完才知道。现在我要说，还好这并不复杂，让梅尔执导就像刷牙一样自然。"这段话耐人寻味。若她觉得这个计划让她有收获或具挑战性，或者能让她的事业更迈进一步，一定会直接表达这种想法，但她把这件事比喻为像刷牙一样，或许暗示她的不在乎。

无论在影评或票房成绩上，《翠谷香魂》都是一部失败之作（这是第一部、也是唯一一部梅尔执导、奥黛丽演出的电影）。因为这部影片缺乏戏剧张力、对话乏味，还有一股目空一切的调调；奥黛丽在片中歇斯底里地与已逝母亲的灵魂对话的片段，同样让人难以忍受。奥黛丽在影片中从头到尾都赤脚，穿着一件透明罩衫，戴着黑色长假发，彷佛从嬉皮区跑出来的少女。全片最糟的恐怕是摄影棚中的假丛林，以及男女主角缺乏默契：他冷静地吻她，那股冷意足以包办整个制片厂的冷气，两人老是鼻子碰鼻子。这时梅尔或许才恍然大悟，他实在不应该执导妻子的爱情戏，即使是由如此羞怯的演员演出。更有甚者，梅尔执导的才华实在普通，步调缓慢，又欠缺可信的情感。

只在制片厂中拍摄的电影，应该六周就可以完成，《翠谷香魂》却从7月15日一直拍到11月6日才杀青。而就在开拍前一天，奥黛丽如常从租屋处开车前往制片厂，在比佛利街与圣塔莫尼卡大道的转角，被一辆车从左方超车。为了避免相撞，奥黛丽加速驶过路口，却撞到艺名乔安妮·劳拉的女演员乔安妮·帕拉迪尼所驾驶的车，两人当时并没有受伤。但几天后，帕拉迪尼的律师提出诉讼，说她的颈、背都有伤；10月25日，奥黛丽出庭说明，这个案子不久就被驳回。但1958年7月14日之后，除了在银幕上，奥黛丽再也没有执过方向盘。

《翠谷香魂》完成后，在12月初举行试片，供电影公司宣传人员观赏。他们简直不知该如何促销这部沉闷乏味的影片。在无计可施的情况下，只好把重点放在一个小细节：莉玛在森林里时，一直有一只小鹿作伴，为了让小鹿和奥黛丽亲近，她在拍片之前把小鹿带回家亲自喂养，而且带着它在全市到处走。因此，全国性的杂志都刊登了奥黛丽和小鹿“依比”的照片，这个名字的由来是因为它老是发出“依比—依比—依比”的声音。

米高梅决定尽快上映，于是1959年3月19日，《翠谷香魂》在纽约无线电城音乐厅上映。而在那段档期，厅内6200个座位总有一半多是空的。幸而相较于《修女传》的成功，对这部影片的冷淡反应不算什么。6月18日，《修女传》在同一个地点首映。19日，安德森写信给凯特和路说：“昨天音乐厅的情况实在精彩极了。一整天人龙都几乎排到第五大道，成千上万观众向隅，这是无线电城音乐厅史上最盛大的首映日之一……佛莱德和我一起看晚上那场放映。当然，对我们来说，《修女传》永远不会结束。”

连续一个月，洛克斐勒中心附近的街上都排了两条人龙，观众为了买票，甚至排队五小时。7月，影片在全美上映，华纳兄弟的会计忙着计算票房，这绝对是该公司史上收入最丰的电影。

费勒夫妇在加州与梅尔的子女共度感恩节，然后返回瑞士过圣诞节，这时他们得知奥黛丽怀孕了。她欣喜若狂，私下却忧喜参半，因为1月她就要到墨西哥拍一部艰苦的片子，片中有牛仔和印地安人等。她原本答应在片中亲自骑马上阵，无论她多么期待宝宝的降临，怀孕时机似乎不对。

与多数书籍记载不同的是，奥黛丽在事业生涯这个阶段，对怀孕一事的确三心两意。一方面，她决心接受各种角色的考验，演完修女和丛林少女后，接下约翰·赫斯顿执导的西部片。她抵达墨西哥时，即将演出的是前一年1月以来所拍的第三部电影《恩怨情天》。

另一方面，她又说自己迫切想要孩子——只是时机应该仔细规划。奥黛丽私下常说，她急着履行所有合约义务，就是为了能够永久退隐，生儿育女。1958年底怀孕，对已经承诺1959年整年都要拍片的她，必然出乎意料。

已经执导20部影片的赫斯顿，自然是西部史诗大片导演的不二人选，他的作品包括《马耳他之鹰》、《碧血金沙》、《夜阑人未静》、《非洲皇后号》、《白鲸记》等。然而，奥黛丽参与演出的这部影片先天不良，一如多数西部巨片一样，剧本往往长于营造气氛，人物却缺乏发展，角色动机也没有说服力。该片由毕·兰卡斯特的制片公司赞助，并由他出饰男主角。片子开拍后不久，他一度想取消拍摄，只是碍于投资和个人的损失，只得勉为其难地进行。当时66岁的吉许，自1912年默片时代出道以来就雄霸一方，演出不下90部影片，经验不可谓不丰富，连她都对《恩怨情天》这部影片大惑不解。无论拍摄前或制作后，没有人理解为什么要取这个片名。这些演员都只收到剧情大要，他们是冲着与赫斯顿合作的机会才接下此片；赫斯顿向他们保证，在距墨西哥市西北 600 英里的杜兰戈开拍之前，一定会给他们详细的剧本。

不过演员从头到尾都没有看到完整、明白的剧本。之前曾与赫斯顿合作的作家本·麦多在墨西哥日以继夜地努力工作，唯一的成果是宿醉。此外，赫斯顿想拍的电影，与麦多对米高梅提出的计划不同。奥黛丽和吉许只好交换一些该片的闲话，消除内心的焦虑，而赫斯顿对此颇为不悦。

整个计划似乎无可救药。奥黛丽在片中的角色完全不适合她，她饰演一个农场女孩，后来得知自己的身世原来是基奥瓦族印地安人。她在片中偶尔带点美国中西部的鼻音，但多数时候字正腔圆，就像英国住校生；更糟的是，她的化妆不连贯，有时像北美原住民那么黑，有时如英国玫瑰那么白；再加上剧情不合理，重要角色一下出现一下消失；还有一群牛，一下从田里跳到屋顶，一下又跳到悬崖绝壁。同样让人匪夷所思的是，剧中吉许为了向印地安人的鼓声挑战，竟然在户外的古董钢琴上弹起莫扎特，简直故意授人话柄。

1 月 28 日，发生了一桩可怕的意外，让影片暂停拍摄。当时赫斯顿安排让奥黛丽骑马逼近镜头，然后下马。她试了几次之后，终于抓到合适的角度，这时工作人员突然挥舞手臂，跳到马的面前，要马停步。那匹马吃了一惊，人立起来，奥黛丽被弹飞到空中，砰的一声摔落在地上。她疼痛难当，只担心会流产，所有人都怕她会瘫痪。

还好两种情况都未发生，只是奥黛丽伤势严重，被紧急送往杜兰戈的医院。她在那里等待第二天从洛杉矶专程飞来的丈夫和医生，

随行的还有路。梅尔通知路关于奥黛丽受伤的消息，她立刻自告奋勇来当看护，在墨西哥和加州悉心照顾了奥黛丽两个月。

在杜兰戈做了几天检查之后，医生认为奥黛丽有四块脊椎骨骨折，脚也严重扭伤。2 月 2 日，她搭乘急救飞机，飞到比佛利山治疗休养，在那里对等候的记者说：“我一定会在片子完成之前再骑那匹马。”胎儿保住了，让她松了口气。

奥黛丽没有抱怨，也未要求特殊待遇。3 月 5 日，她回到墨西哥，四天后继续拍片，一如承诺骑上那匹马。到了这个时候，她已经无心工作，只能勉强忍耐。

20 年后，赫斯顿一针见血地谈到这部影片。他先提到奥黛丽坠马及另外两位演员差点淹死的意外，然后坦承：“最后，最糟的就是我们拍出来的影片。有些作品我并不在意，但《恩怨情天》是我真正不喜欢的作品……全片夸大不实。最近一天晚上，我在电视上看到这部片子，大约 10 分钟后就把它关掉了。我看不下去。”

1960 年 4 月《恩怨情天》上映时，影评的反应很冷漠。美国影评多半用“滑稽荒唐、剧情薄弱、让人困惑”这些形容词，英国媒体则异口同声地认为此片“莫名其妙”。连奥黛丽也不免挨批，伦敦一位影评人写道：“她的表现只比片中出现的老钢琴稍协调些。”“不过片中的马儿倒很活泼。”《纽约时报》冷酷地批评道。

梅尔拍完片，完成合约义务后，3 月 11 日离开墨西哥，展开《翠谷香魂》的宣传工作。奥黛丽在 4 月拍完了《恩怨情天》，到纽约与梅尔会合，两人一起回瑞士，迎接新生命的降临。

多年来，奥黛丽一直希望演出希区柯克执导的影片。1950 年代中期，她欣赏了一些他的近作，这个念头益发强烈，特别是《后窗》、《捉贼记》、《擒凶记》、《西北偏北》。1958 年 11 月开始，希区柯克就与《龙凤配》的作者泰勒合作，想把亨利·塞西尔的《追凶记》搬上银幕。这个故事是描述一位伦敦的法官被诬指杀死一名妓女，幸好他的女儿锲而不舍地追出真正的凶手。

希区柯克听说奥黛丽有意与他合作后，探询她是否愿意饰演这个聪明机智的女儿角色（希区柯克正好与派拉蒙有一部片约）。1959 年 2 月，奥黛丽读了希区柯克的剧情摘要后，与他签约。劳伦斯·哈维同意饰演她的意中人及同伴，而在《龙凤配》中扮演她父亲的威廉斯答应再度饰演她父亲的角色，也就是百口莫辩的法官。全片预定当年夏天在伦敦开拍，奥黛丽将在生产后尽快加入，可能是 8 月底、9 月初。

奥黛丽在瑞士的贝达尼亚别墅休养待产。5 月 11 日，弗林斯发电报给派拉蒙副总裁弗兰克·佛瑞曼，表明奥黛丽有意在那年夏天以《追凶记》来“履行合约”，并将副本送去给奥黛丽。

但奥黛丽的反应异于往常：她不愿意生产完马上开拍新片，以免剥夺了初为人母的乐趣，所以 5 月 19 日通知弗林斯说，她不会参与希区柯克这部影片的演出。弗林斯对媒体的说法是，医生嘱咐她在生产后要完全静养，实情的确如此——但这并非事情的全貌。

自从《龙凤配》之后，奥黛丽就有拍片前预先审阅剧本的特权。约 5 月 15 日，派拉蒙送了一份《追凶记》的草稿给她过目，她所饰演的角色在剧中差点被用领带勒死，让她大感不安：她想尝试各种不同的角色，不过不喜欢这类暴力。希区柯克的助理制片人赫伯特·柯曼说：“就这样，希区柯克这部影片其实在这里就画下了句点。”奥黛丽没有请弗林斯去与希区柯克洽商，而是断然退出，显然明白这一幕是全片的关键，也了解希区柯克不喜欢演员干涉电影情节。听到奥黛丽退出的消息，哈维也退出了，希区柯克只好取消了整个拍片计划。

多年来，一直有人说——主要是希区柯克自己的说法——两大要角的退出，是该片胎死腹中的原因，其实不然。希区柯克经常面临换角的情况，例如同样由泰勒执笔的《迷魂记》，原订由薇拉·迈尔斯饰演女主角，但她因为怀孕退出，换成金·诺瓦克。《追凶记》停拍有其他原因：原来当时英国刚通过新法，禁止妓女在街头拉客，这部影片有些重要的镜头需要实地拍摄妓女拉客画面，碍于新法将有困难。更重要的是，希区柯克有意 1959 年在伦敦实地拍摄，但当局告知派拉蒙，他们不同意拍摄这些画面。这一连串因素使得《追凶记》未能开拍，所以原因不仅是奥黛丽退出。

几天后，奥黛丽分娩了，却是一个坏消息：婴儿是死胎。这个重大打击使她一蹶不振，梅尔不由得为她的情绪和心理担心。她每天抽三包烟，手指甲咬得指肉都翻了出来，体重只剩 30.7 千克，才 30 岁的她一下子老了许多。“我仍然得长时间卧床。”她写信给好莱坞专栏作家海达·霍普说，“但非常感谢还有别人在我身边——我的丈夫，温柔关爱我的护士。”

在医生的同意下，她应允 7 月前往伦敦参加《修女传》的首映。“奥黛丽看起来美丽，但有点虚弱。”辛尼曼太太写信给凯特和路说。费勒夫妇接着转赴爱尔兰，因为经过一年的努力，梅尔在红十字会的朋友终于找到奥黛丽的父亲。

他们将在都柏林与罗斯顿会面。这时罗斯顿已经再娶了斐黛玛·魏尔许，定居在都柏林。这对父女在谢尔本饭店的一楼大厅团圆，结果场面异常尴尬，既不温馨，也没有眼泪，更没有丝毫原谅接纳之情。罗斯顿的外孙肖恩说，奥黛丽的父亲“根本就无动于衷，他一向都是如此……其实是个情感上的低能儿”。两人最后终于见面时，肖恩描述：“她出于直觉，在刹那间就决定原谅他。她已经释怀，不再为他对她的歉疚抱憾。”

奥黛丽怅然离去，心里明白父母之间并没有建立原本就不存在

的关系。“我们回家吧。”她静静对梅尔说。但她的努力，以及她对父亲的慷慨从未停止。在父亲的余生，奥黛丽每个月寄钱奉养，多年来一直写信给他和魏尔许，并在他去世前再度探视。

那时奥黛丽已经接受《哈泼时尚》的邀约，将在下一期杂志露面，而等她和梅尔从都柏林抵达巴黎时，她的精神已经好了些。理查德·亚维东花了几天时间为她拍照，她总共换穿了18套迪奥、姬龙雪和皮尔·卡丹设计的新装亮相（9月号并未报导纪梵希，因此她没有穿着他的新作）。然后，费勒夫妇又回到贝达尼亚别墅，再开车到日内瓦湖，梅尔在那里与编剧金斯利洽谈后来并未实现的拍片计划。他们回到家后，梅尔在8月14日回信给凯特和路说：“奥黛丽很需要喘口气。”此时她深深喜爱的辛尼曼夫妇恰巧来访五天，辛尼曼太太忙里忙外，指挥家事，辛尼曼营造轻松的气氛，梅尔这时拨一些电话安排未来的工作。8月23日，辛尼曼太太写信给凯特和路说：“奥黛丽现在晒黑了，也健康多了。”

11月间，费勒夫妇到洛杉矶，梅尔在拍电视，一边忙着接洽导戏的机会。凯特写信给辛尼曼夫妇说：“奥黛丽看起来好极了，她似乎很享受没有接片的暂时休憩时光。”

这段休息时间因医嘱再度延长：在洛杉矶，奥黛丽发现自己怀孕了。她和梅尔回到瑞士过圣诞节，在那里过着近乎闭居的隔离生活。

1960年4月4日是奥斯卡颁奖典礼的日子，那一天奥黛丽亲笔写了长达五页的信给路：

最亲爱、最宝贵的路：

今晚是重要的大日子，等我们呼呼大睡时，你们将已经知道奖落谁家……再也没有比我知道自己可以饰演路加修女更光彩的消息了，或者，没有比你说可以来照顾我的断骨（和我）更棒的讯息……我希望辛尼曼获颁许多大奖——他如此不辞辛劳、不顾疲惫、全心全意地施展才华，创造出华纳兄弟的压力也无能模糊扭曲的憧憬。至于你们两位拥有英勇灵魂和智慧言词的天使——没有人知道你们对这部电影和对我们的意义……

谨以全心的挚爱，

奥黛丽

1960年7月17日，梅尔从琉森产科诊所（Lucerne Maternity Clinic）发电报给路和凯特，提供下一个讯息：

奥黛丽和梅尔于今午两点四十喜获男孩肖恩。

路和凯特立刻回电：

我们请了7000个好仙女围绕肖恩的摇篮祈福，衷心为你们三人欢喜。

肖恩穿着纪梵希特别为他设计的婴儿服受洗，在1954年主持他的双亲婚礼的同一个教堂，由同一位牧师命名为肖恩·赫本·费勒。“在灿烂的星期天，在暴雨过去之后，我们强壮健康的儿子诞生了。”多年后，奥黛丽说，“就像所有新母亲一样，我简直不敢相信他真的是为我而造，我可以保有他……在我自己还是小孩的时候，最期待的就是有个孩子……而且我希望有很多宝宝，这是我衷

↓

儿子肖恩是赫本生活的重心，也是她维持婚姻的唯一动力。

心的愿望……我相信18岁就生宝宝的滋味一定很甜美，但若你等待多年，美梦才成真，那种喜悦简直难以形容……先前的流产，对我来说比一切都痛苦——连父母离婚、父亲不告而别的痛苦都比不上。自从拥有了肖恩，我因为他而努力维持婚姻，而且愈来愈厌恶必须离开他的时光。和儿子在一起才是真正的我，电影不过是童话故事。”

然而，在梅尔的极力推荐下，下一篇童话故事却要奥黛丽从10月到年底那段时间先赴纽约，再到派拉蒙的好莱坞制片厂。她和梅尔一起动身，因为他有各项电影计划正在筹备，而宝宝和保姆一同前往。

但这次奥黛丽同样犹豫不决。她不想工作，又期待工作，为了日后的发展，她总希望尝试新的角色。虽然她想当全职母亲，但明白自己已经31岁，不可能永远有好角色等着。因此，梅尔劝她争取新的里程碑时，她心动了，何况她需要钱——不是为了自己，而是为了儿子的未来。

那年秋天，奥黛丽在纽约和好莱坞拍摄的作品，演出了她的经典角色：《蒂凡尼的早餐》中的荷莉·葛莱莉。这部影片掀起的热潮，立刻让观众和影评人忘记《翠谷香魂》及《恩怨情天》所带来的失望。拜纪梵希设计的服装之赐，奥黛丽因《蒂凡尼的早餐》而成了永远的服饰偶像。她在该片中建立起时尚皇后的地位，甚至超越先前的《龙凤配》等片，从此成为优雅和时尚的代言人、标准及典范。这成了《蒂凡尼的早餐》的副产品，真是出人意表，因为她在片中饰演（或者尝试演出）的是交际花。奥黛丽或许偶尔可以让人相信她是喋喋不休的傻女孩，却无法使观众信服她会为了金钱出卖自己。她为该片拍的宣传照配戴了许多假珠宝，蒂凡尼觉得这是个好机会，捧着高额合约，请她为公司拍广告，但她以“我的形象永远不会是‘钻石小姐’”为由拒绝。

《蒂凡尼的早餐》改编自楚门·卡波特同名中篇小说，但改动了很多地方。片中描述德州乡下女孩荷莉来到纽约，想嫁给世界上最有钱的金龟婿，最后做起全世界最古老的行业，唯一的伴侣是捡来的无名猫。有时荷莉一夜春宵之后，在众人准备工作时返回寄居的公寓，边啃早餐，边映着晨曦，盯著名店蒂凡尼橱窗里的珠宝垂涎。

荷莉邂逅了努力奋斗的年轻作家保罗（乔治·比柏饰），他被一位阔太太（派翠西亚·尼尔饰）包养，经济稍获喘息。这位作家爱上了荷莉，但她只对珠宝和金钱感兴趣，对爱及平稳的生活不屑一顾，直到影片最后一刻才改变。卡波特的小说犀利、简洁又诙谐，评断失落的灵魂时非常冷酷，刻画人物又很温馨；电影则把尖酸和微妙的部分换成对纽约的讴歌，以及对奥黛丽的喜爱。

“我读了剧本，非常喜欢。”奥黛丽说，“但我很担心自己不适合这个角色，因为我觉得自己缺乏喜感。这个角色需要活泼的演员，而我很内向。每个人都催我接演这部片子，我也接了，只是过程中很受折磨。我常常一边演，一边觉得自己演得不是最好。”

就是这样的差异让她觉得不自在。不过导演布莱克·爱德华后来说：“虽然她显得很不安，却很坚强。”她的不安全感从拍片第一天开始就显而易见，爱德华必须一再安抚她，向她保证。他和作曲家亨利·曼西尼得再三鼓励奥黛丽，告诉她已经为她写了一首歌，必须由她弹吉他演唱。奥黛丽一听吓坏了，因为拍了《甜姐儿》之后，她的歌声更细、更糟了。因此，她特别请了发音老师和吉他老师，学了几个星期，一直延迟《月亮河》这首歌的录制，直到她觉得有把握为止。

曼西尼鼓励她：这首歌只有一个八度音阶，如果必要，可以再降低。“光读剧本，音符就已经在我的脑海中浮现。”曼西尼回忆道，

“奥黛丽的大眼睛让我比平常更感性，我知道她的眼睛就能唱出这首曲子。《月亮河》原本就是为她而写的，没有人比她更懂这首歌。”

来年春天，为派拉蒙管乐团进行这部影片的试片时，梅尔和奥黛丽都在场。派拉蒙制片主管马丁·赖金看完后说：“那首烂歌一定要删掉！”曼西尼说，奥黛丽一听，立刻从椅子上弹起来，梅尔得赶快把她拉住。她声音颤抖地喊道：“除非我死！”这首歌当然留了下来。

《蒂凡尼的早餐》一上映，奥黛丽坐在窗前轻抚吉他，试探性地以渴望的歌声唱出《月亮河》那一幕就深植人心，这动人的一幕风靡了无数影迷——无论是当时或后来的观众。她不虚情假意，也没有装模作样，只是借着乐音唱出连荷莉自己也难明白的回忆、失落和渴望。其实我们听到的并不是荷莉在唱歌，而是奥黛丽本人，这是她的歌声，从她的内心深处唱出来。根据剧情，荷莉恐怕无法在一首歌这样长的时间里保持安静；而若没有这首《月亮河》，奥黛丽无法在这个故事里显得自在。她对这首歌的诠释，当然也是她第四度获得奥斯卡最佳女主角奖提名的原因。

难怪曼西尼认为，在五百多个改编重唱的版本中，奥黛丽唱得最好。虽然没有删掉《月亮河》，争执依旧存在。派拉蒙想删除曼西尼一大半很有情调却嫌多余的背景音乐，于是奥黛丽展现了爱德华描述她“坚强”的本色，写了许多信求情、甚至表达愤怒，表态支持曼西尼，并写信给他说：

没有音乐的电影就像没有燃料的飞机，无论制作得多美，我们仍然留在地面，留在现实世界。你的音乐载着我们起飞翱翔，凡是我们不能用言词说、用行动做的一切，你都为我们表达了。你用这么丰富的想象力、趣味和美完成这一切，你是最会歌唱的猫、最敏感的作曲家！谢谢你！

在这部影片的拍摄过程中，众人相处融洽，只有比柏和爱德华公开不和。奥黛丽和尼尔结为好友。一天晚上，奥黛丽邀她到家里吃晚餐，尼尔说：“我记得那是要工作的平常日子。拍片期间，梅尔对她管得非常严，因此我们喝了一杯酒，吃了一顿清淡的饮食，就道了晚安。我回到家时，太阳还没下山呢。”

《蒂凡尼的早餐》从小说搬上银幕，做了不少更动，包括荷莉的个性、故事风格及忧伤的结局。“这本书原本很辛辣，”卡波特说，“荷莉一角是实际存在的——不是像奥黛丽那样的角色。我心目中首选的演员是玛丽莲·梦露，她应该能完美演出我想要的味道。荷莉有某种感人的特质，梦露就有这样的特点。但派拉蒙否定我的看法，把角色给了奥黛丽·赫本。”对于他描述曼哈顿应召女、庄严又诙谐的原作，被改成“纽约市的感伤情人”，卡波特觉得很遗憾。

此外，电影把原著冷静而不带情感的叙述人，变成比柏饰演的年轻作家保罗。原本被阔太太包养的保罗，爱上荷莉之后，离开了贵妇。在小说的结尾，荷莉虽然被巴西未婚夫抛弃，还是飞到南美，自此展开（叙述者告诉我们）一连串寻觅、失落和旅行的过程；而在电影中，她被巴西未婚夫抛弃，接受了作家的爱。书中最后的雨景描写的是故事的悲伤；而电影片尾的雨景却见到这对情人热情拥吻，搭配着曼西尼的浪漫音乐。

电影缤纷的色彩、奥黛丽高雅的衣着和发型、她所呈现的角色，以及书中不可能有结果的恋情，这些对 1961 年的观众有不可挡的魅力，经过娱乐包装，这部电影吸引了新一代的电影观众。

导演爱德华和编剧乔治·艾克瑟洛德深谙电影成功之道，又能让电影的发展不致逾越分寸。他们在滑稽中融合甜美温馨，例如米盖·隆尼演得很夸张的古怪日本邻居，以及片尾的浪漫场景，那是奥黛丽在片中表现得最好的部分。

> 保罗：荷莉，我爱上你了！
>
> 荷莉：那又怎样？
>
> 保罗：那又怎样？很多样！我爱你——你属于我！
>
> 荷莉：不，人不会属于人。
>
> 保罗：当然会！
>
> 荷莉：我不会让任何人把我关进笼子里！
>
> 保罗：我没有把你关进笼子——我要爱你！
>
> 荷莉：那是一样的。
>
> 保罗：不，不一样，荷莉——
>
> 荷莉（大哭）：我不是荷莉，也不是卢乐美——我不知道我是谁！我就像这只猫——我们是一对没有名字的可怜虫。我们不属于任何人，也没有任何人属于我们——我们甚至不知道自己相互归属！

奥黛丽唱《月亮河》时有着动人的情感，片尾她的真情流露让人心疼。她的荷莉与书中的角色不同，但奥黛丽把这个迷惑的女孩塑造得可信。保罗无法抵挡她的魅力，观众亦然。

《蒂凡尼的早餐》的角色基本上是以情、色为动机，片中却呈现了好莱坞的双重标准。狂欢宴会、醇酒美人、自私自利和奔放的心，生成了纽约世故生活的时尚，而片尾两个情人暗示了他们会回归正道。他们长驻影迷的记忆深处，淋着大雨，彷佛天降甘霖的洗礼。这段万无一失的银幕老套，在1961年打动了数百万影迷，至今依旧感人至深。

第十二章

聚光灯下

（1961-1962）

“我偏爱黑、白，或如乳白、淡粉、绿色等淡色系，这些颜色让我的眼睛和头发看起来比较黑；鲜艳的色彩会压过我，让我失色。”

——奥黛丽·赫本

奥黛丽在贝达尼亚别墅过圣诞节时，听到了《蒂凡尼的早餐》佳评如潮的好消息，不久她更四度获得奥斯卡奖提名。梅尔还在期待他的写作或导演计划能开花结果，不过后来证明是徒然。纪梵希简明扼要地形容：“对梅尔来说，不太好受。”

“妻子的光芒胜过自己，就像奥黛丽胜过我这样，的确是问题。”梅尔承认，“制片人来电说想和我谈某部片子，其实是想以我为饵，钓出奥黛丽，我对这样的事总是很敏感。”谈到《翠谷香魂》，他倒是轻描淡写：“不是很成功。”

在此同时，费勒夫妇的好友及他们家的访客，都知道他们夫妻的心结。奥黛丽仍然抢手，梅尔只在次要的欧洲惊悚片和次级的古装片中“演出”——他在 1961 年 3 月 7 日写给凯特和路的信中这么说。不过他被拍到当短暂合作女星的护花使者，一如往常般风度翩翩、风流倜傥。与费勒夫妇都有交情的记者约瑟夫·贝瑞说：“假装梅尔和奥黛丽之间一切都好，真是说不出的怪。”

两人之间的紧张当然是奥黛丽长期焦虑的原因之一。“奥黛丽一直在这里当我们的厨师，”梅尔在 3 月 7 日那封信中继续说道，“因此我希望她像肖恩那样飞快地增加体重，他已经 10 千克了，有六颗牙。”3 月 8 日，全家人连同保姆一起到罗马，梅尔必须在那里完成一部片子。他写信告诉朋友说，希望奥黛丽仔细钻研她最爱的意大利面食，多长一点肉。她吃了不少意大利面，体重却没增加。

连下一部戏为她准备的及膝裙装，都掩盖不了她的瘦骨嶙峋。她要在片中穿简洁的衬衫式洋装、套装和羊毛连身裙装，每一件都衬着她竹竿似的身材。那些服饰像修女服一样，让她光彩尽失。这是她五年来的首部黑白片：以莉莉安·海尔曼的第一部戏剧《双姝怨》改编的同名电影。

奥黛丽同意演出剧中的教师凯伦·莱特，这是另一个颇具争议性的角色，一如她在《恩怨情天》和《蒂凡尼的早餐》中扮演的角色。比她小五岁的莎莉·麦克琳演出另一位教师马莎·杜比。编剧约翰·麦可·海斯非常忠于原剧本，这个故事的情节是：大学时代就成为莫逆的凯伦和马莎管理一所小型寄宿女校，一个被宠坏又任性的学生捏造了两位老师是同性恋的谣言，家长听闻传言十分恐慌，立刻安排学生辍学回家，无论两位老师如何否认都没用，甚至凯伦的未婚夫都不免起了疑心。最后连马莎都觉得，谣言可能有一些事实基础，激动地对凯伦告白说，自己对这位密友的确有压抑的情感。事后，马莎担心两人友谊不再，而且面临事业的破碎，因此自杀了结残生。

无论戏剧还是电影，它们的力量都来自纠缠在一起的三个叙事

主轴：第一是不怀好意的孩子捏造出毁灭性的谣言；第二是欠缺判断力的成人竟相信孩子的谎言，排斥他们以为是同性恋的女人；第三是讽刺的结果，这个丑闻竟让马莎自以为对凯伦有非分之想。

这出戏 1934 年在百老汇首演，两年后惠勒把它搬上银幕，但刚实施的电影制作规范，使改称《她们仨》的这部电影味道全失，成了异性三角恋，而非原本剖析偏见、狭隘和流言能杀人的作品。25 年后，惠勒想重拍此片，很快获得奥黛丽首肯：毕竟，他执导的《罗马假日》让她赢得了一座奥斯卡奖，她信任他，也相信他的判断。

因此，3 月底，费勒夫妇又回到好莱坞，这次仍是待在蔻儿俯看比佛利山的住家（蔻儿又到英国拍片，她很欢迎朋友留宿）。5 月 15 日，曾为希区柯克写过四出剧本的海斯把《双姝怨》的剧本交给惠勒；一周后，开始在好莱坞的高德温制片厂进行排演。

经过引见，两位女主角建立起轻松自在的关系，两人对剧中的角色都不致太敏感。“我把马莎的角色塑造成对凯伦又爱又敬，”麦克琳后来说，“让观众一开始就明白。但马莎没有察觉到自己的情感，直到那个小女生把她的行为夸张成谎言；其实在那个谎话中，有着一丁点实情。”

但惠勒看完第一个版本的剧本后，担心无法通过电影制作规范，因为规范中明订严禁同性恋情节；如果过不了规范的规定，就不能在美国的电影院上映。“惠勒一想到这个同性恋题材就双腿发软，”麦克琳说，“他把所有描绘马莎对凯伦爱意的镜头都剪了。”例如，马莎满怀爱意地整理凯伦的衣服、帮她梳发、为她烤饼干等，结果是把观众对马莎情感的了解和同情也剪掉了。

除了票房的考虑，惠勒之所以剪掉这些镜头，还有一个原因。他终究明白原剧本之间暧昧的情愫，想把它留在片中。虽然马莎可能是压抑的同性恋，面对谣言时才向凯伦告白，但片中的对话意味着马莎听到传言时，觉得那可能是真的。

马莎：一直都有什么地方不对。

凯伦：别再胡说了。

马莎：我有罪。

凯伦：你什么罪也没有！

马莎：我一直告诉自己，从我们听到那孩子这么说之后——我一直祈祷能说服自己。但我做不到，我不能再欺骗别人了，它就在那里，我不知道怎么回事，不知道为什么，但我真的爱你。我爱你。我恨你的婚姻——或许是因为我要你。

凯伦：这是谎言，你告诉自己的是谎言。我们从来没有这样想过对方。

马莎：不，你当然没有，但谁说我没有？除了对你之外，我从来没有对任何人有那样的情感。我从不爱男人，以前我总不知道为什么，或许这就是原因。

凯伦：你累了，你病了。

马莎：很有趣——全部混在一起了。你身上有某种特质，但你不知道，因为你根本不知道有这种特质存在。我以前说不出来，现在我明白了。它就在那里，从我认识你之后就在了。我不知道，它似乎又出现了。我已经毁了你的人生，也毁了我自己的人生。喔！我感到病态、龌龊，我无法再忍受了！

凯伦：这一切都不是真的。你从没有这么说过——到了明天，我们把它全忘掉。

马莎从“可能”变成确定——但它“全部混在一起了”。从这个角度来看，马莎就像被冤枉的无辜囚犯，为此刻她觉得该归咎于自己的事而感到歉疚。这种罪恶感让她回顾过去，认定她对现在的阐释是正确的。惠勒这部影片的一个优点是，它保留了这种暧昧，而这个悲剧的讽刺性在于，一方面谎言暴露了一丝事实，一方面这个漫天大谎让一个寂寞的女人无法承受，逼使她相信“不自然”的自己该死。无论如何阐释剧中人，这部剧本“重点都在描绘一件事：当人面对不实却可能是真的指控时，谎言如何引发压抑的情感，让它浮出表面”。

与麦克琳对戏时，奥黛丽表现出从《修女传》以来最专注而细致的演出。她在这部影片中不再有华服衬托，而以最微妙的表情和说话音调的变化来传达内心的迷惑，创造出动人又深入的角色。她和桀傲不驯学生的对手戏毫无电影女老师角色的窠臼；她和未婚夫（詹姆斯·嘉纳饰）的爱情戏有前所未见的温柔；她冷漠的控诉融入了恰如其分的痛苦；而她对朋友深沉的爱处处洋溢。这使得她发现马莎尸体那一幕更让人痛心。奥黛丽的眼泪，她面对眼前的恐怖景象不由得闭上双眼，她的声音从尖锐的叫喊转变为压抑的饮泣——所有学电影表演的学生都应该仔细研究。惠勒觉得奥黛丽的表现简直精彩绝伦。

多年后，该片和奥黛丽在片中的演技未受到应有的重视，原因可能是所谓的“政治正确性”：观众不接受两位女主角的被动，也不接受马莎的自杀。观众的想法是，同性恋不会因为无知的大众非难就该死，所以片中不应该出现自杀。这种论点错失了重点：马莎的生涯已经结束，而且担心失去即将结婚的朋友，这样的压力很可能超过人忍耐的极限。《双姝怨》揭露的并非所有人生的样貌，而是一些人生的样貌，以及某些人生很可能转变成的样子，例如成为残忍、固执、欺骗或自我仇恨的牺牲品。海尔曼的剧本剧名来自亨利·华兹华斯·朗法罗1860年的诗作《孩子的时光》。这首诗描写疼爱孩子的父亲在日暮黄昏时与三个女儿的游戏：

在黑夜和天光之间，

当夜幕开始低垂之际，

白昼的工作暂停，

现在是孩子时光。

而电影的情节取材自1810年发生在苏格兰的事件：一名学童指控女老师是同性恋，学童的祖母散播这则谣言，结果毁了学校。

8月中，这部影片完成；9月2日星期六，费勒夫妇动身回瑞士贝达尼亚别墅逗留了一个月。在他们出发前三天，奥黛丽写信给路：“告诉你和凯特，我多么爱你们两位。”

奥黛丽、肖恩和保姆随后陪梅尔到罗马待了六周，因为他必须完成《黑骑士》一片；接着他们又陪他到巴黎，因为他要演出《最长的一天》。此后奥黛丽搭机只坐经济舱，购车也只买沃尔沃或奥迪，而非昂贵的豪华大轿车。不过她还是得请司机，自从之前在比佛利山发生车祸后，她就不敢开车了。

另外，她还有个伴侣：自从奥黛丽钟爱的约克夏“声名”在洛杉矶被车撞死之后，梅尔买了同种的小狗“阿桑”，梵文的意思是“不规则”，因为它的眼睛和耳朵有点不规则。从这时到来年春天，全家一直没回布尔根施托克，只在圣诞节时在那里待了一周。

圣诞节期间，奥黛丽的公关罗杰斯来访。午餐过后，梅尔和他谈起妻子未来的角色——他建议奥黛丽应该怎么考虑，偶尔询问罗杰斯的想法。奥黛丽则继续喂肖恩吃饭。罗杰斯后来说："她总是不愿意讨论这些，对梅尔和我都不高兴。"

接着，梅尔换了话题。他一直讨厌纪梵希打着奥黛丽的招牌为"禁忌"香水做宣传，却从不支付酬劳，所以告诉罗杰斯："看在老天的份上，她连买他为她设计的衣服，都没有折扣。至于香水，你不觉得他应该送她成桶成桶的香水当礼物吗？她还得自己买——一毛都不打折！"

罗杰斯刚到巴黎和纪梵希谈过这件事：梅尔在奥黛丽不知情的情况下，要他去接洽索取酬劳——纪梵希一口答应。"你们都不明白，"这时奥黛丽说话了，"我不想要纪梵希给我任何报酬。我不需要他的钱——他是我的朋友，如果我帮他建立起他的香水事业，那正是朋友该尽的义务。如果有人给我 100 万美元，要我为香水做广告，我不会答应——但纪梵希是我的朋友，我什么都不要。没错，我宁可自己到店里以零售价购买他的香水。"

此时另一位宾客依约到访。来访者是戛纳电影节负责人罗伯·法布尔·勒·布亥，他想说服奥黛丽参加来年春天的戛纳电影节开幕典礼。罗杰斯反对这个主意：她没有电影参展，既不想要、也不需要这样的宣传。罗杰斯还说，奥黛丽参加影展会遭自我宣传之讥，因为她的光芒一定会压过到那里曝光的小明星。

但梅尔把罗杰斯拉到一旁，坚持要他安排奥黛丽参加影展。"勒·布亥是个大人物，亨利，"他说，"他很希望她与会。将来说不定我们需要他的人情。"奥黛丽对整件事无动于衷，自顾自地带肖恩上楼睡觉。

"她必须有个参加影展的理由。"罗杰斯告诉勒·布亥，"否则凭良心说，我不能让她参加你的开幕典礼。"两人商谈了半天，决定颁发一个特别奖给奥黛丽，表彰她对国际影坛的杰出贡献，而且把这个奖项当成传统，这样奥黛丽就能参加了。

当天下午，罗杰斯道别前往伦敦。第二天一早，他在旅馆里接到奥黛丽的电话，她在哭。她整晚没睡，非常难过。“你知道我多么喜欢你，”她边哽咽边说，“而且多重视你的友谊。我哭泣，是因为我决定不再请你作我的公关人员。我不会再请别人担任我的公关，只是我再也受不了这些。我不喜欢发生在我身上、我的生活和朋友之间的这些事。”

罗杰斯听得一头雾水。

“你先让我在纪梵希面前丢脸。你和梅尔竟说他占我便宜。我告诉你们——我不在乎。他是我的朋友。另外，昨晚你走了之后，发生很糟的事。我简直无地自容，非常难为情，当场就掉下眼泪，冲出房间。勒·布亥说，你想要勒索他，说你告诉他，要我去戛纳电影节的唯一条件，就是他得给我一个胡吹一气的奖。我不要你再为我工作了。”她停了一下，但依然可以听见她在啜泣——接着她说：“你还会是我的朋友吗？”

“当然，我们还是朋友。”罗杰斯轻声说。他衷心为自己造成她的困窘致歉，并解释自己只是尽公关之责。“奥黛丽，在我们说再见之前，你一定要了解一件事。你已经认识我这么多年，知道我做事的方法，很清楚我绝不会勒索勒·布亥。如果他笨到误解我的建议，而这个建议原本对他和你双方都有利，那么我也不想再和他有任何瓜葛——而且你不应该再理会他。”奥黛丽后来没有参加戛纳电影节。

“在我为客户尽了本分之后，被倒打一耙，真是让人沮丧。”多年后，罗杰斯说。若是他没有奉梅尔之命去见纪梵希，若是他事先知道奥黛丽不要香水的酬劳，“若是我直截了当告诉勒·布亥：‘不行，奥黛丽不能参加你的开幕典礼。’那么她依然是我的客户。”然而，两人友谊依旧。

由于奥黛丽接了米高梅的《恩怨情天》，又接了独立制片的《双姝怨》，所以还欠派拉蒙一部片约。制作高层赖金（就是先前不喜欢《月亮河》那一位）从合约部门那里发现，荷顿也欠派拉蒙一部片约，于是安排两位明星合演一部赖金认为绝不可错过的电影：重拍法国浪漫喜剧——朱利安·德威的《恩妮耶塔假期》，编剧是《蒂凡尼的早餐》的艾克瑟洛德，刚拍了几部喜剧的李察·昆恩执导。这部讽刺喜剧叫作《巴黎假期》。

奥黛丽显然因为三个因素而同意参与此片：该片在巴黎拍摄，由纪梵希设计戏服，弗林斯帮她谈妥周薪12500美元，另有5000美元生活费，在巴黎期间全程配有座车和司机。

筹拍一个月后，1962年7月，《巴黎假期》开拍。这部影片的故事是描述一位在巴黎的美国作家（荷顿饰），收了丰厚的订金编写剧本，却只顾玩乐，到了截稿前两天连一页都没有写出来。鸡飞狗跳之余，他雇请了一名打字员（奥黛丽饰），两人合力构思情节。两人从这个架构中发展出种种奇想，甚至实地演出，直到现实与想象的界线变得模糊不清。最后可以想见是浪漫的结局，不过连这个结局也被消遣了一番。

开拍几天后，奥黛丽才知道贝达尼亚别墅遭了小偷，她的《罗马假日》奥斯卡奖座被偷了，一同失窃的还有一幅毕加索的画和一些珠宝。最后在附近的森林只找回她的奖座。7月27日，奥黛丽写信给好莱坞作家霍普说：“小偷一定是发现全瑞士的黑市都没有可以销赃的地方。”

奥黛丽和荷顿自《龙凤配》的合作后，九年来都无联络，只偶尔在洛杉矶遇到。她并不想再续前缘，但觉得合拍此片至少可以合作愉快，只是她失算了。

这部片子在观众眼中觉得有趣，拍片现场可不然，主要原因是荷顿的酗酒。“我记得我为《巴黎假期》抵达巴黎机场时，”他说，“简直可以听到自己的脚步声在转机回廊里回响，就像死刑犯走上刑场似的。我明白自己要面对奥黛丽，还得管管自己酗酒的问题，而我恐怕两者都无法应付。”

他对与奥黛丽合作更感不安，因此藉酒逃避。“荷顿拍片时一直醉酒，”他的传记作者写道，“但没有一部片子比他在《巴黎假期》中的情况更严重。他一大早就喝酒，整天喝个不停。”昆恩曾与荷顿合作过一次，但这次大为惊骇：“荷顿根本不知道他已经醉了。”他抵达制片厂时不止一次根本无法工作，昆恩只好让大家回家。

整个拍片过程中，奥黛丽都很关心体贴荷顿，但荷顿有时似乎误会了她的意思，自然不免失望；他一失望就喝得更多，让奥黛丽更加热心，结果让荷顿更怀抱不切实际的期待，使奥黛丽更加同情——如此这般，恶性循环下去，在拍片的四个多月中，情况每况愈下，只是在电影中看不出来。

不久，情况就到了临界点，昆恩不得不说服荷顿进戒酒诊所。拍片工作暂停，天天烧钱，直到担任联合制片人的艾克瑟洛德急电老友汤尼·柯蒂斯，请他赶赴巴黎客串一角。于是大家赶紧为柯蒂斯写剧本，拍出该片最有趣的片段。他在片中饰演一个自以为是的浮华演员（黛德丽和梅尔在片中有几秒镜头）。一星期后，荷顿总算暂时清醒，回到制片厂。此时奥黛丽有时间回顾她截至目前所拍的镜头，不过她并不喜欢。

在此之前，她有五部影片是由奥地利伟大的电影摄影师法兰兹·普兰纳拍摄——《罗马假日》、《修女传》、《恩怨情天》、《蒂凡尼的早餐》和《双姝怨》。普兰纳曾拍过逾150部影片，奥黛丽和他亲如父女，不仅依赖他打出漂亮的灯光，而且拍出最合适的角度。那年秋天，普兰纳罹患癌症，旋即去世。她运用影响力，要求更换《巴黎假期》的摄影师克劳德·雷诺阿。她的愿望就是命令。到了周末，她推荐的人选到了，就是曾在《龙凤配》中把她拍得俏皮可爱的朗恩。

这时轮到饰演荷顿的好莱坞老板的克华德有三天戏份，他在日记中写道："影坛最美好、最有才华的女孩奥黛丽送玫瑰花给我，还一直赞美我。荷顿戒了酒（那一周），看起来年轻了 15 岁，合作起来很愉快……奥黛丽和荷顿都很迷人，汤尼·柯蒂斯也是。"但不久荷顿又开始喝酒，又被送去勒戒，剧组只好拍奥黛丽的特写。

那一个星期，媒体报导她连续第三年被选入服饰名人堂，她接受了访问。她谈到自己私下的穿着很简单，就是直的长洋装或长裤配短上衣。她最喜欢的耳环是小颗珍珠款式，而且只要一分钟就可以搞定化妆，"但色调缺乏重点，所以我偏爱黑、白，或如乳白、淡粉、绿色等淡色系，这些颜色让我的眼睛和头发看起来比较黑；鲜艳的色彩会压过我，让我失色"。她认为自己很高又瘦削，"从不穿垫肩或呈方形的肩形，我常用袖孔和领子来塑造窄肩而非宽肩的印象。我也穿平底鞋，塑造我比实际娇小的印象"。

那一年，奥黛丽 33 岁。拍片前，她终于完成了从 1956 年开始的漫长牙齿矫正。原本她最讨厌的弯曲而尖利的牙齿终于换掉了，咬合不正的问题改善，还有几颗牙装了牙套。从《甜姐儿》之后，她就很少在片中露齿而笑，现在她终于可以随性对导演、摄影师和观众展颜欢笑。在《巴黎假期》中，她的笑容非常明显。

影片完成后，送到派拉蒙给高层观赏。不幸的是，很少有主管了解艾克瑟洛德对编剧赶稿的讽刺，或者也许他们了解但不喜欢。大家更没有注意到片中讽刺奥黛丽先前的作品，以及《北非谍影》

《巴黎假期》剧照，赫本的明星魅力无人能及。

或《正午》等名片的片段。

虽然《巴黎假期》最后三分之一失去了原来的步调和活泼，变得像好莱坞内行人的笑话书，对了解该片拍摄困难的人来说，这部影片就是应该以嘲笑影坛大亨和抢钱的角度切入。该片也以玩笑的方式嘲弄了浪漫绮想，犀利地刻画人生如梦，就像一场戏一样。因此，《巴黎假期》的成绩远比派拉蒙所想的更好、更深入。现代观众总以为喜剧就不必细致，直截了当，无需风格，惹人发笑就算成功。但这部影片不止如此，它在很多方面都是梅尔·布鲁克斯后期作品的原型。

然而，荷顿的种种问题害了导演、全体人员和整部片子。派拉蒙决定把影片拖到1964年春天再上映，因此影评人知道公司高层担心这部片子不会有好评，而他们的意见果然一面倒，全是负面评价。40年后的今天再观赏此片，会觉得它优于《蒂凡尼的早餐》。奥黛丽在《蒂凡尼的早餐》中似乎有点冷漠，对片中的玩笑有点不知所措；而在《巴黎假期》里，奥黛丽以讽刺平衡了闹剧，身为爱上雇主的打字员，她灵活又满心少女情怀，喜感发挥得恰到好处。虽然工作情况困窘，她却发挥了喜剧天赋：似乎什么都很在意，又什么都不放在眼里。

1962年10月初，奥黛丽完成了《巴黎假期》的戏份。通常她一拍完戏就会直冲回家，但这次虽然想念肖恩，她却待在秋凉的巴黎，马上展开另一部影片的演出。现在她没有欠派拉蒙任何片约了。多南（《甜姐儿》的导演）请她饰演彼得·史东原著的浪漫惊悚剧主角，片中有不少暴力镜头。

这部名为《谜中谜》的电影，背景设在法国境内的阿尔卑斯山和巴黎，是一部现代风格的热闹喜剧。影片内容描述雷吉娜·兰伯特打算和有钱的丈夫离婚，却发现他已经遇害，而且身后未留分文；于是她请出有多重身份、多个姓名的人物彼得·乔舒亚，结果发现他也觊觎她丈夫的财产，另外还有三个凶手在追查财宝。最后发现，兰伯特先生偷了二次大战期间这五个人共有的财宝，大家都认为雷吉娜知道财宝的下落，加上多疑的美国情报员来搅局，但没想到一个个凶手都遇害——直到最后惊人的浪漫结局，让雷吉娜和最先称为彼得·乔舒亚的人团圆。

7月荷顿第一次进戒酒中心那一周，奥黛丽读了《谜中谜》的剧本，表示有意参与演出，但有两个条件：一是加里·格兰特饰演彼得，二是查尔斯·朗恩担任她的灯光摄影师。后者有空参加，加里却表示另有片约而婉拒，而且他对两人的年纪差距更加在意——他即将59岁，她才33岁。不过最后，他原先片约的剧本太烂，所以同意加入《谜中谜》，但要求做些更动，让他和奥黛丽之间的关系更有喜感。与荷顿及昆恩合作的经验，让奥黛丽相信，无论自己是否内向，只要搭配适当的男主角，就可以有相当的喜感。更重要的是，史东写的对话非常精彩，大概任何演员都可以有好成绩。

虽然男女主角年龄相差悬殊，但加里做到了鲍嘉、方达、阿斯泰尔和库珀等人没做到的，让观众相信两人之间的浪漫情愫。其实之前在希区柯克的《西北偏北》中，54岁的加里和年方34的伊娃·玛莉亚·桑特（Eva Marie Saint）对戏，便丝毫未让观众感觉年龄的差距。但现在他已年近60，不想在奥黛丽旁边丢人现眼，坚持更改部分对话，让观众觉得是奥黛丽在追他，而非他追求奥黛丽。

雷吉娜：有乔舒亚太太吗？

彼得：有，但我们离婚了。

雷吉娜：我不是求婚——只是好奇。

彼得：你先生和你在一起吗？

雷吉娜：哦，查理很少和我在一起。我们先分房，现在尝试分居不同的城市。别人怎么称呼你？老彼？

彼得：乔舒亚先生……嗯，和你谈话很开心。

雷吉娜：你生气了。

彼得：没有，我没有生气——我得收拾一下。我今天也得回巴黎。

雷吉娜：哦。莎士比亚是不是说“萍水相逢，不久就会再见”？

彼得：莎士比亚从没说过这句话。

雷吉娜：你怎么知道？

彼得：这太糟了——是你捏造的。

雷吉娜：总之，这个想法是对的。你会打电话给我吗？

彼得：电话本上有你的电话吗？

雷吉娜：有查理的。

彼得：只有一位查理·兰伯特吗？

雷吉娜：老天爷，希望如此。

多南安排了一场餐会，让两位明星相互认识。奥黛丽和导演先到，加里抵达时，奥黛丽起身表示她非常紧张。“请千万不要。”加里说，“我非常高兴认识你，请坐。把手放在桌上，头压低，深呼吸。”

奥黛丽闻言照做，没想到撞倒了一瓶红酒，弄脏加里乳白色的西装，使她羞愧难当。大家都盯着这边瞧（多南记得），“加里脱下西装外套，从头到尾就这样轻松地用餐。”

“我非常不好意思，一直不断道歉。”奥黛丽说，“但加里很亲切。第二天，他送来一盒鱼子酱，附上便笺，要我别自责。”多南把这一幕用在电影里，男女主角在塞纳－马恩省河畔漫步时，奥黛丽不小心把一球冰淇淋洒在加里的衬衫上，结果获得男主角同样亲切的反应。

10月中旬，两位明星展开合作（她才刚拍完昆恩的影片几天），两人之间有一种未言明的良性竞争。加里一向保护自己的形象，深谙好坏宣传的价值，因此时时注意巴黎的报章杂志，确定他的名字和经他同意的好看照片不时出现。而奥黛丽也会审查自己的宣传照：例如，她通常不会同意发表随性拍摄的照片，她已经从剧照大师那里学到精准制片厂灯光、仔细的化妆，以及最有利的姿势，可以产生何种效果。在《谜中谜》中饰演要角的华特·马殊坦承，奥黛丽所教他的关于摄影的知识，比任何导演都多。

每个影片制作单位都有摄影师在现场，记录演员和工作人员的情况，作为广告及宣传之用——但他们拍摄的照片必须经过严密审核，才能公布。加里和奥黛丽重视剧照，当然有一点虚荣的理由，但当时还没有无所不在的工作人员守护及指导演员，因此他们对细节的注意不过是职业警觉的一部分。而且无论剧组人员感觉到两位主角之间有多么微妙的嫉妒之情，都因相互尊重和对共同合作的欣赏而烟消云散。

奥黛丽觉得加里“敏感、保守而安静”，加里对她感受相同。她又说：“与他合作非常愉快，他很会表达，却又保守。他过着非常平静的生活，我也是。我想大半是因为害羞，希望与你觉得自在的人相处，而不要一直忙着突破新局。我想因为他是容易受到伤害的人，所以他也发现我很容易受到伤害。我们有这个共同点，他的智慧比我高，协助我面对它。有一天，当我紧张抽搐时，他对我说了一句很重要的话。我们正挨在一起坐着，等着拍下一个镜头，这时他把手放在我的双手上说：‘你得学着更爱自己一点。’我一直想着这件事。”

这个被全球数百万影迷当成偶像喜爱的女人，因为她的美、才华和言行举止而受到欣羡赞美，但她应该更爱自己一点，这并不让人惊讶。或许电影明星（尤其是女星）最令人沮丧的一点就是，因为知道永远有电影公司、导演、经纪人、共事者、媒体和社会大众不断评断他们，因此他们必须一直自我批评。只有最傲慢的演员才会相信自己的外貌十全十美，才华无人能及，对自己的爱坚强到足以承受现有的一切批评，以及对未来的一切忧虑。奥黛丽并不骄傲，甚至可说异乎寻常地易受伤害，因此加里的说法不仅正确，而且有鼓励之意。

就像许多既庄亦谐的惊悚片一样，《谜中谜》在人们心目中的评价可能略高于实际情况——主要是拜两位主角精湛的演技所赐。当时许多影评觉得这部影片有太多暴力——该片在肯尼迪总统遇刺后两周上映——但所有惊悚片的要素无一不缺：复杂的情节转折和多重身份的变换、滑稽又邪恶的暴徒、偷鸡摸狗的战争英雄，以及让人心痒难搔、可望不可及的宝藏，都混在漏洞百出、令人难以置信的故事里。不过没有关系（观众的确不在意）：有奥黛丽、加里和巴黎，而且全部精彩极了。

刚开始演出《谜中谜》时，奥黛丽得知远比入选服饰名人堂、名列最佳穿着女星名单更好的消息。1956 年在纽约看过歌舞剧《窈窕淑女》之后，她就希望有朝一日这部剧作搬上银幕时，能扮演片中卖花女伊莱莎的角色。这并非空想，因为在许多方面，她都是这个角色的一时之选，但是 1962 年时她已经 33 岁，至少比伊莱莎这个角色大了 10 岁。而原本在纽约和伦敦饰演这个角色的朱莉·安德鲁丝，首演时年方 21，而且歌喉美妙。

《窈窕淑女》改编自萧伯纳的音乐剧《卖花女》[①]，是灰姑娘故事的翻版。故事背景在1912年的伦敦，描述老学究亨利·希金斯教授收容了一口伦敦土腔的贫穷卖花女，打赌要在短时间内矫正她的言行举止，让她成为名媛淑女，后来果真成功，大家把她当成了公主。

在《窈窕淑女》中，编剧和作曲者搭档亚伦·杰·勒纳和菲德列克·洛伊把伊莱莎塑造成值得同情的角色，但需要一个会演能唱的演员来饰演。这个卖花女粗俗却讨喜，在希金斯教授严厉的督导下，她必须能打动观众的心，又维持喜感；等她蜕变为希金斯（及观众）梦想中的理想女人后，又得表达出丑小鸭变天鹅的一点难为情，而且女主角要开口唱至少七首歌。

1962年10月30日，弗林斯终于为奥黛丽谈妥主演该剧的事宜，男主角由原先在百老汇饰演希金斯的哈里逊来担任。杰克·华纳在电影版权上花了550万美元，制作经费为1700万美元，成为好莱坞有史以来最昂贵的电影。根据奥黛丽的合约，她的酬劳是142857.15美元，加计1963年至1969年每年7月1日的红利后，她的报酬共为110万美元，甚至超过了当时正在拍摄《埃及艳后》的伊丽莎白·泰勒的百万美元合约。

弗林斯与华纳进行关于这部影片的最后磋商时，《窈窕淑女》结束了在纽约六年半共2717场演出，安德鲁丝在百老汇和伦敦西区演了三年半，有不少戏迷。继《窈窕淑女》之后，勒纳和洛伊又为安德鲁丝写了一出音乐剧《凤宫劫美录》。1962年，她年方27岁，大家都以为电影中的卖花女角色非安德鲁丝莫属。

但电影公司仰赖国际市场赚钱，因此演员必须是国际知名明星。

① Pygmalion一词源自古希腊罗马神话，指为了雕刻出心目中完美的女人而被自己的创作吸引的艺术家。

对于请安德鲁丝这样在纽约和伦敦很知名，在慕尼黑和马德里未必有号召力的演员，华纳没法放心。这位制作人觉得请哈里逊主演同样要冒不少风险，但加里婉拒演出，这个角色才轮到哈里逊。

华纳听了所有支持安德鲁丝的争论，也知道可以用比奥黛丽低很多的价码请到她，终于信心满满地作了决定。

第十三章

美好的歌声

（1963-1965）

“从排演第一天开始，她就已经非常动人又真实了。”

——塞西尔·比顿

杰克·华纳签下奥黛丽饰演《窈窕淑女》的女主角时，有些记者质疑他为什么保留原剧的两位男主角哈里逊和霍洛韦（饰演伊莱莎的父亲），却没有留下安德鲁丝，但历史站在他这一边：以知名电影明星来取代原本舞台剧的演员并非特例，尤其在歌舞剧中更是如此。1963 年 6 月 4 日，在电影公司举行的记者餐会上，杰克·华纳正式向媒体介绍该片的演员、导演乔治·库克和服装设计塞西尔·比顿，后者是此剧的百老汇原班人马之一，1953 年 7 月他在伦敦结识奥黛丽。杰克·华纳谈及未来制作上的问题，并唱了一番关于“电影艺术”的高调。当天，每个人都对这个史无前例的大制作非常满意，友善的好莱坞一团和气。

《窈窕淑女》的准备工作、布景和戏服是浩大的工程，花在奥黛丽鞋子上的心思绝不亚于花在她服饰上的用心。同年3月，她曾写便条给库克，要求鞋子一定要量得精确："因为从我学芭蕾以来，双脚就倍受折磨。"

这部影片的内外景将在洛杉矶郡华纳兄弟的柏班克制片厂拍摄。那年春天，库克、比顿和艺术指导金·艾伦已经赴伦敦展开前制作业，从红砖房到教授家中的图书室，从壁纸到家具到装潢，从衣着到仆人的帽子，到大赛马会时中上阶级伦敦市民所穿的衣着等细节，全部精密地考察记录。柯芬园皇家歌剧院、圣保罗大教堂和市场等场景，都用"强迫透视"的视觉手法一一重现（这种手法是在愈接近峰顶的地方，把山脉比例放得愈小，塑造出看起来比依照原比例更高耸巨大的错觉）。

华纳坚持不要一般的内景，不要观光客眼中的伦敦，因此在所有细节上，《窈窕淑女》都达到流行娱乐艺术成就的极限，每个景物的逼真程度都令人叹为观止。这是极困难的成就，而讽刺的是，却也是后来美国大众不喜欢音乐剧的原因。

5月间，奥黛丽、肖恩和保姆抵达在洛杉矶已经为他们租好的房子。奥黛丽每天在歌唱老师哈泼·马凯及发音老师彼得·拉德福格德的指导下练唱；前者教她乐曲，后者教她伦敦高低阶层腔调的英语。梅尔偶尔来探望他们，竭尽所能寻觅各种能演出的角色。

"我们一直听到关于奥黛丽婚姻的传言。"辛尼曼太太写信给凯特和路说。她担心奥黛丽，"因为一直没听到她的消息"。那一整年，奥黛丽几乎与多数朋友断绝了往来，不仅因为忙于工作，而且如辛尼曼太太的揣测：她的婚姻极不美满。

库克、勒纳和比顿都前往致欢迎之意，"她两岁的儿子肖恩也在场，她非常爱她的儿子"。他们在奥黛丽的住处喝茶、吃果酱饼，她突然问道："你们会在电影里用我的歌声吗？"好吧，她的歌声会用在多首曲子里，不过有些音会用枪手的歌声。这让她宽了心，因为她担心自己的歌声在原声带中会被专业歌手替代：如果说话的是她，唱歌的是其他人，观众不免觉得刺耳；而若他们请唱歌剧的歌手来唱伊莱莎的歌，又不忠于这个角色。

事实上，奥黛丽的合约中说明，电影公司可以用其他人的歌声来取代奥黛丽的声音。但从歌唱老师来教导奥黛丽那天起，华纳和库克就说，她一定能把歌曲唱得很美，他们一定会用她自己的歌声；何况可以预先录好她的歌声，演出时对嘴就行了，剩下的只要事后在录音室作业即可。那个5月的午后，奥黛丽说："我会努力提高歌唱水准，依你们的要求尽量上课。这是我的工作——学会唱歌跳舞。"

隔周定装时，比顿说奥黛丽心情愉快，"用伊莱莎的土腔说话，和所有崇拜她的助理开玩笑"。两周后，她坐在化妆部门的镜子前面，戴着卖花女的假发和破烂帽子——但没有上睫毛膏和眼线，看起来与先前任何一部影片及剧照中的模样截然不同。如比顿所言，只要技巧地画画眉毛和睫毛，她就是现代美女；但若不化妆，她便属于另一个时代，成了哀伤可怜的小女孩。比顿说："从排演第一天开始，她就已经非常动人又真实了。"

到了6月底，比顿认为奥黛丽对自己歌声的忧虑是杞人忧天："她一来就拼命学习，因此她的声音已经大有进步，足以演唱伊莱莎大部分歌曲。"库克和华纳本人都这么对她说。

其实他们是刻意欺瞒她，这种作法严重破坏了伊莱莎在影片中的效果，也损及该片的艺术成就。

5月16日，库克及勒纳私下与歌手玛妮·尼克松会面，她曾为黛博拉·蔻儿（《国王与我》和《金玉盟》）及娜妲丽·华（《西区故事》）配音。他们试听了一下，决定请尼克松如法炮制，为奥黛丽配音，而且要求她对这件事守口如瓶。5 月 20 日，华纳的主管助理崔林发了一封密件给《窈窕淑女》的制作人员：“6 月 24 日以前，伊莱莎声音的替身一定要准备好，完全排练完成，随时可以上场。”奥黛丽（和比顿）“还全神贯注于歌唱课上”，对这件事毫不知情。7 月 9 日，她和库克、音乐指导安德烈·普列文、乐团，以及几位主管会面，准备预录歌曲。“对奥黛丽来说，这是严厉的考验。”比顿在日记中写道。

经过几个星期排练、试装、化妆、灯光和底片等测试，开拍的大日子终于定在 8 月 12 日。“大家都神经紧绷，”奥黛丽对共事者说，“这件事对我们所有人都很重大。”她匆匆写了便笺给父亲及他的妻子：“我们蓄势待发，在开始前还千头万绪，但如果我们继续排练三年，一样不会有做好准备的一天，所以我们就这么开始吧。我经常想起你们两位。”

比顿和大家一样，发现她很安静，而且“一切井井有条，记性从未出错，每次出场台词都背得好好的，能一次又一次重复表演”。

另一方面，尼克松在录制伊莱莎的歌曲。“其实我们已经决定由尼克松为奥黛丽配音。”普列文的助理马凯说。但没有人告知奥黛丽这个消息，她依然配着自己的录音对嘴唱歌，一心以为除了几个高音之外，全片中伊莱莎的歌曲都会用她自己的歌声。“奥黛丽每天早上都会吊嗓子半小时，日子就这样过去。”马凯继续说。更糟的是，库克、普列文和勒纳听了奥黛丽的歌声后不住赞美，奥黛丽相信了他们。她演完高唱《难道不美好吗？》那段之后，临时演员和工作人员都大声鼓掌。

“你听到了吗？”那天奥黛丽收工后，兴奋地问库克，“他们真的鼓掌了！”

“奥黛丽，”库克温和地说，“因为那是你的声音。”

事实上，库克、勒纳和普列文都不知道，当天技师真的是用奥黛丽自己的配音，而不是尼克松的声音，所以奥黛丽热泪盈眶地说：“那的确是我的声音。”

但即使是奥黛丽，也不能改变公司的决定。尼克松录完了所有伊莱莎的歌曲，最后的结果与奥黛丽的期望相反：伊莱莎的歌声是用尼克松的配音，只有少数地方穿插奥黛丽自己的声音——显然是为了让华纳能宣称奥黛丽在片中用自己的歌声，而不致是纯粹的谎言。这真的让奥黛丽大失所望，她已经为自己的歌声、咬字和表演心力交瘁，结果与她所想的大相径庭。当她得知真相时，一定心情低落，但自从那天之后，她都没有显露出沮丧或气愤的情绪——只是尽力做好自己的工作。

根据普列文的说法，这部电影请尼克松配音，是因为“奥黛丽·赫本自己不能唱……但此剧女主角的歌声必须像鸟儿一样婉转动听，尤其雷克斯·哈里逊又是说唱大师”。但普列文——还有库克、华纳及其他人——犯了大错。这部电影现今的版本依旧采用尼克松的歌声，声音明亮灿烂、宛如歌唱家，那是极高的成就，但很不适合剧中的角色。她的歌声很适合《国王与我》，因为蔻儿在剧中饰演受高等教育的英国淑女。另外，尼克松为在《西区故事》中扮演女主角玛丽亚（住在纽约的波多黎各女孩）的娜妲丽·华配音，也还可以接受，因为该片既歌又舞，原本就未必写实。

奥黛丽录制的歌曲目前还保留了两首——《难道不美好吗？》及《给我看》。听完这两首歌，不难决定该用谁的歌声：观众实在应该听奥黛丽自己的声音。她的歌声当然与安德鲁丝及尼克松大异其趣，但反而能增添人物的真实感。在孤独的卖花女伊莱莎想象什么才美好时，听到她动人的中音域声音突然换成歌剧女高音，未免

让人匪夷所思。

奥黛丽在《甜姐儿》和《蒂凡尼的早餐》里的歌声很适合她的角色，在《窈窕淑女》中应该一样。因此，华纳的想法应该是在未考虑大局的音乐指导，以及只知奉命行事的导演配合下决定的，否则不会有这样的结果。如果华纳一开始就知道奥黛丽在片中不必开口，全部要找人配音，何必请奥黛丽演出？为什么花 100 万美元请一位不开口唱歌的女星来演音乐剧？如果他从奥黛丽过去的演出中了解她可以唱歌，为什么不让她自己开口，何况这么做有较高的可信度！

结果片子一上映，只要伊莱莎由说转唱，就让人觉得很不协调。这种出于发声风格的差异，使《窈窕淑女》给人原本绝不该有的感受：让观众察觉到影片片段的不真实，看出虽然留在银幕上的还是奥黛丽，但伊莱莎已经从幕前消失。

在攸关《窈窕淑女》成败的 1963 年秋天，即使是不经意的观众，都会注意到尼克松轻快的歌声取代了奥黛丽的声音。例如奥黛丽唱着《给我看》这首歌时，应该是对她的对象光说不练的男人发怒，所以这首歌应该有点尖锐刺耳——然而，观众此时和后来听到的都是无懈可击的咏叹调。尼克松坐在录音室里录这些歌曲，不必又唱又演。

从这些插曲可以看出，这根本就不在她和电影公司的考虑中，她的歌声虽然精准，却嫌空洞。因此，观众看到奥黛丽精湛的表演，被电影公司误判观众反应而插入的歌声硬生生打断。虽然普列文有他的考虑，但奥黛丽原本的声音和哈里逊独具风格的说唱原是绝配，这样电影就能确保这两个角色的真实性。

自从 1965 年《音乐之声》一炮而红之后，观众对剧中角色拉开喉咙唱出美妙歌声愈来愈不耐烦；至于《窈窕淑女》让奥黛丽获颁奥斯卡奖的希望，自公司采用尼克松的声音后就愈来愈渺茫。原因很清楚：大家怎么可能在她主演音乐剧却不开口唱的情况下，投她一票?

一年后，有记者向奥黛丽提出这个问题，提及她在片中的说话与歌唱风格截然不同，奥黛丽的回答是：“你分辨得出来吧？雷克斯有些歌都是自己唱的。”——但她没有把话说完。这时她真该唱着片中另一首插曲：“你们等着瞧。”

这部复杂的片子的压力，加上随之而来的沮丧，使她心力交瘁。而且那个夏天洛杉矶热浪侵袭，柏班克制片厂所在地圣佛南度谷的情况火上加油。9月28日，奥黛丽写信给父亲说：

> 上周我们全像置身在炼狱中，只能喘气求生。制片厂里每天都热到摄氏43度至48度，连晚上也好不到哪里。我们在床上气喘吁吁地度过燠热的夜晚，却发现第二天一早迎接我们的是来自沙漠更热的空气。每逢周末，我们都泡在泳池里，泳衣是我们的求生装——可是对数千瓦灯光下伊莱莎的厚羊毛裙和蕾丝长靴，我却一筹莫展，只能在戏服里漂来漂去。

不过她在信中没有对父亲提到自己的钻石婚戒不见了，那个戒指放在她更衣间的袋子里被偷了。

在这样的气候下，奥黛丽每天一早五点就得到片场化妆，打扮成邋遢的卖花女。专业人员要花一小时，把泥土塞进她的指甲缝和耳后，涂黑她的脸，让她变成褴褛的伊莱莎，晚上卸装又要一小时。到了影片后半段，化妆更麻烦，每一个镜头、每一件衣服、每一个发式都得调整，奥黛丽只好在工作人员帮她上妆前，猛喷“禁忌”

香水。

11 月 19 日，她已经濒临崩溃边缘，遵医嘱必须休息三天。她在 22 日星期五回到制片厂，当天工作愉快地进行，直到近中午，有人拿着手提收音机跑来找正在和奥黛丽讨论一个场景的库克，大家才知道肯尼迪总统遇刺身亡的消息。“我太惊骇了，没法向全体人员宣布这个消息。”库克说，“其他人也无法做到。这时奥黛丽说：‘让我来。’”她拿起麦克风说：“美国总统过世了，我们暂停两分钟，为他祈祷。”

许多人站着哭泣，有些人吓得呆若木鸡。过了一会儿，奥黛丽说：“愿上帝赐福给我们。”接着，他们继续拍片到晚上 6 点，因为进度已经落后五天（有三天是因为奥黛丽身体不适）。一年后，记者问起那天的情形，奥黛丽说：“英美剧院的传统，就是由男女主角向剧团做重要的宣布，我只是尽该尽的义务。”

由于在拍片最后期间，媒体盛传奥黛丽的角色是由未参与演出的尼克松在幕后配音，因此 1964 年秋天影片上映后，影评免不了注意到这点。伦敦的媒体对该片前半段批评严厉，主要是因为奥黛丽的口音不对。

许多美国媒体无法跳脱安德鲁丝在这出剧作中的印象，难以体会电影版这个角色的独特性，不过重要的影评对奥黛丽的演出赞誉有加。一位纽约的记者写道：“她的机智随性发挥，而她像火山爆发的坏脾气的确教人屏息。”《纽约时报》对她的赞美不遗余力：“赫本表现出对剧中角色的敏锐和生动的演技……在辛辣讽刺的赛马会一景，她艳若桃李，又独具喜感；而在大使馆舞会那场戏，她冷若冰霜；在片尾她渴望爱的那一段，非常犀利。”连《纽约客》也称颂奥黛丽的演出：“她的本质和特性，使她的伊莱莎虽然与安德鲁丝诠释的截然不同，但绝不逊色。”

奥黛丽在每一场戏中的表现都生动自然。她扮演的卖花女自然又讨喜，舞台上的伊莱莎可能无法望其项背。因为电影用特写镜头来拍她对傲慢教授的反应表情，她表现出街头流浪女孩的尖刻，又呈现突如其来的雄心。后来这个全新的产物出现在大使馆舞会上，奥黛丽的诠释是在她高贵优雅的外表下，露出一丝微妙的俗艳——眼皮上的一抹艳光，最难察觉的一丝微笑。这些使得过去身为女孩的她，与如今她即将变成的女人并存。

奥黛丽当时或许从没这样想过，但 1963 年 12 月拍完《窈窕淑女》时，她所面临的正是这种转变：她知道自己的婚姻已无可救药，却不打算离婚，并且勇敢地努力挽救那不可避免的结局。肖恩后来谈到父母当时的情况说："那非常困难，也有不少压力，因为他的事业已经过了颠峰，而她仍当红。"她期待爱"就像人们自动自发地送花给她，而不是由她伸手索讨而来。当这个希望破灭，一切就分崩离析"。

费勒夫妇之间情感的淡薄，一如两人相处的距离那般遥远。当时梅尔到西班牙拍《罗马沦亡记》，接着赶回好莱坞拍《单身女郎》，接下来又准备编写和演出西班牙片《卡布里欧拉》，并到国外拍摄著名画家艾尔·葛雷柯的生平。

由于夫妻长久分隔两地，1964 年初，奥黛丽作了决定：虽然她接到不少工作邀约，但为了挽救婚姻，决定带着四岁的肖恩，跟着梅尔四处拍片。她写信给想说服她拍音乐剧《孤雏泪》的库克说："我把时间平分给梅尔和儿子。若是梅尔和我能够一起照顾孩子，不要分离，该有多好。"她婉拒了片约，不过信中倒没提梅尔和她的确曾考虑一起拍一部电影：西班牙的费迪南德和伊莎贝拉的故事——但明白他导她演并不容易，因此放弃了这项计划。

库克、辛尼曼夫妇、凯特和路在短暂的拜访中，都感受到奥黛丽几乎不顾一切挽救家庭的努力。她忍受酷暑，陪着梅尔拍一部以法国教育家尚－巴提斯特·德·拉萨尔生平为主题的西班牙片。大约此时，他们在太阳海岸附近买下一栋夏季别墅，以奥黛丽的名字为名，称作“圣塔凯特琳娜”，想作为避暑之地，不过后来不常造访。

同年秋天，奥黛丽得履行合约，巡回美国各地，为《窈窕淑女》做宣传，只好离开梅尔和肖恩。奥黛丽写信给“最亲爱的爸爸和斐黛玛”说：“我真想回到我们温暖的小木屋和寂静的山里。我到美国为《窈窕淑女》做三周宣传，梅尔可以到纽约来参加首映，但他第二天就得回罗马工作，我必须独自到处跑。”她写了满满五页关于“杰出的”肖恩和他新养的德国狼狗，只提到《窈窕淑女》一次。

1965 年 2 月 23 日，美国电影技术学院在好莱坞宣布了奥斯卡奖提名名单。除了《窈窕淑女》之外，1964 年还有一些好片，如《奇爱博士》、《雄霸天下》、《希腊人左巴》和《欢乐满人间》；获女主角奖提名的包括安德鲁丝（《欢乐满人间》）、安妮·班克劳馥（《太太的苦闷》）、苏菲亚·罗兰（《意大利式结婚》）、黛比·雷诺（《攀龙附凤》），以及金·史坦利（《雨天下的迎神会》）。

奥黛丽写信给库克说：

> 至于提名这件事，我想我是众人皆醉我独醒的唯一一人。每个人似乎都在找理由解释，在我看来却非常简单——我的表演未臻水平。我坚信即便有人对杰克·华纳或我怀恨在心，或者要确保朱莉·安德鲁丝得奖，只要我的表现够水平，那么他们都只是白费心机。《窈窕淑女》对我的意义如此重大，

因此我不由得偷偷希望能够获得提名，但绝不奢求。因此我虽然失望，不过不像一些好友那么震惊。我惊讶的是随之而来不断的压力……要我在盛会当晚到加州。

库克回信给她，只是一味地抗议，认为她之所以未获提名，是因为华纳没有在提名之前，让此片在洛杉矶大部分戏院上映。然而，奥黛丽明白，《窈窕淑女》的宣传已经足够，才会赢得12个奖项提名，而她是全部演出者中在四大奖项唯一未获提名的演员。

3月31日，英国影艺学院因奥黛丽在《谜中谜》里的表现，提名她为年度最佳英国女演员，不过她在好莱坞未受重视。4月5日，颁发奥斯卡小金人，奥黛丽出席了。她勇敢地答应从欧洲到好莱坞颁发最佳男主角奖——这样的任务真是只有虐待狂才想得出来。她满心欢喜地念出得奖者的名字：雷克斯·哈里逊。他起身拥抱她，非常骑士风格地说：“在这里，我要感谢两位窈窕淑女。”其中一位已经在台上，而另一位，简直就像事先安排好似的，马上上了台。安德鲁丝因《欢乐满人间》而获颁最佳女主角奖。她的第一句话就让满室叫好：“首先，我要谢谢杰克·华纳……”

十年来，费勒夫妇一直住在瑞士的德语区，1965年时，奥黛丽希望肖恩读法语学校，因此决定在距离日内瓦机场半小时车程的穆尔日买下一座有200年历史的农场。这座有九个房间的石材别墅建于18世纪，名为“和平之邸”，坐落于法语区沃州的村庄特洛谢纳，邻居多是果农，环境十分安静。与此同时，梅尔听说来年冬天百老汇将上演一出新剧《盲女惊魂记》，由《电话情杀案》的编剧菲德列克·诺特执笔。这出剧作不久便谈妥了电影版权，将在华纳兄弟的柏班克制片厂开拍，由奥黛丽主演，梅尔担任制片人。

那年8月，她先演出了《偷龙转凤》，那是她在巴黎拍的第五部影片，也是她与惠勒合作的第三部片。自《罗马假日》之后，这是惠勒的第一部喜剧片，男主角是比奥黛丽小三岁的彼得·奥图尔，那时他刚拍完《阿拉伯的劳伦斯》和《雄霸天下》。《偷龙转凤》的编剧是哈利·柯尼兹，剧情荒谬不经，影片却拍得很动人，非常幽默，十分叫座。

奥黛丽在片中饰演一个专门制作伪品、假充真品捞钱的艺术家的女儿，她的父亲这行当被一名假扮小偷的侦探威胁；小偷要奥黛丽帮他偷一幅父亲的伪作，否则就要声张他作伪画的事，送他进监牢。然后两人萌生了一段浪漫的情感，最后当然是皆大欢喜。

弗林斯已经与惠勒及20世纪福斯谈妥，让奥黛丽和忠心耿耿的原班工作人员合作：纪梵希为她打点服装（至少两打服饰），葛拉齐雅·德·罗西处理她的发型，艾伯特·德·罗西负责她的化妆，朗恩是摄影师。这些人通力合作，让奥黛丽看起来比实际年龄36岁年轻许多。

这组工作人员，以及奥图尔轻松愉快的工作方式，让她愉快地工作了一个夏天。奥黛丽在这部影片中的表现——不像《窈窕淑女》那般累人——果然非常亮眼，把剧本的要求发挥得淋漓尽致。派克说，他觉得奥黛丽应该多拍几部喜剧，果真没错。对惠勒和奥图而言，《偷龙转凤》拍摄过程的有趣之处，在于他们不经意的对话，言者无心，听者有意。例如，在他们偷一座假雕像的情节中，奥图尔把奥黛丽打扮成一个清洁女工。他看了一下这个平实的装扮，然后点头赞好。“为什么？”奥黛丽问道。奥图尔不动声色地回答：“这可以让纪梵希休假一天。”奥图尔只是随口回答，这段话却成了奥黛丽、全体演员和工作人员最喜欢的内行笑话之一。

9月时，梅尔忙着谈诺特的剧本，希望敲定与华纳的合约，趁周末到巴黎来探班。奥黛丽不急着规划两年后才拍摄的影片，但想支持另一半，所以答应饰演被凶手追杀，却不知道毒品就藏在自己家里的盲女角色。梅尔来访后数周，奥黛丽发现她怀孕了。

《偷龙转凤》还需要两个月拍摄时间，12 月才杀青，有人建议奥黛丽要求惠勒放慢拍片速度，但她拒绝了。“她一直在工作，从不放松。”梅尔说道。拍完最后一天的戏之后，梅尔带她返回瑞士住家，全家人一起庆祝在和平之邸的第一个圣诞节。奥黛丽忙着装饰房屋，写贺卡给世界各地的亲友。她送了一大笔现金给父亲当礼物，包在手绘的卡片里，上面有圣诞铃铛、缎带和花束。“我已经决定了，”她写道，“我想你比我更清楚自己想要什么圣诞礼物，还可以避免关税，所以我用这种方式送礼物给你。请原谅它貌不惊人，却是出自一颗诚挚的心，给你们两位大大的拥抱。”她不忘送一份同样的厚礼给母亲，她的母亲已经从伦敦移民美国，住在旧金山几年了。

就在佳节之后，奥黛丽再度流产。“她非常、非常难过。”她的丈夫说。

第十四章

彩虹尽头

（1966-1970）

“我希望能更接近一点，看透她和我们之间那道看不透的藩篱，但我一直无法看透她最深的部分。她就像彩虹尽头那罐黄金。”

——史丹利·多南

“她现在好多了，”1966 年 1 月底，梅尔写信给奥黛丽的父亲说，“又振作了起来。虽然我们不让她做太多事，不过她的身心状况都大有进步。她将在这里休养四个月。”

梅尔觉得“她好多了”，但奥黛丽自己并没有这样的感受。她写明信片给父亲说，她觉得自己离完全崩溃“仅一线之隔”，“还有这么多考验，我祈求上帝赐我力量与勇气”。在这封短笺上，她的署名是“爱你的 MP”。这个缩写的由来是，奥黛丽小时候，父亲觉得她长相古怪、个性如谜，所以昵称她为猴子谜。

到了 3 月底，她的确好多了，从阿尔卑斯山的度假胜地写信给父亲说：“终于有真正的休息和灿烂的阳光，我每天早上散步，下午游泳，按摩、大睡特睡……现在终于好了，不再哀伤。5月1日我要在圣托培展开工作，然后到巴黎——剧本很不错。”的确如此，只是拍这部片子对奥黛丽的私生活带来严重的后果。

惠勒已经执导了三部奥黛丽演出的经典之作，如今轮到多南为奥黛丽拍摄三部精彩的电影。多南奉上编剧菲德列克·拉斐尔的新剧本《俪人行》，拉斐尔刚以《春花秋月未了情》摘下英美两国的金像奖，这将是奥黛丽全新的出发点。

奥黛丽之前在电影中出现的风格，这时在好莱坞已经飞快地消逝，华服、高雅的语言、欧洲的风味和文学的趣味，以及奥黛丽对剧本和导演的选择，全被新一代的电影取代。新风格电影的代表包括《狼城脂粉侠》、《血印》、《春花秋月未了情》、《灵欲春宵》、《风流奇男子》、《乔琪姑娘》和《救命》等。1966年时，奥黛丽已经37岁，当时好莱坞的观众以青少年为主导力量，披头士和青少年文化在各个领域的影响力都不容忽视。因此，多南把《俪人行》的剧本送去给环球审核时，环球很有兴趣；但当他提出要奥黛丽主演后，环球就退出了这个计划。另一方面，20世纪福斯很喜欢多南的《偷龙转凤》，所以同意多南的计划，并拨了经费给他。

《俪人行》的剧情是描述一段12年的婚姻，因为日常琐事、不忠实、悔恨、误会和被辜负的期待，岌岌可危；而在这段婚姻中，穿插了共同的快乐、温馨的回忆、难忘的爱和支持，以及心领神会的了解。片中的情节并没有依时间顺序陈述，而是来来回回，穿插回忆和现况，呼应剧中一条不确定的路，彷佛沿路向前，常有看不见的曲折和转弯；这条路其实是剧中的一个角色，在每一段情节中都会出现。

奥黛丽读了剧本，有点担心内容和自己的形象不符。剧中亦庄亦谐的对话很尖刻，甚至有点愤世嫉俗，变得成熟的妻子角色乔安娜不是从头至尾都很讨喜，而且原汁原味没有经过美化（不像《蒂凡尼的早餐》中的荷莉是与卡波特的原剧本略有不同）。乔安娜这个人物与奥黛丽之前演过的角色截然不同，她很担心损及形象，失去影迷。另一方面，乔安娜和奥黛丽本人的确有些地方很像，奥黛丽看出这点，不由心惊。最让她不安的或许不是角色的不忠，也非赤裸裸的床戏，而是剧中人触礁的婚姻与她 12 年的婚姻有许多雷同之处。她告诉梅尔，她觉得这个剧本一点也不适合她，也就是表达拒绝之意。

不过梅尔没有让她放弃。他很清楚，如果她的演艺事业要更上一层楼，就必须转型。《罗马假日》中的公主、《龙凤配》和《黄昏之恋》里的黄毛丫头、《蒂凡尼的早餐》中的浪漫拜金女，以及《谜中谜》里聪明的女郎，都已经成为过去式。当时梅尔说："奥黛丽通常自行决定要接什么戏，但我读了《俪人行》的剧本之后，立刻告诉她一定要接这部戏。我知道这对她有好处。"不过梅尔可能有点私心，他想拍现代惊悚片《盲女惊魂记》，如果能先让奥黛丽拍《俪人行》，一探新观众的口味，应该比较稳当。

《俪人行》一波三折，一开始就争议不断，几度宣告流产。首先，多南很坚持纪梵希不可以参与，但奥黛丽抗议说，他的服饰让她信心十足；不过导演不肯让步，她的服装得改头换面。最后奥黛丽听从梅尔和多南的话，但并不开心。新的服饰设计团队包括英国时尚名家赫迪・雅曼、玛莉・官，以及帕可・哈巴纳等现代感十足的设计师。设计团队成员之一的肯・史考特说："奥黛丽觉得，明亮的色彩和流行的花样会让她的容貌相形失色。"

接下来，对于与奥黛丽搭配的男主角人选，又有一番争议。她对这个问题有主导权，表示不想再接受荷顿、鲍嘉、方达、库柏这些人选，希望有个奥图尔这样的当代影星。大家提了许多名字，也联络了其中一些人，保罗·纽曼读过剧本之后拒绝。最后有人建议请比奥黛丽小六岁的阿尔伯特·芬尼参与演出；受古典戏剧训练的芬尼刚演完《汤姆·琼斯》，享誉国际。

5月3日，也就是奥黛丽37岁生日前夕，《俪人行》在法国南部开拍。奥黛丽在圣托培写了一封信给库克，说明她久未与他联络的原因：

> 从圣诞节到其后两个月间，我的脑袋一片空白，至今仍想不起自己做了什么，没做什么，看到谁、看到什么、什么时候看到的——或许这是慈爱的大自然让我们遗忘的方式——对我来说，不只是遗忘痛苦，还遗忘了我所感受到的欢喜。
>
> 肖恩现在上学了，天知道我多么想他……埃布尔·芬尼真是好演员，很好相处，而且如他们所说“很合作”，简直让我变得“不合作”了。
>
> 我们的新居很梦幻。我离家时，果树花朵正盛开，春天的新草长得很高，金凤花和酢浆草穿插其中，郁金香都开了，紫藤也在墙上绽放。

“我的私生活未必都很愉快。”日后奥黛丽忆起拍摄《俪人行》的时光说，“但与多南一起在片场，总是非常开心。他让我笑声不断，这对我是很好的调剂。”她和多南维持良好的关系，尊敬他，从他那里学到很多。他则觉得奥黛丽总是有所保留，甚至到了孤独的地步：

> 我希望能更接近一点，看透她和我们之间那道看不透的藩篱，但我一直无法看透她最深的部分。我并不是说她

在逗弄我，而是说她总有所保留，那部分属于她自己，我甚至找不出那个部分是什么，更不必说与她分担了。她就像彩虹尽头那罐黄金。

同片演出的杰奎琳·贝茜还记得，奥黛丽对每一场戏都做好充足的准备；她的发型和化妆小组随时随侍在侧，因为多南得靠他们才能厘清片中的时间顺序。贝茜说：

奥黛丽与大伙儿都相处愉快，但也与大家保持了一点距离。我们初次见面时，她开朗地对我微笑，那笑容让我永难忘怀。我们并没有眼神接触，只牵动了嘴部的肌肉。当然，她是影片的大明星，责任重大。有时她对我们非常亲切，有几个周末，她为我们几个人煮晚餐——味道非常浓郁的意大利面食，佐以各种好吃的乳制酱料。不过平常拍片的日子，她都在自己专属的拖车里，独自用餐——一点点奶酪配西红柿之类的，分量非常少，这样下午她才能全神贯注地工作。

其实奥黛丽与其他演员及导演保持距离——在这部影片中的距离更甚于其他片子，自有其原因。因为在拍片的四个月里，她和芬尼以最谨慎的方式假戏真做。他们私下排戏，两人单独到海边，一起用餐。她已经对与梅尔的婚姻死心，两人不过维持法律上的表面关系，而芬尼已经离婚。他极有幽默感，非常聪明，对自己的演技很认真，而且他的个性对此时的奥黛丽颇有帮助：他总是活力充沛、兴高采烈。这段关系非常简单直接，因此在她的爱情生活中独一无二。

“拍片的最后几周，我简直认不出奥黛丽了。”多南回忆道，“她

赫本与芬尼假戏真做

自由自在、非常快乐，我从没见过她那个样子——这么年轻！我想这不是因为我，而应该归功于芬尼。”

“她和芬尼就像金童玉女，共创那段快乐时光。”那年夏天常去片场探班的厄文·萧说，“双方互相了解，有他们自己的笑话和秘密，旁人很难参与。梅尔在的时候，情况很有趣：奥黛丽和芬尼两人装模作样，就像想装大人那样，有点尴尬。”无论当时或日后，芬尼都守口如瓶，只说他与奥黛丽的关系是“我所有过最亲密的关系之一”。奥黛丽的态度模棱两可，她微笑说：“我真的喜欢芬尼。”然后就结束话题。而此时全球八卦记者都在报导两位明星之间的“友谊”。

六岁的肖恩这时随父亲在西班牙南部拍片。奥黛丽在8月11日写信给父亲说：“梅尔把时间分配在肖恩、我和他的工作上。”但次月初，《俪人行》杀青，事情出现奥黛丽意想不到的发展。没有人知道她和芬尼怎么分手的，但9月间，身边的人都看出她表情阴沉、紧张焦虑，连芬尼都无法消解。根据知情者的说法，梅尔告诉妻子，除非她结束这段婚外情，否则他就要提出离婚，理由是她通奸。这让她非常惊恐，这意味着她很可能因为被控以不适任的母亲，而必须与儿子永远分离，至少也会有部分时间见不到他。她现在勉力维持这段名存实亡的婚姻，唯一的原因就是肖恩。

即使梅尔没有直接把他的意图告诉奥黛丽，她也确知他一定不会错过这个媒体已经闹得沸沸汤汤的机会。如果他真的指控妻子不忠——谁能保证他不会？——奥黛丽要保住儿子，恐怕没那么容易。无论梅尔的私生活是否也周旋在众多女人之间，至少媒体没有报导出来，这就是差别所在。她恐怕会是输家，而且输得很惨。

“我记得那时父母的关系很紧张，”很久以后，肖恩说，“只是多年后，我才知道那是因为她在拍片时与芬尼假戏真做。”这段恋情为了避免孩子公开受辱而告终，但这个孩子却无可避免地必须面对父母的正式分居。

这种焦虑让奥黛丽在片中的情感更有深度。她在影片里从爱沉思的女孩变成爱嬉闹的伴侣、快乐的妻子、多疑的配偶和母亲，接着自己也出轨，最后接受了自身婚姻的混沌状态。无论情节的发展如何散乱，观众都可以凭着她不同的衣着和发型，了解她变化的阶段。然而，在这部影片中，奥黛丽也借着表情和声音的变化，深刻地传达了她的转变。

“这个角色需要奥黛丽之前不曾有过的情感深度，”多南说，“我认为这是她历来最棒的演出。”全世界的影评人都有同感，但正如奥黛丽所预料的，美国观众不喜欢奥黛丽转型。1967 年，这部影片在美国无线电城音乐厅上映时，票房少得可怜；海外卖座好得多，可能因为欧洲观众比较习惯电影里对婚姻的坦白描绘。

费勒夫妇在托洛谢纳度过圣诞节后，到了洛杉矶，依计划拍摄由梅尔任制片人、奥黛丽主演《盲女惊魂记》。她从比佛利山饭店的套房写信给父亲说：“我们两人都来洛杉矶，肖恩独自在家（掉泪，掉泪），因为他不肯离开新学校和朋友。这对他是最好的决定，虽然对我们是一种折磨……我真渴望回家，待在那里！”

杰克·华纳把梅尔和奥黛丽介绍给制片公司、全体工作人员，以及同片演员，而那个 1 月午后，让奥黛丽最高兴的莫过于与导演杨重逢。他在安恒之役中受伤，1945 年时，奥黛丽和母亲在荷兰一家诊所，悉心照顾这位当年 30 岁的英国伞兵，帮助他恢复健康。他康复后曾拍了一部关于安恒之役的影片，后来成为杰出的商业片导演，当时才刚拍完两部 007 电影：系列第一部《诺博士》及《来自俄罗斯的爱》。每天下午 4 点过后，杨和奥黛丽就会与所有制片人员喝下午茶休息。

《盲女惊魂记》定妆照。赫本在此片中有复杂的内心戏。

奥黛丽立刻开始准备饰演片中的盲女。她在盲人学校见习，学习点字法，强迫自己双眼迷茫地看着某人，让人以为她什么也看不见。她还蒙住自己的眼睛，靠手杖在室内移动，而且不看号码盘拨电话，不看镜子化妆。梅尔希望奥黛丽戴上乳白色或淡色的隐形眼镜，看起来更逼真。她尝试了一下，不过镜片非常刺眼，而且她觉得没有必要。于是身为制作人的梅尔找来杰克·华纳和几位共事者，决意要奥黛丽戴隐形眼镜，最后她依言照办。

从 1 月 16 日到 4 月 7 日，无论从哪个方面看，这部影片拍起来都很困难。首先，奥黛丽非常想念肖恩，每天晚上从比佛利山饭店拨电话回家，光是国际电话费就花了数千美元。其次，她与梅尔的关系不仅不像制片人和演员，他反而更像她的经纪人、经理和导演。第三，由于奥黛丽经常碰撞到东西，弄得满身瘀青，尤其是演出她遇袭的戏时。例如，剧情中发生在午夜的高潮戏，必须在极暗、根本不用灯泡的灯光下拍摄。饰演反派的亚伦·阿金后来回忆拍片过程说，他最痛恨的就是得让奥黛丽受到惊吓。

《盲女惊魂记》有曲折的内心戏和复杂的肢体动作，不过效果极佳，一般影评认为奥黛丽的演技“一流……动作流畅，毫不造作”。奥黛丽得到 90 万美元片酬及 10% 的分红，最后酬劳超过 300 万美元，而且让她第五度获得奥斯卡奖提名。

奥黛丽一拍完自己的戏份，立刻回到肖恩身边。梅尔留在洛杉矶监督剪辑，7 月到巴黎接洽新片。“我会有很长一段时间不接新片，”奥黛丽说，“因为我答应儿子至少要陪他 2000 小时。”接下来 20 年，她很少赴美。不过 1968 年 4 月，她曾到纽约，因为对戏剧界的贡献而获颁东尼奖的特别奖。她回顾自己 1951 年首度赴美演出的往事时说，自己当时“是没什么才华的瘦削女孩”。

此外，奥黛丽信守对孩子的承诺。她后来说：“我的儿子肖恩到了学龄之后，我就退出影坛了。我一直很想要孩子，离开他去拍《盲女惊魂记》时难过得不得了……我无法忍受与他分开，因此我不再工作。”

这当然是她息影八年的主因。另一方面，她冷静地评估了当时影艺界近期的发展，觉得无论在性情或形象方面都不适合她。1968年的观众看的是新风格的电影，如《雌雄大盗》、《炎热的夜晚》、《毕业生》、《铁窗喋血》、《十二金刚》、《冷血》和《飞越美人谷》，无论影片中的色情或暴力，无论新好莱坞的气氛或设计，都不再吸引她。而且以奥黛丽的风格和年龄，没什么好角色可演：她在社会大众心目中的形象已定，即使在《俪人行》之后，也不可能演出《毕业生》里罗宾逊太太之类的角色（该片并未找她演出），更何况她可能无法表现那类角色的饥渴贪婪。

1956年时，与奥黛丽同年的格蕾丝·凯利以26岁之龄退出影坛。她曾两度在百老汇演出，并像奥黛丽一样因为在舞台上的贡献获奖。后来她转往好莱坞发展，五年中只拍了11部片，继奥黛丽之后赢得奥斯卡最佳女主角奖。她与几位一流的导演合作，包括希区柯克（三次）、辛尼曼及约翰·福特。和奥黛丽一样，与她同片主演的男主角往往年纪大得足以当她的父亲，如克拉克·盖博、库珀、雷·米兰、詹姆斯·斯图尔特、加里·格兰特，以及平·克劳斯贝，还有一些看起来较成熟的男主角，如斯图尔特·葛兰杰、荷顿和坚尼斯。

凯利想做好演员的心愿也和奥黛丽一样，她有优雅的风格、美丽的外表，以及同片演员的欣赏与爱慕。但她在1956年26岁时做了决定：她期待做妻子和母亲，拿影后虚幻的头衔交换了摩纳哥王妃的真实角色。拍完《盲女惊魂记》之后，奥黛丽几度向朋友提到她。

于是1967年，跨国巨星奥黛丽·赫本接下了全职妈妈的角色。肖恩说：“她喜欢一切简单明白。”他的母亲喜欢在花园照顾玫瑰、八仙花和大理花，喜欢与厨师分担厨房的杂务，而且监督儿子的功课。虽然她从不严厉，但规定肖恩每天只能看半小时电视，每周只能喝一瓶可乐，养成良好的饮食习惯。至于她自己的饮食，她注重营养，但不在意体重。她吃意大利面食和牛排，每天下午吃一块巧克力，晚餐前喝杯苏格兰威士忌或波本威士忌——不幸的是，她抽烟抽得很凶。

1967年夏天，她和梅尔终于正式分居。她递状离婚，他离开和平之邸。“我很难承受父母的仳离。”肖恩回忆道，“他们从不在我面前争吵，但我很小的时候就知道事情不对劲。那时她告诉我，她和爸爸要离婚，解释这绝非我的错——孩子常觉得父母离婚，自己难辞其咎。她告诉我这个消息时，我自然非常难受，因为我爱他们，不过也算获得解脱，因为这说明了为什么家里的气氛总是不对劲。”

“到现在，我还是不知道问题在哪里。”多年后，梅尔或许有点虚伪地说，“要求离婚的是奥黛丽。”那年他在好莱坞数度被拍到与不同美女同出同进，有些人有名气，有些人默默无闻。

有人指梅尔操纵奥黛丽的事业，梅尔提出反击：“我的确对她的事业生涯有很大影响，而且很高兴自己有所贡献。”这点倒是真的，但他接下来的说法却大谬不然：“我没有从中获利。我不求竞争，也没有控制她的生活……我想任何人都无法与奥黛丽竞争，想和她竞争，根本毫无意义。”

不久，欧洲媒体报导了奥黛丽婚变的消息。奥黛丽把这段婚姻说成如疾病一般：“我完全复原了——现在我自由而平静。”但这实在像是暗夜吹口哨给自己壮胆。

“她从来没有说过费勒先生的坏话，”纪梵希说，“即使情况极糟时也是。为了拯救婚姻，她做了极大的让步。”在家里，她从不对肖恩批评梅尔，但肖恩仍有这样的印象："她觉得他应该负全责。表面看来似乎是如此，因为他比较难处……从任何方面来看，他都不是容易应付的人。他极有才华，博学多闻，在她做选择和她遵循的标准上扮演极重要的角色……但她忍受这段婚姻太长时间，（对她）带来非常不利的影响，让她对婚姻（的失败）一再地做出反应。"

奥黛丽的确认为梅尔应该负责，同时觉得自己难辞其咎。这个问题很容易理解，"他们两人都该为婚姻失败负责，"就像肖恩说的，"因为她期望过高，而他则是无法压抑自己。"

肖恩说得没错。多年来，奥黛丽努力呈现美满姻缘的形象，让她自己都不免相信这就是事实。一开始，他们的目标和志向就各有千秋；肖恩诞生后，两人的歧异更大。"事业成功对女人来说并不重要，"她说，"有了孩子，我就已经心满意足。然而，这对男人来说是不够的，对梅尔是不够的，他无法接受自己只是奥黛丽·赫本的丈夫。"长久以来，两人已经不想再共同生活，但某些方面又很矛盾地期待如此。

拍完《翁蒂娜》之后，梅尔就希望夫唱妇随，无论舞台还是影视，都要作奥黛丽的老师和向导。在两人合作《战争与和平》和《魂断梅耶林》那段短暂的时间，这种想法似乎有可能实现。奥黛丽当然希望工作，但她期待以较轻松的脚步，让她可以同时扮演母亲的角色。多次流产和两人之间渐行渐远，都不能让她打消这样的意念。她可能以为，做了父母，就能让他们更紧密结合。

即使到了 1965 年时，奥黛丽依旧愿意为梅尔再生个孩子。如同肖恩后来说的，此时她已经在这桩婚姻上投注了不切实际的幻象——即使梅尔永远无法达成他的雄心，在国际影坛上大放异彩，成为知名演员、导演和制作人。梅尔一生只在一些寻常的电影电视节目中扮演普通的角色——足以让自己和第五任妻子（他在 1971 年再婚）

丰衣足食，但未能满足早年的梦想。

1968 年初，奥黛丽已经坐稳了和平之邸女主人的位置——监督家务、花园，以及做儿子的单亲妈妈。只是她如此期望的自由及平静，如今显得虚幻空洞。14 年来，她一直依赖某人打点一切——梅尔的干预曾让她难为情，甚至勃然大怒，但她也依赖他来与导演、经纪人、经理、公关人员、媒体打交道，和他讨论，仰赖他的智能提供建议。如今 39 岁的奥黛丽完全得靠自己，而且孤单寂寞。

她或许觉得自己只是个治理家务、照顾儿子的母亲，但再怎么说，她还是奥斯卡影后，一个全世界知名的名流，国际服饰界的典范，简直就像王室贵族。从前谈起退出银幕，期待闲适的生活，似乎很容易；但一夕之间，她只剩独自一人，照顾年仅 8 岁的儿子，而他并不能填满她过去多姿多彩公众生活中的空缺。

举目四顾，没有朋友在她的身旁：惠勒、怀尔德、多南、辛尼曼、德·罗西夫妇，或是朗恩。长久以来她习惯的公众生活，如今骤然画下句点。她原先说自己想回归个人生活，如今发现没法完全习惯这样的生活：两个女仆、一位厨师和一名园丁兼司机，固然能减轻持家的责任，这些帮手却非可以谈心的伴侣。她抽更多烟，体重掉到 36 千克，以她 170 厘米的身高来看，实在太轻了。就像纪梵希说的，她很“难过悲惨”，几乎再度崩溃。

奥黛丽经常在周末和学校放假时，带肖恩到意大利，过去她在罗马拍片时交了一些朋友，一直有往来，他们可以住在朋友家，不必待在饭店。在这些朋友里，她与罗瓦塔莉一家人更熟稔，他们没有依循意大利的法律和习俗，依旧保存了贵族的头衔。亨利·方达前妻的姊妹罗瓦塔莉伯爵夫人以招待奥黛丽为乐事，在豪华餐宴、运动赛事和海滨郊游等场合，把这位知名友人介绍给大家认识。

这段时光是奥黛丽一生中罕有的甜蜜生活，她总算不必再辛勤工作。而无论做母亲的滋味多么美好，都难以完全弥补她生活中的剧变，因此她渴望与成人为伍，很自然地接受朋友的安排。

罗瓦塔莉伯爵夫人就像红娘一样，从春天忙到秋天，想为她的朋友牵红线，如活泼的斗牛士安东尼·奥多尼兹就陪着奥黛丽出现。奥多尼兹说，他在斗牛场上漫步，可以与古典舞蹈比拟，而且他与海明威及导演奥森·威尔斯是好友。他对芭蕾和电影都有涉猎，与奥黛丽谈话时不乏话题。有一阵子，伯爵夫人还以为自己头一次作媒就开花结果，但不知什么原因，这段关系无疾而终。接着，奥黛丽与比她小七岁的艾方索亲王短暂约会过几次。他是运动冠军，热爱滑雪，不过两人没有擦出火花。没多久，又有人拍到她和马里诺·托洛尼亚王子一同进出餐厅和音乐厅；后者的祖先可以追溯到某位风流的教皇，其家族当时还是梵蒂冈的财务顾问。不过后来两人没有结果。

1968 年秋天，奥黛丽为了离婚判决的事回到瑞士。“我的父母有 25 年里几乎没有联络。”肖恩说，“嗯，只有一次，在我的毕业典礼上。还有一次是 15 年后我第一次结婚的时候。”奥黛丽和前夫的几位亲戚倒时有联系，梅尔的侄子乔·费勒说：“她和我的母亲一直保持友善的关系。”解决离婚事务后，奥黛丽回到罗马——不是因为伯爵夫人又找到了某位好对象，而是她已经深受一个人吸引。

安德烈·多蒂不是王子，而是货真价实的伯爵。多蒂是多曼妮可·多蒂伯爵夫人之子，出生于那不勒斯，不过那不勒斯的贵族比披萨的口味还多。多蒂有医学学位，是颇有名望的开业心理医生，也在罗马大学教书。

多蒂身高 173 厘米，长得一张英俊的娃娃脸，淡棕色头发，深棕色的多情双眼。1968 年时，他刚满 30 岁，比奥黛丽小 10 岁。两人是在朋友奥林匹娅的游艇上认识的。24 岁的奥林匹娅是一位公主，嫁给财力雄厚的石油大亨，她曾介绍自己的银行家哥哥给奥黛丽，不过没有成功。多蒂和奥黛丽在一次愉快的希腊巡游中邂逅，他很快就让忧郁的奥黛丽兴高采烈，因为所谓女性“忧郁人格”，正是他的诊疗专长。

那次邂逅发生在6月，不久奥黛丽打电话给纪梵希。“我又恋爱了，非常快乐。”她说，“我不敢相信这样的事会发生在我身上，原本我几乎已经放弃了。”那年秋天，她到巴黎探望纪梵希。他回忆道：“认识多蒂之后，她丰润了些——当然不是脸圆，那不是奥黛丽。但她很快乐，而她的身体显示了这一点。”

这段恋情什么时候开始认真起来的？多蒂说：“在艾菲索斯和希腊之间。”——在奥林匹娅的爱之船上。“不过情况并不是她来向我倾诉婚姻破裂之苦，也不是我以心理治疗师的身份给她建议。完全不是这样。我们是和朋友一起在游艇上的玩伴，我们的关系一天一天、慢慢地酝酿。”

这是一场旋风式的追求。两人在罗马见了几次面，多蒂到和平之邸一两次，见到肖恩。但这对恋人最常造访的周末去处，是朋友在意大利吉廖岛的小木屋。平安夜时，多蒂献给奥黛丽名牌宝格丽的单钻戒指，她当场接受他的求婚。

奥黛丽的友人认为，一切发生得太快——尤其是婚礼，两人在1969年1月5日结婚，也就是她签完最后离婚文件后六周。纪梵希为她设计了粉红色的短连身裙、垂领，还有相配的软绸头巾可以绑在下颌。新娘在婚礼后说：“我嫁给了一个文化无限深厚、说话无限迷人的男人。”婚礼在和平之邸附近的穆尔日市政厅举行。

这是多蒂的首次婚姻，原本常陪伴有钱、有名或漂亮女郎的他，终于结束忙碌的王老五生活。现在奥黛丽正式的头衔是多蒂伯爵夫人，但她从不用这个头衔，就像先前没有用过女爵头衔一样。

↓

赫本和多蒂的婚礼

多蒂的母亲只比奥黛丽年长14岁，她教导奥黛丽关于意大利烹调的秘诀，还把她介绍给整个多蒂家族。她向奥黛丽说明："多蒂有两种性格，认真严肃，又爱玩、爱社交。我常称他'化身博士'，因为他总是把自己关在房里研究好几个小时，等工作做完，又非常活泼诙谐，只想外出交游。我总鼓励子女趁年轻多玩玩，如果老了才想玩会很笨拙，而且永远玩得不漂亮。"这段话不只是意大利老妈妈的忠告，也有一点暗示的意味，因为多蒂早就习惯"享受人生"。

"我们全家当然会住在一起。"那年冬天，多蒂告诉记者，"我会努力做肖恩的好朋友，和他一起玩。我会教他不懂的事，而最重要的是，我会爱他。我们会是快乐的一家人。"一开始，多蒂的母亲提供家里的两层楼给这对新婚夫妇，两人虽然满怀感激，还是明智地拒绝了。不久，他们找到一间可以俯看整个罗马风光的豪华顶层公寓。奥黛丽每天一早送肖恩到说法语的夏多布里昂高中，下午再去接他。在这段时光中，一家三口其乐融融。

但让奥黛丽惊讶的是，多蒂开始接受媒体访问，对无所不在、甚至到肖恩的校门口盯梢的狗仔也无驱赶之意。奥黛丽很讨厌媒体如影随形，多蒂却觉得很有趣、很有面子。最后他甚至代妻子发言：她当然会回去拍电影。他告诉记者说："她是伟大的演员，不让她做她喜欢的事是罪恶。"多蒂捕捉到了一颗明星作他的妻子，这位赫赫有名的女星是他的战利品。

她学习做意大利主妇，希望有朝一日能为多蒂生孩子。"我从12岁一直工作到38岁，觉得有必要放松一下，早上可以赖床，花时间照顾我的孩子。为什么我要再次工作，重拾我所拒绝的生活？"

是的，为什么——尤其6月她知道自己怀孕之后。

奥黛丽保留了瑞士的房子，根据离婚协议，那栋房子属于她。

周末假日她和肖恩在那里度过许多避开狗仔的时光。刚开始，多蒂也陪他们到瑞士，但他有工作在身，不得不留在罗马，即使周末也是。奥黛丽担心再度流产，怀孕最后十周在和平之邸多卧床休息。1970年2月8日，她在洛桑剖腹产下一个男孩。他们依多蒂的弟弟的名字，为他取名为卢卡。

多蒂现在成为四口之家的家长，有两个儿子。奥黛丽很想多生几个，医生考虑到她的年龄和过去怀孕的历史，提出规劝。多蒂说："不要诱惑魔鬼。"

但屈服于魔鬼诱惑的不是奥黛丽，她带着孩子在瑞士过着平静的生活，等待丈夫周末或每月一次的探望。而他在罗马白天工作，晚上逍遥，通常是带着艳光四射的女人，他说她们是他的同事——或者病人，或者研究生。无论如何，5月时，奥黛丽觉得最好带两个儿子回罗马，这让多蒂暂时稍微守规矩。奥黛丽因为剖腹产和瑞士的寒冬而筋疲力竭，如今很高兴有佣人帮忙处理家事。她没有财务或心理上的工作动机，也就乐得不必工作；经纪人偶尔会送剧本来给她过目，她的确读了，然后就归还。

1970年秋天，联合国儿童基金会驻欧代表与奥黛丽联络，问她是否愿意参加圣诞节电视特别节目。她只需要和一群小孩在一起一下，和他们一块儿唱歌，并向纽约的主持人打个招呼就好。那个节目的名称是《爱的世界》。

她立刻就同意了。那年12月22日，是奥黛丽三年来首度在美国露面。她和孩子们一起唱歌，说着流利的意大利语——那些孩子有许多是从困境中获救的。她领着他们一起唱歌。在那个节目里，孩子们围绕着她，争着握住她的手。奥黛丽伸出双手，把他们纳进她温暖的怀抱。

第四部

万人迷

（1971～1993）

第十五章

失落的寂寞

（1971-1986）

“你总希望若你爱某人爱得够多，一切都会改变——但这不一定会成真。”

——奥黛丽·赫本

“我担心自己在电影中无可表达，因为我在家里已经太充实了。”奥黛丽在1971年说。

奥黛丽的家位于罗马市中心闹区的豪华顶层公寓，那里原本是一位红衣主教的住处，共有15000平方英尺（约1400平方米），有挑高的屋顶和壁画。除了多蒂夫妇一家人之外，还有一名仆人住在那里。屋子里可以容纳许多宾客，多蒂喜欢招待同事，然后引见他那个有名的妻子。后来他们卖掉这间顶层公寓，另外在有许多公园和树木的区域找了一间面积略小但同样豪华的公寓。奥黛丽自己比较希望减少一点社交晚宴，或者宁可招待到罗马来拜访的朋友，如派克夫妇、惠勒夫妇、辛尼曼夫妇，以及凯特和路。

奥黛丽的知心好友中，有一位是同为演员的薄命红颜卡波辛。她原名洁曼·勒菲芙，少女时代有一段短暂的婚姻，后来有不少男人拜倒在她的裙下，最值得一提的是荷顿，两人合演过两部电影。奥黛丽与卡波辛相同的地方不只是有同一个男友，她们两人还常有严重的忧郁情绪，陷入这种情绪时每每相互倾诉。奥黛丽发现工作或爱（或照顾亲人的义务）是有效的治疗药物，卡波辛却常濒临自杀边缘，需要奥黛丽友情的安慰。她在 1960 年代搬到洛桑，离和平之邸不远。她精神好的时候，是奥黛丽能够依赖的体贴好友。

奥黛丽溺爱两个儿子。“她包办了母亲该做的一切。”肖恩说。早上叫他们起床，指导他们做功课，念书给他们听，带他们看电影，拜访友人。“她的随和总让我的朋友大吃一惊。”卢卡说，“他们都以为会看到什么难以想象的大人物，没想到只是一个很亲切的人。”肖恩说：“她对我们的期望非常清楚……她既严又慈，恩威并用。”为了孩子，她拒绝继续发展事业，但接了一部广告，在罗马为东京假发商 Exlan 拍摄四部一分钟的广告片，工作半天进帐百万美元。这是 1967 年 4 月至 1975 年 5 月的 8 年间，她唯一一次收取片酬，出现在镜头前面。

1974 年，奥黛丽的生活很惬意。她有足够的钱随心所欲花用，儿子健康、有教养，她是受人敬重的伯爵夫人、嫁给名医的知名女星。要是狗仔能放过她和儿子就好了……

但那一年意大利政局不稳，许多富有或在政治上较活跃的家庭被窃、甚至遭到攻击，子女遭绑架勒索。多蒂自己就差点在诊所附近被歹徒持枪绑架，幸好被附近的警察救出，后来他们一直有保镖随侧。

奥黛丽觉得意大利的生活愈来愈像战时的荷兰，她不希望孩子

受到任何危险或伤害，或者在暴力下生活，所以把 14 岁的肖恩送到瑞士住校。卢卡才 4 岁，不能离开父母，但罗马街头暴力猖獗，“赤军旅”四处活动，多蒂夫妇觉得还是让奥黛丽带孩子回瑞士比较安全。因此，有一阵子，周末时多蒂往返瑞士。那年夏天，45 岁的奥黛丽再度怀孕——但不久第五度流产。

与此同时，奥黛丽的母亲放弃了旧金山的家，搬到瑞士与奥黛丽同住。10 年来，她一直在做募款工作，协助训练越战老兵转业，如今到了女儿家也闲不下来，成为和平之邸实质的大总管，把她在伦敦担任管家的经验发挥得淋漓尽致。但一如肖恩说的，她是“贵妇”。虽然奥黛丽为母亲安排舒适的生活，但两人“个性不合”。那年埃拉 74 岁，她的健康不久开始恶化，接下来十年缠绵病榻。

“我忙得不可开交，”奥黛丽在 1975 年初告诉记者说，“大家总问我做妻子、做母亲会不会无聊，不——一点也不……人需要时间生活，需要把时间花在你最在乎的事情上；对我而言，最重要的事莫过于养育儿子。孩子们当然可以自己长大，但他们必须有爱，这是他们无法自动自发得到的东西。”

1975 年 1 月，弗林斯又送来了一部剧本给她考虑，这回她没有断然拒绝。詹姆斯·古德曼写了一部机智又感人的剧本，内容是关于历经多采多姿青春之后中年的罗宾汉与玛莉安。罗宾汉已经从十字军东征大业返乡，历尽沧桑又疲惫，他找到玛莉安，发现她已经成为修女，是英国乡下一个修道院的院长。诺丁汉的坏长官依旧余恨难消，想找罗宾汉等人复仇。

古德曼曾因《冬之狮》获奖，该片描述英王亨利二世的故事，一方面忠于史实，栩栩如生地描绘中世纪生活，一方面大胆运用现代英国语汇和幽默。他精彩地描绘亨利二世与妻子叱咤风云的生活，而且呈现他们陷入政治交战的痛苦；相较之下，《罗宾汉与玛莉安》

的故事再怎么逼真，毕竟只是传说，所以重点放在两位主角再续前缘，是演员发挥演技的大好良机。

古德曼的剧本之所以吸引奥黛丽，可能是因为她觉得玛莉安和她一样。她们都放弃了原来的生活，追求截然不同的人生；而两人都发现，无论自己多么内敛，仍不免渴望爱情。此外，片酬也让她动心——工作36天可以赚得百万美元。奥黛丽后来的伴侣沃德斯说："她不虞匮乏，只是多多益善。"毕竟她必须支付和平之邸和母亲的开销，而且决定再置产，购买瑞士格斯塔德的山间小屋。

《罗宾汉与玛莉安》一片的导演是理查德·莱斯特，他特别擅长结合喜剧与动作的影片，因为帮披头士拍了两部影片而知名。该片的男主角是肖恩·康纳利，演员包括罗勃·萧、尼可·威廉森、丹荷·艾略特、肯尼斯·海格等，都是英国老牌演员。影片将在西班牙拍摄，时间是从5月底到7月初，奥黛丽觉得拍片速度快得惊人。"由于我先生鼓励我拍这部影片"，所以她收拾了行囊，卢卡和保姆、私人发型师、化妆师及助理随行。当时她"腹痛如绞，双手直冒汗，因为这么多年没拍片，不知道会面对什么样的变化"。

不消说，媒体充斥着奥黛丽"复出"的报导。"我从没说过我不再演出。"她反驳说，"退休之后再拍片才叫'复出'，我不是复出，只是也许永远不会再拍另一部电影！"她说自己休息这么久，是因为觉得在镜头前表演让她紧张。"我一开始拍电影，总会紧张。每一次拍片都是冒险，永远不知道结果如何。"

在纳瓦尔[①]附近拍片那几周，这段话必然反复出现在她心里。一方面，她不喜欢这部影片的拍摄速度这么快，才拍一两次，导演莱斯特就满意了。他很清楚自己要什么，不拖泥带水，也懒得探究故

① 西班牙北部自治区。

事中的浪漫部分。奥黛丽习惯一拍再拍，与摄影师讨论在某个景如何为她取镜，但在这里都不再重要。

拍摄马车涉河的镜头时，马车意外翻覆，她和其他三名演员落入及膝的河水中。莱斯特觉得这段插曲效果自然又有趣，所以让镜头继续拍摄，并让康纳利即兴自编台词，收进片中，奥黛丽对此大感不满。后来她说：“虽然水不深，仍然很骇人。我们穿着沉重的修女服，又被水浸湿，把我们往水下拉，行动极为不便。”

还有一天，她得了喉头炎，声音嘶哑，但莱斯特说没有关系，反正大半的对白事后都要送到录音间处理。但等他听到她的声音，却觉得恰好很适合与威廉森柔情的一幕。导演的传记作者记录整个拍片过程说：“连最小的细节，例如要用她拖车里的铝椅，而非大家常用的帆布椅，赫本小姐都会以她最婉转的方式，让导演知道她习惯比较好的待遇。”

曾参与制作《蒂凡尼的早餐》的理查德·薛帕德说：“即使面对希特勒，奥黛丽也能与他相处融洽，但在她的心目中，莱斯特并不难忘。”如果这就是电影新浪潮，那么她不喜欢它。“我从来没有这么迅速地拍完电影，宁可有多一点时间。”她说。或许因为36天时间太短，让她“第一天就目瞪口呆”，而且如她所说，“每一次拍摄前都不免心惊胆跳”。

1976年《罗宾汉与玛莉安》上映时，影评毁誉参半，但大家都全心欢迎奥黛丽重返银幕。她拍这部影片时已经46岁，平滑的肌肤和依旧青春的容貌让人齐声赞叹。

在西班牙拍片期间，奥黛丽看到一些欧洲八卦报纸拍到丈夫的彩色照片，他和一个又一个漂亮女孩流连一个又一个夜总会。她回罗马向多蒂提出质疑时，他假作震惊，说她们只是朋友。

在这一刻，奥黛丽并没有提出离婚。“为了孩子，我的两段婚姻都撑到最长的时间。你总希望若你爱某人爱得够多，一切都会改变——但这不一定会成真。”夏日将至，她与卢卡回到和平之邸。“我相信打从一开始，她就了解多蒂的个性，只是梦想且期望着自己能改变他。当她发现无法做到时，不免极为失望。”肖恩说。奥黛丽后来悲伤地承认：“多蒂比费勒好不到哪里去。”

肖恩说，奥黛丽很爱两任丈夫，尽可能延续婚姻。“她没有在需要时说出心声让对方知道，也没有设定对自己有利的界线。”肖恩指的是多蒂的风流韵事，“我的继父是个有趣的杰出心理治疗师——但他是只猎犬，不知道忠实为何物。如果寻觅的是安全感，那么他并不是个好丈夫的人选。”

奥黛丽——根据沃德斯的说法，因为这一切而感到羞辱，“第二次的婚姻也失败，对她尤其痛苦”。至于多蒂，他坦白为自己辩护：“我又不是天使。意大利丈夫向来不以忠闻名。”

她的第二段婚姻缺乏稳定安全，但她还不打算了结它。奥黛丽只让极少朋友来多蒂的公寓，记者一律不准进入。如果要访问，她会到阿瑞贝拉·安伽贺等朋友家。1976 年，她为《罗宾汉与玛莉安》做宣传时，就在安伽贺家中做过几次访问。她的说法是：“我的房里今天一滴水都没有，从 6 月到 11 月都没有热水！得到我先生的工作室去洗澡。或许该说我去年夏天到西班牙拍《罗宾汉与玛莉安》，就是为了能洗澡！”

奥黛丽同意赴美为该片做广告，多蒂陪同前往。到达纽约后，她原本要上《今日》节目，但因为对主持人芭芭拉·华特丝不熟悉，而且没有人敢担保不会谈她的私生活，因此临时取消。“她一定要掌握一切，而且害怕意外。”多蒂说。的确，奥黛丽发现她失去控制权时，会更加焦虑。她在一场早餐记者会上回答问题时非常紧张，一名记者说："她的手抖个不停，烟一根接一根抽。"

1976 年 3 月，多蒂夫妇到洛杉矶参加奥斯卡颁奖典礼，由她宣布最佳影片得主。同一位记者说："在镜头前面，她仪态万千；但在后台，她紧张万分，结果丢了小钱包，转播完又不肯进媒体室。"

参加美国电影技术学院向惠勒致敬的仪式时，奥黛丽自在得多。她相当优雅地致辞，并对一位记者谈到惠勒、怀尔德、库克、多南和辛尼曼等曾经合作的导演：

> 我不是在恭维，但我真的是这些导演的产品。我不是劳伦斯·奥利佛，没有天生的演戏细胞。基本上我很封闭，很难在人前表演。而我的导演共同的特色是，他们让我觉得安全，让我感觉到被爱。我非常依赖他们。我是个舞者，他们却设法让我成为获得观众喜爱的演员。

1978 年春天时，奥黛丽与多蒂的婚姻生活已经名存实亡，虽然她仍然告诉媒体自己婚姻美满。一直到 1981 年，才确定了她的离婚判决。她买了一栋花园洋房，肖恩说她很爱那座花园，"常在里面种花莳草，然后用亲手种的花装饰房子"。最后逼使她采取法律行动离婚的原因是，她发现多蒂竟然趁她不在，在家里偷情。"她视此为自己人生最大的失败。"沃德斯说。她不相信自己能以爱的崇高力量改变丈夫的风流习性，只顾责备自己，结果严重忧郁，甚至到了认真考虑自杀的地步。这是她一生头一次有这样的念头。

彷佛为了减轻她的绝望似的，一部剧本送到她的面前，她立刻同意在《朱门血痕》中演出。奥黛丽后来说，她同意演出的原因是，导演是她的老友杨，这可能是她接受乏善可陈的剧本的唯一原因。而她之所以迅速接受剧本，还有两个触媒，一是她必须以行动来求

↓

《朱门血痕》剧照，这是赫本唯一一部 R 级片。

生存，另一个是该片片酬高达百万美元。这部电影在 1978 年 11 月至 1979 年 2 月间拍摄，她必须到纽约、巴黎、罗马和萨丁尼亚拍片。

当时卢卡已经在罗马的法语学校就读，肖恩则在瑞士念大学，因此奥黛丽同意到各地拍片——不过一次不能超过三周，方便她回家探视。49 岁的奥黛丽饰演小说中原为 23 岁的女主角。剧本很快为她量身重写——内容是一个继承家族药厂事业的女子因种种原因遭人追杀，虽然重写了剧本，仍然挽救不了乏味的故事和无趣的对白。其他演员像奥黛丽一样，无法拒绝丰厚的片酬，加入该片的演出，包括班·加萨拉、詹姆斯·梅逊、伊莲·巴佩斯、米歇尔·菲利普丝、奥玛·雪瑞夫，以及奥黛丽拍摄《修女传》时的老朋友史崔特。

除了情节和对白枯燥，影片开拍后也问题不断。“巴佩斯不断说，她忘了怎么演戏；”史崔特回忆道，“梅逊喃喃自语，说日后若他制作执导，不再拍电影；自己带保镖来的奥黛丽则决定，她宁可被黑手党绑架，也不想完成这部影片——所以总体说来，这部片子不是最好的。”奥黛丽从头到尾深感焦虑，无论戏里戏外都烟不离手。

她抵达纽约准备拍摄前面的戏份，发现许多年轻工作人员不认识她。同片演员当然很清楚她的分量，尤其是加萨拉，他认为两人第一次非正式见面时“已经擦出火花”。影片在萨丁尼亚岛一个碧绿苍翠的地点开拍，当时加萨拉已经娶了女星贾尼丝·鲁尔，但渴望情感安慰的奥黛丽接近加萨拉的方式非常大胆。加萨拉在等拍片的空档正在看书时，突然看到奥黛丽站在他的面前。他说前一晚睡不着，看着这本书消遣；她提到自己也有失眠的毛病，接着说：“下一次你睡不着，打电话给我，我们可以作伴。”他明白了她的暗示。

后来两人在巴黎有一场吻戏，他说“不是拍戏那种吻”。有一天他们在慕尼黑共进午餐，奥黛丽终于坦白说，多蒂不仅不忠实，还把女人带回家，使她恨不得自杀。然而，她的这段情很快告终。“我们没有做任何承诺，这是一夜情。”加萨拉说，“电影拍完就再见。”他还说，这是他一贯的作风。

奥黛丽与加萨拉之间的很多对话必须在巴黎配音，因此这段不伦之恋在协和广场的五星饭店克里昂饭店继续，“比我们所共度的任何一夜都更缠绵多情的夜晚”。

影片在 1979 年初完成。同年 6 月《朱门血痕》上映后，影评一片挞伐，观众则觉得这部彷佛初学电影的学生所导的影片沉闷不已。媒体上比较客气的影评写道：“没有风格……无血无肉、荒唐笨拙。”不过最干脆的判决出自片中硬汉梅逊所饰演的角色：“我再也受不了啦！”

此时杨已经接下了下一个工作，要到韩国执导影片；加萨拉在片中饰演一角，肖恩也担任制片助理，因此奥黛丽有两个理由前往韩国。

但加萨拉到国外拍片后，却力阻奥黛丽来探望，此时他与另一位名叫艾克·史塔克曼的女子交往，后来她成为他的第三任妻子。他和奥黛丽一直到当年底才再联系，奥黛丽听说他们在罗马，打电话到旅馆套房说：“我想见你。”他回说自己很忙。加萨拉说，后来他去电解释：“她接了电话，但我什么也没说，我们俩都没有说任何一个字。她没有叫我的名字，只轻声说：‘再见。’”

“我显然并没有恋爱。”加萨拉后来说，“有像她那样的人爱我，我实在很荣幸，但直到我离开她，才知道她有多爱我。她告诉别人说我伤透了她的心，但没有对我说。她是这么好、这么甜美，我竟伤了她的心。”

大约在此时，导演彼得·波丹诺维奇把新剧本《皆大欢喜》的草稿送来给加萨拉（两人一直有合作），后者一五一十地把他和奥黛丽之间的情事告知导演。“我都记下来了，而且据以选角，因此她后来在《皆大欢喜》中与加萨拉分饰男女主角……她的真实人生成了我为她重写角色的灵感：一个深爱儿子的女人，为了孩子，与生性嫉妒又爱拈花惹草的丈夫对抗，藉由短暂的激情，得到喘息。”波丹诺维奇说。

奥黛丽一听说加萨拉将参与演出，立刻签下片约，不愿放弃任何与他再续前缘的机会——而且可能没有注意到剧本重写。等新剧本送到，她同意参加演出，就像加萨拉说的：“把我们的情感搬上大银幕。”不过或许她是因为高片酬才决定演出：六周的工作有百万美元酬劳，外加各种生活费用。该片预订在1980年春末夏初开拍，导演聘用肖恩作为私人助理，让他在片中跑跑龙套，这当然让奥黛丽开心不已。

1980年初，《皆大欢喜》即将开拍前，奥黛丽和加萨拉见了一面，确信两人的关系已经告终。于是她立即反悔表示不愿意演出，打乱了大局——没有奥黛丽，片子就拍不成，许多人都会失业，肖恩也丢了工作，奥黛丽欠大家一个解释，因为她的生涯中从没有这种行为。她考虑再三，收回退出的决定，还是参与演出。4月至7月，该片在纽约拍摄。“奥黛丽非常有勇气。”加萨拉说。或许如此，但当时他不知道已经另外有人取代了他在奥黛丽心中的地位，使她能够沉着镇定地与他演出露骨的爱情戏。

“我不会因年华老去而烦恼，却会因寂寞而痛苦。”她在1979年秋天说。当时她年满50，正与加萨拉合作，而她对加萨拉的爱没有得到回报。

奥黛丽和梅尔离婚后，纪梵希描述说她过得很“痛苦”。1968年时，她还不到40岁，在罗马展开繁忙的社交生活，度过一段忙乱的时间。接着，她发展一段狂想奇缘，嫁给比她年轻的专业人士——

虽然让她颇为自豪，最后他却不符合理想丈夫的形象。时常醉酒的荷顿无法给奥黛丽她所想望的子女——安德森也是；与芬尼的恋情因为可能使她失去肖恩，不得不画下句点；接着加萨拉又只把她当作逢场作戏的对象，不愿负更多责任。回顾她的感情生活，只能说她实在运气不佳。

不过就在1979年圣诞节后不久，奥黛丽在晚宴上结识了罗伯特·沃德斯。他原名罗伯特斯·雅各布布斯·高德佛度斯·沃德斯，1936年出生于鹿特丹，演过一些电视和电影，在拍摄最后一部影片时结识了女主角奥白朗。175厘米高的沃德斯浑身充满魅力，除了会说话的绿色眼睛，还有幽默感和敏锐的心灵，在任何一个好莱坞聚会中都是焦点，非常吸引年长25岁的奥白朗。1975年合作拍完片后，他们就结了婚，住在奥白朗位于加州马里布的家中，直到她1979年11月以68岁之龄去世为止。

奥黛丽谈起她和沃德斯邂逅的那个晚上说："我被他吸引，但他似乎没有注意到。我们两人都不快乐：他还在为奥白朗辞世难过，而我经历了一生中的最低潮，两人都借酒浇愁。"除了用英语沟通之外，他们还可以用母语荷语聊天，同乡的情谊在两人的关系中扮演了重要的角色。

沃德斯说："我和她用荷语交谈了几句，觉得很兴奋，但我想我们的交集大概仅止于此。"

有些八卦说，沃德斯是卑鄙的投机分子，因为奥白朗留了"一大堆珠宝给他，他把这些珠宝全拿去拍卖，得款数百万美元"。很快，他就成了奥黛丽口中的"罗比"。1980年春天，奥黛丽在纽约拍摄《皆大欢喜》，住在皮耶旅馆，沃德斯在洛杉矶。她打电话给他，他心想："我应该到纽约看她。"然后他付诸行动。"我们必须极为谨慎，那时她虽然不快乐，仍是多蒂太太。最终我们觉得唯一可行的办法，

↓

赫本和沃德斯是灵魂伴侣。

就是我搬到欧洲，住在瑞士。”

《皆大欢喜》的影评和票房都表现平平，观众对苦中带甜的故事及不怎么有趣的夫妻剧情没什么兴趣。影片的节奏很乱，一会儿飞快，一会儿又缓慢，让他们不知道该对剧中人物做什么样的反应。对奥黛丽与加萨拉情事略有所知的人——有些八卦作家指证历历——不免心领神会地觉得不好意思，尤其是床戏那段。

但这部影片最糟的地方是，奥黛丽在片中只流露出乏味和无趣。她身穿黑外套和紧身牛仔裤，踩着高跟皮靴，戴着巨大的太阳眼镜，在曼哈顿街头疾走——一个曼哈顿舞厅常客，想过高雅的生活，却坠入被雇来追踪她的私家侦探的床上。“波丹诺维奇竟然这么卑鄙地对待奥黛丽·赫本。”《纽约时报》的影评写道，“假如这是婚姻而非电影，那么她百分之百可以要求离婚。”至于男主角，“加萨拉先生连笑都不能说服观众”。显然影评人不知道原因出在哪里。

拍片时发生的一桩悲剧，可能影响了该片的命运。当时41岁的波丹诺维奇爱上了芳龄20岁的《花花公子》女郎桃乐丝·史崔顿，请她参与演出。她其实已经与名叫保罗·史耐德的混混结婚，而在片子杀青后两周，她搬进导演家，并告诉史耐德要和他分手。8月14日，史耐德把她骗回两人原来居住的公寓，枪杀她之后自杀。该片虽然有奥黛丽加持，这桩负面事件却让导演直到来年年底，才找到愿意发行的片商。

7月时，就在奥黛丽回到纽约后不久，埃拉第三度中风。“我刚从医院带她回家。”奥黛丽写信给父亲的妻子斐黛玛说，“我日夜照顾她，她的心脏很糟，而且刚三度中风——我一直想来看爸爸，但所有事情同时发生！……加上我的婚姻情况很糟，双方都受折磨……这一切让我身心俱疲，但只能尽力。”

让奥黛丽宽心的是，沃德斯来访时，虚弱的埃拉倒很喜欢他。“奥黛丽与她母亲之间有点紧张，”他后来说，“因为她的母亲非常严格又严肃，不太能表达她的情感——她很爱奥黛丽，只是无法表达；她可以把我当成管道，因为她知道我能把她的感受传达给奥黛丽。而且她很高兴我们能用荷语沟通。”

奥黛丽和沃德斯的生活非常平静，如挽歌一般：他们早早起床，吃顿清淡的早餐，遛遛他们养的杰克罗素㹴犬，在花园里消磨时光，读读信和报纸，到市场买点吃的。吃完清淡的午餐后，他们会午睡一下，奥黛丽允许自己吃块巧克力，然后到附近的葡萄园散散步，回家后做点家事，抽烟，晚餐前喝杯威士忌。两人晚上看看喜爱的电视节目，早早就寝。这完全不像名流绚丽的生活，倒像退休的乡间绅士平静度日的方式，只有偶尔会有特殊事件吸引他们到巴黎、罗马、纽约或洛杉矶——例如对她或亲近共事者（如惠勒或阿斯泰尔）的颁奖典礼，或者酬劳很高却不需花太多时间的工作。她常带着爱犬同行，如果空服员抗议，她可不客气。“这是我唯一摆出奥黛丽·赫本明星架子的时候”。

1981 年，他们为了一件憾事造访都柏林——奥黛丽 92 岁的父亲病危。1959 年以来，父女俩只见过一面：奥黛丽邀请他和斐黛玛到和平之邸一游。他冷淡的态度一直到最后这段时日依旧不改，医生说他们不知道他还能撑多久。奥黛丽和沃德斯待了两天之后离开，在这段时间，罗斯顿（和埃拉一样）只能向别人坦承他的遗憾及对她的骄傲。几周后，他就过世了。

1982 年夏天，宣布奥黛丽和多蒂的离婚令时，她的好友奈丝比特以 93 岁高龄去世。奥黛丽和看护等人悉心照顾埃拉 10 年后，她也在 1984 年 8 月溘然长逝。奥黛丽成年后，一直送钱给父母，并支付额外照顾他们的费用。

“若非母亲，我一定会迷失。”奥黛丽后来说，“她一直是我的共鸣板，是我的良心。她不是情感最丰富的人——甚至我有时觉得她很冷漠，但她心里很爱我，我一直明白这点。不过很不幸的是，我一直未能从父亲那里得到这样的感受。”

还有一些朋友告别人世，对奥黛丽影响深远：1981 年，威廉·惠勒和凯特·休姆辞世；1983 年，乔治·库克过世；1986 年，路去世。他们每一个人与奥黛丽合作后，都和她愈来愈亲密，都像长辈一样疼爱并鼓励奥黛丽。她对他们的回忆永难抹灭，常提起他们的名字。

1986 年，奥黛丽演出了唯一一部电视电影《贼人之爱》。一天黄昏时分，导演罗杰·杨到和平之邸商谈拍片事宜，主人请他喝杯酒。他心想应该婉拒，但奥黛丽说：“好吧，反正我要喝！”两人边喝威士忌，边讨论在亚历桑纳州和加州的拍摄时间。

后来在洛杉矶，演员聚在同片明星罗伯·华格纳家中读剧本，气氛很愉快。中间休息时，奥黛丽示意杨借一步说话：“R. J.（华格纳在亲近友人和同事间的昵称）是电视红星，你得帮帮我，我不能让他失望！”他安抚奥黛丽，肯定她在片中一定会有精彩的表现。当天下午，R. J. 示意杨到外面密谈：“你一定要帮我的忙！这可是奥黛丽·赫本——她是电影大明星，我不能让她失望！”

根据杨的说法，两人都没有让对方失望。“这个剧本是以《蒂凡尼的早餐》中的奥黛丽为基础，制片人要的就是这样时空错乱的感觉。”

这部影片的开头原本是依奥黛丽当时的年龄所拍摄，1987 年时她 58 岁，宁可以这样的年龄出现在银幕上。但制片人看了之后，不顾奥黛丽和华格纳的反对，坚持要让时光倒流。“奥黛丽说她会努力让他满意，”杨说，“但对这部影片愈来愈不安。影评人印证了她的看法，对片中竟让成熟的奥黛丽像年轻时一样跳舞大感光火。”杨说，这部影片与当初的构思完全不同，都该怪他。他在多年后表示：“我让她失望了，这使我至今仍深感痛心。”不过奥黛丽觉得问题不在杨，而是制片人。

至于倍受影迷推崇喜爱的华格纳，他非常高兴与奥黛丽再续年轻时在派拉蒙结交的友谊。“与她一起不只合作愉快，”他提到自己到和平之邸拜访她和沃德斯的经验，“她周遭美好的一切都呈现在家中，她的家具、艺术品、花朵——甚至她的狗身上。她的亲切不只是对我，而是对片场里每一个人。她是忠实的友人，一直与历尽折磨的卡波辛保持往来。她提高了每一个人的标准。拍完电影后能到她家拜访，与她成为朋友，我实在太荣幸了。”

1987 年 2 月 23 日，《贼人之爱》播出后，就从电视台的档案室里消失，直到 2005 年都还没有找到。至于卡波辛，后来她在洛桑家中自杀，那时 59 岁。

第十六章

神圣的使命

（1987-1990）

“施予就是生活。如果你不再想施予，就没有生活的目标。”

——奥黛丽·赫本

1987 年秋天，奥黛丽和沃德斯到远东地区度假。她有一位在澳门使节团工作的堂兄弟正巧邀她担任当地国际音乐节的特别来宾，其中一场是为联合国儿童基金会演出，她和沃德斯欣然同意把这个活动纳入行程。

联合国儿童基金会成立于 1946 年，目的是致力于预防注射、教育、医疗、营养、卫生和清洁饮水，拯救、保护及改善 160 多个国家儿童的生活。该组织的经费完全来自个人、基金会、企业和政府的捐助，一直是无党派的非营利组织，成立以来没有任何歧视，也没有政治力量运作。这个基金会最优先的考虑是满足全世界最匮乏地区最弱势儿童的需要，无论原因是天灾或人祸，都是他们行动的

对象。

“从我幼时的经验，可以印证联合国儿童基金会对儿童意义深远。”奥黛丽告诉音乐节的听众，“我对他们一直心存感激，信任他们的力量。”她的发言简短却发人深省，媒体一拥而上，请她再多讲几句。

她和沃德斯从澳门前往东京，她答应担任世界爱乐管弦乐团音乐会的主持人，也是因为这项活动是为联合国儿童基金会做慈善演出。这个基金会负责特别活动及亲善大使的组长克莉丝塔·罗丝，在东京与奥黛丽碰面，安排各种细节，她很快成为奥黛丽无话不谈的密友。“她非常自然、从容又美丽，”罗丝说，“每个人都忍不住注意她。她一开始就让我觉得很自在，一点都没有大明星或时尚偶像的架子，纯粹是为了协助她所信仰的目标而来。”

罗丝安排在饭店举行记者会，已经做好功课的奥黛丽一一把乐团成员介绍给媒体，并与媒体畅谈儿童基金会的工作。“我们本来选择的地点是可以容纳 25 位至 30 位记者的房间，”罗丝说，“但看到蜂拥的人潮，不得不改到大舞厅。她在日本的影响力实在惊人，原本她一直是日本女性的时尚偶像，如今国际媒体又发现她是胸怀大志的严肃女性。”罗丝回忆，那天热闹的程度简直像国家庆典。

“我想每个人在一生中，都会有想找出自己是谁、希望自己有什么样的人生的时刻。”奥黛丽说。回到和平之邸过圣诞节时，她就到了这个时刻。难道她对联合国儿童基金会不能再多做一点贡献吗？她考虑自己的情况，在她心中，她的事业就像曝晒在阳光下的水彩画，已经开始褪色——尤其是近来她所拍的蠢电影。这些影片让她获得丰厚的酬劳，无需担心家人的未来。如今肖恩已经 27 岁，卢卡也 17 了，她和沃德斯过得很安稳，究竟还有什么值得她花费心力去努力？她的本性中最深沉的需要是什么？她已经 58 岁了，她想要——也需要找出人生更深的新目的。她渴望新的事物。

澳门和东京之旅的确引导她走向正确的方向。就像她自幼反复说过的，她自己才一岁多，就想照顾其他孩子；她一直期望做母亲，愿意多生几个孩子。“我得到莫大的特权，”她在开始改变人生道路的此刻说，“为无法发言的儿童发声。这个任务不难，因为儿童没有敌人。拯救孩子是一种福气。”

“所以她来找我们，”罗丝说，“她说如果她的名气能协助我们的工作，那么她很乐意这样做。这就是开始。”刚开始，联合国儿童基金会在纽约和日内瓦的官员说，如果奥黛丽能担任媒体代言人，为基金会发表声明、担任募款晚会或慈善活动主持人，或者在电视或广播节目中呼吁大家捐款，他们就很感谢了。

但她希望不只如此，而是坚持接下喜剧演员丹尼·凯的棒子；丹尼·凯是联合国儿童基金会第一位亲善大使，从1954年开始到1987年去世为止，为受苦的儿童跑遍了全世界。奥黛丽心想，她的名声如今可以有新的贡献，吸引大家的注意——让全世界的人都看到该怎么做，才能拯救遍布世界各个角落的贫穷、饥饿、无法受教育、遭虐待的儿童。她可以为没有发言机会的人发声，接触有权有势的人，向他们乞求——或要求，无论强权国家的成人有什么样的敌意，都不该让儿童因成人所犯的罪受苦。

1988年3月1日，奥黛丽正式申请成为联合国儿童基金会的亲善大使。针对申请表上的问题，她填写了她的背景、童年生活、舞蹈课程、对德国入侵荷兰的见证、家人的悲剧、战时的匮乏、安恒之役——以及1945年红十字会和联合国难民救济机构救难物资抵达时的情形。她在表上填写是英国公民，持英国护照，英语、荷语、法语和意大利语都很流利。

申请表上必须回答“你为什么加入联合国儿童基金会？”这个问题，她的答复是：“我一向把握助人的机会，无论是圣诞卡义卖、罗马圣诞电视募款节目、澳门音乐节，或是世界爱乐管弦乐团在东京举行的音乐与和平音乐会。联合国儿童基金会给我机会，让我能做出奉献——对我来说，这是殊荣，也实现了我为协助儿童而尽力的渴望。”这个答案与路加修女对“你为什么要协助刚果儿童”的答案，可能相去不远。

一周后，她获悉自己已受聘为联合国儿童基金会亲善大使，每年有一美元象征性酬劳。基金会将支付她的旅行支出，但旅行的方式恐怕与过去的名流旅行截然不同。因为基金是由联合国负责，通常机票和食宿都是市场最低价，也就是多次转机才能抵达目的地。

接受大使任命后八天，打了一堆疫苗之后，奥黛丽和沃德斯动身前往东非的埃塞俄比亚，当时那是全世界最贫穷的国家。当地流行病充斥，细菌性痢疾、肝炎、斑疹伤寒、疟疾、狂犬病和脑膜炎盛行，个人前往风险极高。“她和沃德斯搭乘战机，坐在米袋上前往。”罗丝说，“她要求大家不要给她特殊待遇，实际情况的确如此。”此行的目标是唤起世人对当地极度干旱情况的注意。而根据联合国儿童基金会的档案纪录，奥黛丽招来的媒体报导，远比史上任何一位亲善大使都多。

她前往威华健康中心，在翻译员的协助下，与前来看病的父母、孩子，以及这所暂时诊所的医生谈话。她走过难民营，看到人们努力想耙松干旱的硬土，以便耕种粮食。她怀抱着又渴又饿的孩子，与人们讨论获得经费时建设水库的方法。当晚她在记者会上说：

> 我对埃塞俄比亚的民众印象深刻。因为他们的美、他们的尊严、耐心，以及强大的自助渴望和意志——不只是

坐着等待……他们值得帮助，不仅是因为他们是全世界最贫穷的人民，获得的救助最少，而是由于他们是勇敢的民族，为自己做了这么多。

接着，她和媒体谈起联合国儿童基金会：“没有任何标语上写着‘这是联合国儿童基金会的计划’。重要的是，有了基金会给他们的铲子，他们就能自行掘井。我们要确定的是，他们不会用这把铲子来挖孩子的坟墓。”

第二天，奥黛丽再度会见媒体：

照顾当然比杀戮好。我们在孩子经历危机、发生意外或病倒时，一定会照顾他们——不只是当时，在之后相当长的休养期间也是。如果我们可以为自己的孩子这么做，当然能为昨天和今天我在难民营见到的所有沉默的孩子这样做。而且我坚信，这些孩子是我们神圣的使命。

她对《时代杂志》的记者说：“这里（埃塞俄比亚）现在正面临紧急情况。就像甘地说的：‘战争不能靠子弹获胜，而是靠流血的心。’我相信我们能协助这所有美丽而沉默的孩子。”

联合国儿童基金会的同仁马上察觉到奥黛丽与其他义工所做工作的差异。名流政要经常朗读专家为他们准备的演讲稿，但奥黛丽自己查数据，亲手写稿，提供给媒体，或者做儿童基金会的报告。她在家里研读即将前往的国家的书报杂志，像学者准备重要考试一样研究，然后提出问题，或者写信、拨电话给基金会总部的同仁。“你不能光是起身说‘我很高兴来到这里，我爱儿童’，然后就结束了。光是知道孟加拉国水患造成7000人死亡，是不够的。为什么会发生洪水？历史是什么？为什么现在他们还是最贫穷的国家？他们要怎么活下去？他们有没有获得足够的协助？统计数字怎么说？他们的问题在哪里？”

罗丝记得奥黛丽如何准备在记者会和募款会上的演讲：“有时纽约总部送草稿或大纲给她，她会手写一篇新讲稿，而且是用大号字体，因为她不想用眼镜看稿。”

基金会的档案中有很大一柜奥黛丽担任亲善大使时的相关资料——数百页她用清晰字体手写的文件、一写再写的讲稿、增删的笔记、提到的书和文章，以及对同仁提出的问题。她在一篇报告中写道：“我去拜访病童，向他们的领导人或媒体说明他们的情况时，他们都知道我是代表联合国儿童基金会，这比《蒂凡尼的早餐》更让他们兴奋。”

若有人反驳她的看法，说世上总有受苦的儿童，未来一定还会有贫苦的孩子，医治他们可能顶多只是延长他们的折磨罢了，奥黛丽会迅速响应：“好，那么从你的孙儿说起。如果他得肺炎，不要帮他买抗生素；如果他出了意外，不要送他去医院。这样想是违背生命、违背人性的！”

那一年，奥黛丽开始用联合国护照旅行，护照上的名字是“奥黛丽・K. 赫本”。她对联合国儿童基金会的摄影师霍斯特・瑟尼写到她的前四次旅程：“我非常高兴拿到这本小小的红色联合国护照！！！！真教人忍不住不‘炫耀’它……儿童基金会让我神采奕奕，年轻多了！”

接下来五年，她毫无保留地安排各种为基金会出力的行程，1988 年就是典型的活动范例——每年有七八个月忙于这些活动。“我为这个工作试演了 45 年，终于得到它。每当看见电视上可怕的画面，我总觉得心有余力不足，但现在我有了绝佳的机会，能够出点力。”

在她刚开始为基金会四处奔波时，有些曾与她一起拍片的共事者很惊讶。“我绝不敢想象奥黛丽会对联合国儿童基金会这样的机构奉献这么多，这么无私，这么牺牲自我。”导演多南说，“我们合作拍片这些年，奥黛丽专注于自己的作品和从工作中得到的满足，所以这真的是一种进步。奥黛丽真的成长了。她的年龄成熟了，进入生命另一个阶段，对别人的关怀超越对自己的关心。”

“不，”雷克斯·哈里逊不以为然：“她原本就会做这样的事。要记得，大战时期她在荷兰长大，那是和美国小孩截然不同的背景。她了解饥饿和匮乏的滋味，那对她是一种非常切身、个人的经验。”

她和沃德斯在3月18日离开埃塞俄比亚，返家一周，准备到纽约。3月23日，她在联合国儿童基金会纽约曼哈顿总部召开记者会，共有35名记者参加；结束问答后，她又做了三个专访。同一天，她参加了两个电视网的节目，谈埃塞俄比亚人民的需要。24日一大早，她又参加两个重要的晨间节目，谈同样的议题。当天她还有四个电视节目要参加，在访问之间的空档为基金会录制电视公益广告，参加公益午餐会，最后参加为主要赞助者举办的晚餐会，整天马不停蹄地工作了20小时。

连最野心勃勃的政坛候选人，也会因这样的工作安排筋疲力竭，但奥黛丽没有停步。隔天，也就是25日，她在华盛顿参加了国会早餐会，与外交委员会成员一起因应华府媒体提出的问题，另外还至少接受了六家广播电台的专访。26日星期六上午，她和沃德斯飞往多伦多，刚开始当地记者对她的电影事业远比对她的慈善工作更感兴趣。她优雅地微笑，避开这些问题，直接谈起埃塞俄比亚严重缺水的情况。“赫本小姐毫不犹豫地回答问题，即使很棘手的政治问题也不回避。”联合国儿童基金会加拿大委员会的乔治·卡西斯后来说。记者会后，她又做了九个专访，参加三个节目。

27日，她飞往伦敦进行八天募款活动，次日参加九个英国电视节目。“起先我对赫本小姐的慈善大业半信半疑，”一位负责采访她的伦敦记者说：

> 但她一开口说话，我的所有疑惑一扫而空。她热情又真挚地投入，谈及在埃塞俄比亚“让人心酸又温馨”的景象时几乎泪下。有人强烈质疑该国政府安置难民的做法，但赫本小姐充满智慧地回答，她承认该国政府在1985年饥荒后乱了手脚，不过情况已经有所改善。

当天下午，奥黛丽在旅馆接受这位伦敦记者的访问，一边从沃德斯手中接过一大杯威士忌。“我不是酒鬼，只是清晨四点就起床，需要振作一下。”奥黛丽说。记者注意到她“烟不离手，已经筋疲力竭，精神涣散”。

当天，奥黛丽谈到沃德斯在她的新职志中扮演的角色：“我们一起合作这一切。他对这件事就像我一样热心，全心支持。”来年，联合国儿童基金会任命沃德斯为奥黛丽的经理——“协调并促进亲善大使奥黛丽·赫本的出访任务、各种支持活动、媒体访问和各项会议的参与；并协助赫本小姐为基金会准备及执行这些活动”。基金会了解，没有他，奥黛丽无法处理这么重要的工作。1989年，基金会提供2200美元酬劳给沃德斯，1991年9月至12月再增加1500美元——对于他所监管的无数细节而言，这只是象征性报酬。“奥黛丽希望他一起旅行，我负责各地计划的基本工作，他则保护她不受不合理的要求阻扰，并负责她准时进行行程。她希望一切预先计划好，而他在这方面帮助很大。”罗丝说。

“每一次（我们到一个地方），”沃德斯回忆道，“她都会仔细思索自己能否促成任何改变。她不断研读资料，对当地的了解很渊博，但她不是想做泰瑞莎修女，也不是想当圣人。”

回到托洛谢纳几天后，4 月 6 日，奥黛丽在日内瓦举行国际记者会。接着，她与沃德斯赶赴土耳其三天，因为基金会在当地举行大规模的疫苗接种活动，为儿童接种麻疹、肺结核、破伤风、百日咳、白喉和小儿麻痹的疫苗。她亲赴各个诊所，协助接种，然后才有时间举行记者会，谈每年夺走数千万儿童生命的流行病。接下来，她又旋风式地走访洛杉矶，参加奥斯卡颁奖典礼，与派克一起颁奖。在她的坚持下，她还接受了超过 15 个专访，希望让更多加州人知道基金会的努力。

那一年，《风尚》杂志的读者看到她为露华浓所拍的广告照片。她将拍摄照片所得的五万美元酬劳，以及自己另加的一万美元，一起捐给亚美尼亚地震灾民。

1988 年接下来的行程，她都忙着到委内瑞拉和厄瓜多尔为穷人奔波，并在奥地利、芬兰、德国、荷兰、瑞士、意大利、爱尔兰和美国等地主持募款活动。到了圣诞节时，她已经前往 14 个国家，募得两千两百多万美元。当年她为电影做宣传时，每天只答应三四个专访，如今每天在纽约和华盛顿为基金会做至少 15 个专访，在其他地方也至少有 10 个专访。若有人为她所做的牺牲表示钦佩，她的反应是：“这不是牺牲！牺牲意味着你因为自己不想要的事物，而放弃某些想要的事物，但这件事并非如此，这是我获得的礼物。”

在那忙碌的五年中，她在人群面前依旧焦虑不安。“必须在众人面前演说时，我总是非常紧张”。和她共处的人都会感受到她的焦虑，看到她发抖的手、干涸的嘴。“演讲让我害怕，现在依然如此。在各个国家一再在人前起身说话，与表演是完全不同的两回事。演讲是非常重要的事。”

对于电视访问，奥黛丽同样觉得紧张。1980年至1988年，独立制作人凯伦·卡黛负责为《钟点杂志》节目安排明星通告。奥黛丽刚开始为联合国儿童基金会工作时，卡黛问奥黛丽是否能参加节目受访。“我们在洛杉矶一家旅馆见面，我觉得她很杰出，也发现她很害羞、内向、沉静，对上电视有点恐惧。”卡黛说。然而，因为对基金会有益，奥黛丽同意上节目。“八年来我们邀访过的所有明星中，”卡黛说，“她是大家最渴望、最期待的一位。”

奥黛丽抵达摄影棚准备录像时，对卡黛说：“我需要两样东西：一杯咖啡，还有——你有波本威士忌吗？”

“我当场就明白她有多紧张。我们提供她需要的东西，后来她觉得好多了，不过上节目前还是需要一点安抚。我很高兴能效劳，告诉她观众一定会爱她——后来的确如此。接着，我请主持人以温和的方式开场，先和她话家常，谈谈她的两个儿子，再花点时间聊聊她的电影，最后把大部分时间花在基金会上。但还是可以看出奥黛丽在观众面前无法完全自在，虽然她放松了一下，对主持人的第一个问题——‘谈谈你的两个女儿’，不得不保持微笑。”

在录完第一部分后的休息时间，奥黛丽问卡黛：“我有没有做错什么？”

奥黛丽经常提醒听众，造成儿童受苦的主要原因除了饥荒、干旱、洪水或其他天灾，还有更重大的因素。她在1989年4月说：

> 我们面对的是远比疾病和死亡更可怕的威胁。我们面对的是人性的黑暗面——自私、贪婪、侵略。这一切污染了我们的天空、掏干了我们的海洋、破坏了我们的森林、灭绝了成千上万美丽的动物。接下来轮到的是我们的子女

吗？……光是为他们接种疫苗、给他们食物饮水，或者光是治疗人类毁灭我们所珍视一切的症状，是不够的。

奥黛丽的声音嘶哑了，她抹去一滴泪水，继续说道：“无论是埃塞俄比亚的饥荒、危地马拉和洪都拉斯可怕的贫穷、萨尔瓦多的内战，或是苏丹的种族大屠杀，我都只看到一个明显的事实：那并非天灾，而是人祸，因此只有一种解决办法——和平。”她从未忘记更重要的问题：只要各国之间继续兵戎相见，那么即使是联合国儿童基金会的计划也岌岌不保。

1989 年 2 月，奥黛丽走访危地马拉、洪都拉斯、萨尔瓦多和墨西哥，检视贫民区新设的饮水系统，考察当地健康中心的情况。她与危地马拉副总统、洪都拉斯和萨尔瓦多的总统会晤，提出造福中美洲儿童的特别计划。4 月，她现身美国国务院外交活动附属委员会及国务院世界饥饿附属委员会演讲，以强而有力的声音说：“人类的资源并无赤字，有赤字的，是人类的意志。”

同月，奥黛丽在苏丹待了五天，发现一个营养不良的 14 岁男孩倒在泥地上。“他有严重的贫血、呼吸问题，四肢浮肿得厉害。和我战后的情况一模一样。”奥黛丽也负责监督食物和医疗用品的运送。根据基金会的档案：“她曾到叛军掌握的苏丹南部，见了叛军领袖。”接着，她又来到难民营。

奥黛丽还拍了最后一部商业片。就在她 60 岁生日过后不久，1989 年初夏，她演出史蒂芬·斯皮尔伯格执导的浪漫幻想片《直到永远》，获得百万美元片酬。她在片中白衣白裤，饰演天使，引导刚发生意外丧生的年轻飞行员理查德·德瑞佛斯：“你已经有过生命，如今你为自己做的一切，都是浪费精神。”她敦促他隐身回到尘世帮助别人，也让自己摆脱痛苦的回忆。她的脸上没有浓妆来掩饰眼

↓

赫本为联合国儿童基金会走遍了世界。

角和嘴边的皱纹，一头棕色秀发只简单向后梳，在颈边扎起，在好莱坞伪神秘主义糖衣包装下，简朴得耀眼。她轻言细语，只用智慧而非夸张的姿态表情妆点，演活了神秘生命的向导角色。

与此同时，她在寻找可以创作音乐的文章，作为基金会筹款之用，就像以前在澳门和东京一样。她希望能够不需要她参加晚宴，不用她穿着纪梵希的亮眼装束，不必她向富人开口要求捐献赞助。基金会听从她的建议，请作曲家兼指挥家麦可·提尔森·托马斯为音乐会作曲。奥黛丽建议以《安妮日记》为主题，她说："我和安妮的年纪恰巧相同，二次大战爆发时，我们都是 10 岁；战争结束时，我们都 15 岁。我当初是读荷兰文的日记，让我几乎崩溃。那正是我的生活。"

"我们都重读了《安妮日记》，"托马斯回忆道，"然后我们把自己最喜欢的段落画起来，送给对方。"1990 年 2 月 28 日，奥黛丽从那本日记中抄录了 40 页，寄给托马斯，然后为这些内容录音。"我听她读这些段落，"托马斯说道，"不由得心生要配合她的声音和语调来创造音乐的想法。"

1989 年夏暮秋初，两人会面了几次，多是在迈阿密海滩。托马斯在 1987 年创立新世界交响乐团，每年有一段时间要到乐团里尽总监义务，那段时间住在迈阿密。"我开始组织文章，奥黛丽和我讨论歌词该如何与大浩劫连结。当然应该有关联，但我们期望强调该书所表达的希望。"这部作品是要用在儿童基金会的慈善用途，因此他们每天都致力于强调童年的乐观主题。"安妮的精神是宽恕。"托马斯说，"这不是灰暗、恐怖的作品，虽然悲哀而苦恼。安妮是个特别的人物，有美好的精神，尽管我们知道她的结局并不美满。"奥黛丽则认为："她当然是极艰困环境下儿童的象征。她超越了自己的死亡。"

托马斯作曲完成后，为奥黛丽演奏了钢琴版本，奥黛丽非常喜欢。“但她也感到害怕，”他说，“因为她想到自己得做这场表演。有些部分对她的声音来说非常复杂，尽管我已经尽力为她留下一些余地。这首曲子有点困难，尤其对不识乐谱的人来说更是如此。无论如何，我们非常努力，最后终于完成了。”奥黛丽特别欣赏这首曲子的旋律高潮迭起，又能掀起澎湃的情感。她坚持不愿饰演安妮。“她对这点非常坚持，”这位作曲家说，“她不想试图成为——或听起来像——安妮·弗兰克，而愿意满怀同情地读出这些段落。”

与托马斯排练期间，奥黛丽透露了自己为儿童基金会工作的想法。“我的事业一帆风顺，”她说，“开始时几乎什么都不懂，却得到可以本色演出的角色，接着就成名了。但如果不运用这个名声做些积极的工作，又有什么意义？”

1990 年 3 月 12 日，他们在费城举行乐曲《来自安妮的日记》世界首演，接着巡回芝加哥、休斯敦、纽约和伦敦，无论演出或作品都佳评如潮，被认为是标准曲目的重要作品。

那一年，奥黛丽获邀担任介绍世界美丽花园电视节目的主持人，4 月至 6 月赴各地拍摄——英、法、美、日、荷、意和多米尼加。电视台制作人原以为她会要求工作小组陪伴：私人助理、发型师、化妆师、服饰负责人，预期这些人员会增加几万美元制作费。

正当他们打算提高制作经费时，制作人詹尼斯·布雷克史勒吉接到奥黛丽的电话：“我在想——如果你们能每隔四天提供我吹风机、熨斗和烫马，我就能自理发型、化妆和服装。”制作人不同意，奥黛丽笑着说：“我喜欢烫衣服！”

她为制作单位省下了可观的开支——和剧组人员到各地拍摄三个月，完全自己打点服装仪容。“她总是准时抵达，随时做好拍摄的准备。她应该是名流行为的典范。”制作人说。《世界花园》这个迷你系列在1991年播放，后来决定扩大为八大部分，但那时奥黛丽已经无法再多主持、介绍这些美丽的花园。

这个系列最后在她去世后播映。让人惊讶的是，直到那时，大家才知道奥黛丽把拍摄这个系列的酬劳捐给了联合国儿童基金会。她原本就喜欢拍这个系列时在名园中散步的感觉，那让她回想起那年夏天与母亲在英国海边花园漫步的往事——她也喜欢和平之邸的花园。为了避免与花争妍，她总是穿着最简朴的服饰，台词自然流畅，充满平和的热忱。

1990年8月29日，她到奥斯陆参加一场筹款会议和音乐节。奥黛丽在埃利·维瑟尔人道基金会发表演说后，准备参加慈善音乐会，为听众介绍次女高音菲蕾德翠卡·冯·丝塔德。

“你希望我怎么介绍你的名字？”她问这位演唱家。

“芙莉卡。”她说的是朋友和乐迷对她的昵称。多年后，她忆起当时的景况：“我们在后台大谈儿女经。其中最有趣的一段是，我告诉她，约十八九岁时，我曾在纽约的蒂凡尼担任售货员，有一天，她来店里取预订的信纸，由我负责接待，这件事让我毕生难忘！”

除了这些额外的活动，奥黛丽还四处奔波——到越南的穷乡僻壤、泰国和孟加拉国的贫民窟，讨论关于无家可归的儿童、消除贫民窟，以及提升妇女权利的计划。有记者质疑她的工作效率，她回答说：“我的任务是让世人察觉、了解到这些问题。能作教育、经济、政治、宗教、传统和文化的专家固然很好，我什么也不是，但我是个母亲，而我愿意四处奔波。”当她看到世上某个地方有需要时，就打电话给日内瓦的罗丝或纽约的同仁说：“为什么不派我去？”

对奥黛丽来说，问题很简单：“施予就是生活。如果你不再想施予，就没有生活的目标。”

第十七章

最后的微笑

（1991-1993）

“我的人生比童话故事还精彩。我也曾遇到困境，但在隧道那一头，总有一盏灯。”

——奥黛丽·赫本

1991年4月22日，位于纽约的林肯中心电影协会向奥黛丽致敬，播放了她曾经演出的电影片段，与她合作过的明星及导演齐声赞美她的成就。“太美好了。”长长的掌声过后，她起身致意说，“那瘦骨嶙峋的小女生能够成为卖得出去的商品，实在太好了。”

“我从不觉得自己美丽，”当时这个瘦骨嶙峋的小女生接受访问说，“我希望自己的胸部不要那么扁平，我希望自己不要有那么线条分明的肩膀，这么大的脚，这么大的鼻子。”她似乎有点难为情，接着又说，“当你看到世上的一切，就会觉得外表实在太微不足道了。其实我很感激上帝赐给我的一切，而还有许多事——这么多事，是我该做的！”对于她是否愿意再拍电影的问题，她回答说：“那原本是为了乐趣——现在不会有乐趣了。”那段时间，她获得了许多礼赞和奖项，被誉为美国影史上最好的女演员之一。

但她并非美国演员，没有取得美国公民权，也从未在美国安家立命。她从未参加美国的电影团体，就像其他伟大的欧洲影星——如嘉宝、黛德丽和褒曼一样，她只是为美国的电影公司工作。嘉宝和褒曼赴美前，先在瑞典拍过片，黛德丽在德国影坛夙有声名；但在《罗马假日》之前，美国观众根本不认识奥黛丽。

虽然奥黛丽的口音没有其他欧洲女星那么明显，却同样有欧洲风格的保守优雅，有一点疏离的味道，而她把它化为优点。无论演技如何，嘉宝和黛德丽都精心计算她们在公众面前露面的机会，一次只施舍一点，一切都是为了创造效果。她们的星光只熠然一闪，因为她们的生活像隐士般，而且剥夺了自己与人们的交流互动，所以她们的人生多是悲伤的。她们奉行的圭臬是：“再也没有比漠不关心更动人的事。”她们成为这句座右铭的牺牲者。

相较之下，褒曼入世得多，而且从未依赖美貌或名声来左右她要扮演的角色。她演出的角色年龄比较写实、才华更全方位，角色范围也比嘉宝和黛德丽更多元。她的事业横跨舞台、银幕和电视共50年，精通五种语言（瑞典语、德语、英语、法语和意大利语）。

这三位女星一直是欧洲明星，美国观众觉得奥黛丽并非完全欧洲味，英国观众则认为她不是纯英国演员；事实上，她不像任何纯粹的事物，因此大家用各种形容词来描述她：小精灵、流浪儿、小淘气、小鹿等。她虽是女孩/女人，但她自己或片商显然没有完全开发她的感性，仍在懵懂之间，因而最后她在银幕上演出露骨的爱情戏时，有些观众不禁大感不安。她就像英国剧作家詹姆斯·巴利笔下的小仙女一样：出现时笼罩在天空中的一道闪光里。

若影迷屈指算算奥黛丽拍过的影片，会发现她只有11部片子是部分或全部在好莱坞拍摄的，其他 18 部都是在她比较自在的欧洲拍的。她只有在需要时才到美国，但在多数美国影评人和影迷眼中，她不是欧洲明星；无论是否承认，他们心里都希望她是美国人。然而生活中，她哪方面都是不折不扣的欧洲女性。

1991 年初之后的一年半里，奥黛丽为基金会所做的工作主要是在欧洲募款。1992 年 9 月，经过多次要求，她终于获准到索马里访问——这个位于东非海岸的国家因内战、干旱、饥荒，以及混乱的政局而四分五裂。奥黛丽、沃德斯和一小组基金会成员，搭机降落在索马里首都摩加迪沙，没有签证——因为没有政府，也没有道路，不能担保他们的安全，为了琐事互相残杀在当地是家常便饭。他们发现当地没电、没有邮政服务，也没有电话——甚至没有食物。“她坚持要看最糟的情况，果真看到了。”同行的玛德琳·艾斯纳说。

“这个国家完全处于混乱状态，”奥黛丽回来之后说，“毫无建设可言，而且经历了四年惨烈的内战。我读了报导，看过电视上的画面，以为自己已经做好准备，可以接受最惨的情况，但还是无法接受现实，报章上抽象的概念变成了亲身经历的悲惨现实。我一飞抵索马里，就在每一个住处、每一个村落看到成百上千个坟墓，沿路都是动物尸体，人们就像行尸走肉——而孩子们，成千上万的儿童，都只剩一口气。他们住在用树枝胡乱搭建的小陋屋里，每天都有儿童死于饥饿。他们慢慢消失，连驱赶自己眼皮上的苍蝇的力气都没有。我看到很多大卡车装满成堆前一晚死亡的儿童尸体。”

奥黛丽一行人到奇斯马约的喂食中心，然后往北到摩柯马尼，再回到摩加迪沙，接着越过南方边境，到达肯亚。这真是活生生的梦魇：

那里到处是瘦到不能再瘦的孩子——很小，或是稍微大一点点；在我看来，他们已经迈入死亡。他们的眼睛就像庞大的疑惑之池，盯着你瞧，一脸——我不知该如何形容，他们彷佛在问："为什么？"有些孩子的眼睛已经失去神采。大部分的孩子不肯吃东西，因为他们已经不想或不能再进食了。看着这些孩子就在自己的眼前死亡，实在让人难以接受。一个难民营里有55000人，其中一半是小孩，就在你的眼前饿死。

接下来，她说得更坦白、说得比以往更热切，而且直言无讳地谈到政治情势：

我愈来愈心痛、愈来愈难过、愈来愈愤怒，这样的椎心之痛愈来愈深。这些人流离失所，不知何时才能再回家，简直不可思议。牛群已经死了，农作物也枯了，多少家庭失去了他们的村落、他们小小的家园。更重要的是，他们日复一日失去他们的孩子。

对于当地的政局，她很清楚地说：

政治是治理人民，要为人民的福祉着想。我不相信有集体的罪孽，但我相信有集体的责任。索马里是一种责任，它当然是英国的、意大利的责任，因为这两个国家到这里来殖民，他们应该做得更多——这么多年来，他们已经从这里获得利益，因此他们该有义务。

人道意味着追求人类的福祉，回应人类的痛苦——这是理想的政治意义，也是我的梦想。想想看——40 万索马里人民都在难民营里，逃避战争和饥饿，而在这里的景象——却像是他们来这里死亡，这真是地狱。

她与难民接触，搂抱小宝宝和他们的父母，鼓励孩子再多吃一点食物——但他们已经无法进食。"我看到一个小男孩——骨瘦如柴，全身只剩下一块布，只剩骨头和眼睛。他挣扎着呼吸，显然呼吸道感染。我只希望我能为他呼吸，但就在我的眼前，他倒了下来——就这样走了。"

才描述了这个孩子的死亡，奥黛丽就无法再继续说明其他惨况。她情绪崩溃，哭了起来。"她以尊严和同情创造了希望及善意。她把这么多的自己奉献给这么多人。"从《龙凤配》开始就与奥黛丽结为好友的威莉丝说。

在伦敦举行记者会说明非洲之行后，奥黛丽和沃德斯回到瑞士。她原想休息几周，再到加州参加儿童基金会的活动，但觉得不适，腹痛、消化不良，还有类似疝气的症状。当地的医生无法诊断出确切的原因，奥黛丽推想自己是在非洲染上病毒或细菌。医生开了抗生素（甲硝唑）给她，这种药对寄生虫感染通常很有效，但有令人难受的副作用。奥黛丽的反应很剧烈——呕吐、严重下痢、末梢神经痛，也就是手脚刺痛。

尽管用了药，奥黛丽的情况仍然恶化，于是她决定先到洛杉矶，在展开工作之前先做检查。起先查不出病因，一位医生建议她到西达斯·西奈医学中心做腹腔镜检查。11 月 1 日，奥黛丽做了检查，才发现她的盲肠长了恶性肿瘤，已经扩散到结肠。医生立即为奥黛丽开刀，做部分切除，她只能靠点滴维持，无法正常饮食。当肖恩把病况和诊疗方式告诉母亲时，她极镇静地接受了事实，没有显出

惊愕的样子。

11 月最后一周，奥黛丽开始第一阶段的化疗，她还可以承受。她在比佛利山的友人家休养，满怀乐观——只是不久又腹绞痛，这是肠阻塞的症状。她虽然害怕，仍力持镇定地回到西达斯·西奈医学中心。12 月 1 日，她做了第二次手术，但癌细胞已扩散，群医束手。

当她从麻醉中醒来时，肖恩告诉母亲说她上次开刀的切口“发炎”，不能再开刀。“孩子们和我都不肯承认她已经在死亡边缘。”后来沃德斯非常坦白地说，“或许我们没有告诉她病得多重是个错误，对她很不公平，因为她对死亡就像对生命一样实在。当她感觉到自己濒临死亡时，要我们答应她，时候到了就让她走。我们答应了，但没有切实做到。”

她非常渴望回瑞士的家过圣诞节，但医生警告说，她的身体十分虚弱，搭一般民航机可能有危险。当时她仍以点滴注射补充营养，而且靠吗啡来止痛。纪梵希得知这个消息，安排私人飞机来接奥黛丽、肖恩、沃德斯、护士和奥黛丽的爱犬，送他们返回瑞士。12 月 19 日，他们离开洛杉矶，次日下午到家。奥黛丽依旧无法饮食，整个圣诞假期几乎都卧床，但她说这是她一生中最好的圣诞节，因为她被浓浓的爱包围。

“我的圣诞愿望就是和平，尤其全球儿童更需要和平。”她曾说，“唯有和平降临，我们提供的水才能止住他们的渴，食物才能滋养他们的身体，药物才能让他们康复——唯有那个时候，他们才能存活下来，游戏、学习，他们的父母才能存活，关爱他们。”

她邀请了少数几位密友来过圣诞，罗丝是其中一位。“她虽然虚弱，”她回忆道，“但拿了一个篮子，把小礼物分赠给大家。那些是她个人的纪念品。她送了一条黑白相间的纪梵希丝巾给我。”纪梵希也来了，奥黛丽请沃德斯从橱柜里拿了一件外套，用几乎听

不见的声音对纪梵希说："拿蓝色这件，因为这是你的颜色。"她拿起外套亲吻，然后拿给她的朋友说："我希望你一生都会留着这件外套。"当晚纪梵希在回巴黎的飞机上边拭泪，边把外套围在自己的肩上。

在和平之邸这段最后的时光寒冷，却阳光灿烂。狗仔队包了直升机，像秃鹰一样在和平之邸上空盘旋，但奥黛丽坚持每天绕着她心爱的花园散步一会儿，向肖恩、沃德斯或管家交代要特别照顾哪些植物。她包着毛线衫，裹着雪衣，坐着呼吸冬天的空气，抬头朝太阳轻声说："嗯——味道真好。"

1993 年 1 月 17 日星期日，她尽了最后的努力，呢喃道："喔，我好累。"接下来两天，她时睡时醒，在半模糊的意识中，几度对床边的人说："他们在等我……那些阿米什人……天使……他们在等我……在田里工作。"她对卢卡说："很遗憾，但我要走了。"

"我的人生比童话故事还精彩。"十多年前，奥黛丽曾说，"我也曾遇到困境，但在隧道那一头，总有一盏灯。"

1 月 20 日星期三，主持奥黛丽和梅尔婚礼的牧师被请至和平之邸，梅尔稍后到达，多蒂也到了，卢卡和肖恩在那里，还有管家人员和护士。大家在奥黛丽的床边默默祈祷之后，全部离开她的房间。罗丝稍后赶到，陪在她的身边。她在打瞌睡，显然没有痛苦。

除了两部剧本和她的奥斯卡奖，奥黛丽没有留下与影艺事业相关的遗物，不过有一盒又一盒、一册又一册照片，叙述她多采多姿的一生。

其中有 7 岁的奥黛丽·罗斯顿，她在第一张护照照片中平静地望着世界，直直的黑发剪得短短的，前额上留着母亲巧手梳理的刘海儿；也有她 9 岁的照片，与冷静而优雅的女爵合影。她父亲的照片泛黄起皱，他握着她的手，一脸漠然。

在其他照片里，可以看到她突然窜高成了瘦巴巴的少女，这个舞蹈学生期待着新的人生故事——长腿的她成了舞蹈团员，步上伦敦音乐剧的舞台。还有一张温馨的照片，她靠着正在朗读的科莱特。当然，还有她在《金粉世界》中饰演天真大眼妹琪琪的剧照。她在《罗马假日》中饰演优雅又淘气公主的照片，与她在《龙凤配》中第一次穿着纪梵希作品的剧照，整整齐齐地放在一起。在她的《甜姐儿》剧本中，夹着她一身黑、只有脚穿白袜的照片，她在照片里欢喜地蹦蹦跳跳。在《窈窕淑女》的剧本中，有她的笔记：如何让角色栩栩如生，如何改进。

此外，还有她第一次婚姻的留影，这位玉女捧着花束，与英俊的新郎合影。还有她的两个男孩从摇篮时期起的各种照片……以及她和多蒂的照片。

但最重要的是，还有《修女传》的数十张剧照。这个角色和这部电影让她获得了一辈子的友谊，也永远改变了她的人生——究竟改变了什么，当时她无法形容。但正如她写给路和凯特的信中所言，拍摄这部影片的经验为她扎下深根，日后开花结果。

“我只能说，若现在的赫本与过去的赫本有什么相似之处，那么纯属巧合。我已经看了、学了这么多，获得无数经验，让我觉得自己是截然不同的人，而且真的如此。”在去世前25年所写的信中，她道出在非洲奉献的辛劳，让她期待未来获得更丰富的回忆：“探究路加修女的心灵和想法，让我不得不深入探索自己……我所体验的一切已经在沃土中播下种子，希望能收获一个更美好的奥黛丽。”

多年后，与她一起在联合国儿童基金会工作的同仁，以及感受到她在非洲及全世界关怀、同情和努力的人，都亲眼见证了这个收

获的成果。循环已经完满，艺术已融入她的人生。正如昔日她看到花园中百花盛放、五彩缤纷的景象时，不禁赞叹：“美得让人难以置信——如此美好——如此精致。”这正是她自己人生的写照。

在和平之邸里，一切再度沉寂。奥黛丽的儿子、沃德斯和其他人努力克制悲痛的情绪，他们很快回到楼上奥黛丽的房间，向已经安息的她做最后的告别。等罗丝召唤他们进房时，一切平和安详，所有受苦的迹象已经消失，她的唇上兀自留着那抹多年来他们如此熟悉的微笑。就像奥黛丽说的，她已经做好准备，其他人正等着她。